Impresso no Brasil, maio de 2011

Título original: *Inteligencia y Razon*
© Fundación Xavier Zubiri - www.zubiri.net
© Xavier Zubiri
© Sociedad de Estudios y Publicaciones
© Alianza Editorial, S. A., Madrid, 1983

Todos os direitos reservados.

Os direitos desta edição pertencem a
É Realizações Editora, Livraria e Distribuidora Ltda.
Caixa Postal: 45321 · 04010 970 · São Paulo SP
Telefax: (11) 5572 5363
e@erealizacoes.com.br · www.erealizacoes.com.br

Editor
Edson Manoel de Oliveira Filho
Gerente editorial
Bete Abreu
Revisão técnica
João Carlos Onofre Pinto, S.J.
Revisão
Carla Montagne
Capa, projeto gráfico e diagramação
Mauricio Nisi Gonçalves e André Cavalcante Gimenez / Estúdio É
Pré-impressão e impressão
Cromosete Gráfica e Editora Ltda.

Reservados todos os direitos desta obra.
Proibida toda e qualquer reprodução desta edição
por qualquer meio ou forma, seja ela eletrônica ou mecânica,
fotocópia, gravação ou qualquer outro meio de reprodução,
sem permissão expressa do editor.

Coleção
FILOSOFIA ATUAL

INTELIGÊNCIA E RAZÃO

XAVIER ZUBIRI

PREFÁCIO
JOSÉ FERNÁNDEZ TEJADA

TRADUÇÃO
CARLOS NOUGUÉ

Realizações
Editora

FUNDACIÓN XAVIER ZUBIRI

Sumário

Prefácio ix

PARTE III: INTELIGÊNCIA E RAZÃO

1. Introdução 3

SEÇÃO I
A marcha mesma do inteligir 7

2. O que é marcha 9

3. A marcha enquanto intelecção 17
   § 1. A atividade do inteligir enquanto atividade: o pensar . 18
      1. O que é atividade 18
      2. O que é atividade "pensante" 20
   § 2. A atividade pensante enquanto intelectiva: a razão ... 27
      I. O que é razão 28
      II. O orto da razão 61
      III. Razão e realidade 70

4. O objeto formal da atividade racional 105
   § 1. Caráter formal do objeto da razão 108
   § 2. A unidade das possibilidades como
      determinante da intelecção do real 111
   § 3. Função determinante do real na razão 113

SEÇÃO II
Estrutura da intelecção racional: o conhecer 123

5. O que é conhecer 125

6. Estrutura formal do conhecer 135
    § 1. A objetualidade 137
        I. O que é objetualidade 138
        Apêndice: O problema das categorias 147
        II. Transformação de coisa campal em objeto real ... 157
    § 2. O método 160
        I. O que é método 162
        II. Estrutura do método 166
    § 3. A verdade racional. 206
        I. A verdade da razão 207
        II. A essência da verdade em encontro 210
        III. Caráter intrínseco da verdade racional 235

CONCLUSÃO GERAL
A unidade da intelecção 257

7. O problema da unidade da intelecção 259

8. Estrutura formal da unidade da intelecção senciente 263
    § 1. A unidade modal do ato 263
    § 2. A unidade modal do inteligir 273
    § 3. A unidade do inteligir como estado intelectivo 276

POSFÁCIO
O que é pesquisar? 283

Xavier Zubiri (1898 - 1983)

Prefácio à presente edição

por José Fernández Tejada

Lançado em 1983, *Inteligência e Razão* completa, quase ao final da vida de Zubiri, *o desafio do autor de buscar uma nova via da verdade e de um saber senciente*, fruto do longo estudo dos grandes problemas filosóficos e de todos os inéditos avanços das ciências.

> São as coisas que nos impõem nossos esforços. Por isso, a ciência não é uma simples adição de verdades que o homem *possui*, mas o desdobramento de uma inteligência *possuída* pela verdade. Assim as ciências já não se acham meramente justapostas, mas se exigem mutuamente para captar diversas facetas e planos, de profundidade diversa, de um mesmo objeto real. A vida intelectual é um constante esforço por manter-se nessa unidade primária e integral.[1]

---

[1] Xavier Zubiri, *Natureza, História, Deus*. São Paulo, É Realizações, 2010, p. 58-59. Diego Gracia vai captar muito bem este profundo desafio do filosofar zubiriano. Ele começou com uma demanda surgida na Espanha posterior a Franco. Havia a necessidade de que fossem escritos livros de matemática e bioquímica de forma rigorosa. Entretanto, a publicação de livros de filosofia era considerada desnecessária e prejudicial. Nesse ponto, cita Zubiri: "Nosso mundo tem graves problemas, os quais exigem o trabalho de sociólogos, de políticos, de economistas, dentre tantos outros. Nossa situação necessita de profissionais competentes nessas

Zubiri busca um novo processo de constituição epistemológica que substitua um já exausto modo de fazer conhecimento, perdido em meio à depressão intelectual do início do século XX. Para o autor, o homem atual carece de vida intelectual, "foge de si; faz transcorrer sua vida sobre a superfície de si mesmo. Renuncia a adotar atitudes radicais e últimas: a existência do homem atual é constitutivamente centrífuga e penúltima".[2]

Para tal intento, Zubiri nos prescreve uma atitude última e radical: "não se trata de mera reconquista, mas de uma *reformulação radical do problema, com os olhos limpos e o olhar livre*" (grifo nosso).[3] "Há uma verdade (...) radical e primária da inteligência: sua constitutiva imersão nas coisas."[4]

Aqui começa o desafio de *Inteligência e Razão*. E com ele também o nosso de prefaciar a obra, apresentando-a em toda a sua riqueza e seu contexto de criação. Zubiri, no único prefácio à trilogia, apenas em 1980, diz: "Pela intelecção já estamos instalados inamissivelmente na realidade. O logos e a razão não precisam chegar à realidade, mas nascem da realidade e estão nela".[5]

A experiência radical do seu afazer filosófico acerca dos processos de intelecção o levou a questionar as confusões do saber vigente. Zubiri, já na década de 1930-1940, voltou a sua atenção à *procura de uma verdade radical da inteligência através da sua constitutiva imersão nas coisas*. Pleiteou dessa forma, para si mesmo, uma vida intelectual enquanto um constante esforço por manter-se nessa unidade primária e integral. Disso nascem as suas primeiras formulações: "*saber não é raciocinar nem*

---

e noutras disciplinas intelectuais. *Mas não podemos cair na ingenuidade de acreditar que não precisaremos do filósofo para nada. Isso significa dizer que o âmbito da verdade fica perfeitamente coberto pelo conjunto das ciências*" (grifo nosso). Diego Gracia, "Guia para los Buscadores de la Verdad", *Ya*, Madri, 03/12/1978.

[2] *Natureza, História, Deus*, p. 67.
[3] Idem, p. 59.
[4] Idem, p. 57-58.
[5] Xavier Zubiri, *Inteligência e Realidade*. São Paulo, É Realizações, 2011, p. lvi.

especular: saber é ater-se modestamente à realidade das coisas";[6] e "*realidade é um caráter das coisas difícil de expressar*".[7]

Zubiri acaba por descobrir que o *sentir é "a primária realidade de verdade"*. Ela é o fio condutor de seu enfrentamento intelectual. Em 1935 decide: "a busca do ser real e verdadeiro depende, pois, em última instância, da busca desses infalíveis e elementares sentires, para, atendo-se a sua infalível verdade, ter a realidade verdadeira das coisas".[8]

A sua suspeita, já clara naquele tempo, vai ser confirmada através do penoso e longo trabalho de filosofar durante muitos anos. No final de *Inteligência e Razão* (1983), Zubiri, após o imenso, vagaroso e sistemático trabalho de *inteligizar o logos e reificar o ser*, quase que repete, ao pé da letra, o que ele tinha escrito em 1935. Destacamos: "*inteligir e sentir não só não se opõem, mas, apesar de sua essencial irredutibilidade, constituem uma só estrutura, uma mesma estrutura que, segundo o ângulo por que se olhe, devemos chamar de inteligência senciente ou sentir intelectivo*" (grifo nosso).[9]

Não há como não descrever em todos os detalhes a simplicidade, a perplexidade e a satisfação, diríamos, do filósofo com "a violência do diáfano", transcritas nas últimas linhas de *Inteligência e Razão*: "Graças a isso, o homem fica inamissivelmente retido na e pela realidade: fica nela sabendo dela".[10]

Perguntamos com ele: sabendo o quê? E mais, como? As respostas são poucas. Sabemos que estamos imersos e retidos constitutivamente e problematicamente na realidade. Esta sinceridade e humildade do filósofo espanhol espantou muitas vezes seus alunos e amigos acerca do seu afazer filosófico. Também é para nós um desafio duro mergulhar nesse verdadeiro saber

---

[6] *Natureza, História, Deus*, p. 82.
[7] Idem, p. 83.
[8] Idem, p. 90.
[9] Capítulo 8, adiante, p. 282.
[10] Ibidem.

apresentado por ele. O homem, pela sua intelecção senciente, é *animal de realidades*. Pela realidade humana, a pessoa adquire sua dimensão real através da *inteligência senciente*.

Dessa forma, é necessário, hoje mais do que nunca, completar o esforço de submergir-nos no real. Esse esforço seguro nos chega pela proposta da *via viva* da *inteligência senciente*, contraposta à via da *inteligência concipiente*. Para Zubiri, esta última seria a responsável pelo desvio intelectual em todos os saberes e afazeres humanos, entravados e cristalizados na crise da razão. Por esse caminho o autor nos fala, na *trilogia*, dos processos de *logificação da mente e entificação do real*.

Vejamos, de forma sinóptica e comparativa, os pontos-chave da *via morta* da *inteligência concipiente* e da *via viva* da *inteligência senciente*, completada agora no último volume da *trilogia*.

Inteligência concipiente:	*Inteligência senciente:*
A história da logificação da inteligência e da entificação do real.	O desafio zubiriano da inteligização do logos e da razão e a reificação do ser.
a) O objeto primário é o sensível.	a) O objeto primário, adequado e formal é a realidade.
b) Este objeto é dado pelos sentidos "à" inteligência.	b) O objeto formal está dado pelos sentidos "na" inteligência.
c) O ato próprio desta intelecção é conceber e julgar.	c) O ato formal e próprio é "apreender" seu objeto; quer dizer impressão de realidade.
d) A intelecção por razão de seu ato é inteligência concipiente.	d) O único ato de intelecção é a apreensão senciente do real.
= *Crise da razão: impossibilidade de dar conta do real.* = *Onda sofística e frivolidade intelectual.* = *Dentro do horizonte da niilidade.*	= *Via senciente: possibilidade de dar conta do real.* = *Aventura da marcha da razão.* = *O desafio do horizonte intramundano.*

A partir da apreensão primordial da realidade, o logos nos abriu criativamente à coisa real para *reatualizá-la, entre e em função de outras* coisas pelo próprio esforço intelectivo. Esse processo inicia um novo movimento da intelecção senciente: a razão. "*A razão é uma marcha desde o campo para o mundo. E como o campo é o mundo sentido, a razão é constitutiva e formalmente razão senciente*" (grifo nosso).[11]

Fowler[12] nos faz uma oportuna e panorâmica apresentação da razão zubiriana:

> Razão (ou *ratio*, uma explicação metodológica do que as coisas são e por que elas são, como é feito na ciência, por exemplo). Este é o nível de compreensão mais alto; engloba todas as formas de compreensão de nosso entorno. Pode-se naturalmente pensar na ciência, porém, muito antes de a ciência tal como a conhecemos existir, as pessoas buscavam explicações para as coisas. E elas as encontravam nos mitos, nas lendas, nas peças teatrais, na poesia, na arte e na música – que são de fato exemplos de razão no sentido mais geral: todas elas buscam nos dizer alguma coisa sobre a realidade. Mais tarde, naturalmente, veio a filosofia e a ciência; porém, nenhum modo único de acesso à realidade, nesse sentido, é exaustivo: todos possuem um papel. Razão, para Zubiri, não consiste em ir para a realidade, mas sim em ir do campo da realidade rumo à realidade mundana, rumo ao campo da realidade em profundidade. Se preferirmos, o campo é o sistema do senso real, e o mundo, o objeto da razão, é o sistema do real como uma forma de realidade. Ou seja, todo o mundo da racionalidade intelectivamente conhecida é a única e verdadeira explicação da realidade de campo.

Zubiri pretende em *Inteligência e Razão* nos falar de um terceiro momento/movimento da intelecção. Como dar conta do real apreendido no campo da realidade? Essa *é a tarefa da razão*.

---

[11] Xavier Zubiri, *Inteligência e Logos*. São Paulo, É Realizações, 2011, p. 310.
[12] Thomas Fowler, "Translator's Introduction". In: *Sentient Intelligence*. Trad. T. Fowler. Washington, DC, The Xavier Zubiri Foundation of North America, 1999, p. xiv.

Inspirados pelos diagramas de Fowler acerca da *trilogia*, achamos mais didático detalhar essa gigantesca tentativa da intelecção que é a *marcha da razão desde o campo ao mundo*. Propomos, em vez de um esquema dos principais tópicos e capítulos da obra, apresentar, apoiados nos principais conceitos de *Inteligência e Razão*, como Zubiri descreve a obrigação da razão em dar conta do real; ou seja, dizer o que as coisas são "*em* realidade" (Figura 1 – Estrutura da Razão – p. xvi-xvii, adiante).

Analisando detidamente esse diagrama, poderemos verificar a sua riqueza e constatar como Zubiri repete de uma forma muito própria todos os conceitos e categorias dos sistemas filosóficos que ele mesmo criticou.

Estaria o autor possibilitando um novo desvio à metafísica da inteligência? Embora o seu pensamento também possa ser enquadrado numa muito especial epistemologia e teoria de conhecimento, acreditamos que não. Zubiri neste último volume leva às últimas consequências toda a sua crítica. Muito embora reconheça que todos os sistemas filosóficos busquem o verdadeiro problema filosófico embutido no processo da formação do conhecimento, eles, em realidade, se desviaram, *sem perceber*, rumo à via concipiente.

Em *Inteligência e Razão* Zubiri realiza um verdadeiro diálogo argumentativo. Nesse diálogo com os antigos mestres da filosofia, os aborda tanto *de forma indireta como direta*. Destacamos um pequeno trecho onde sobressai o seu diálogo com a tradição grega (Aristóteles) e moderna:

> Princípio não é só começo, nem é o mero "de onde" (o *hóthen*), como pensava Aristóteles (...). Este princípio não é um juízo. A conversão do princípio em juízo fundamental é uma das vicissitudes mais graves na história da filosofia. Aristóteles chamava de princípio do *noeîn* a coisa inteligida mesma; assim, diz-nos ele, o princípio da trigonometria é o triângulo. Mas muito pouco depois este princípio se transformou num juízo

primeiro, em boa parte por Aristóteles mesmo, que fez do princípio da metafísica, de *seu arkhé*, esse juízo fundamental chamado princípio de contradição. E assim o encontramos na filosofia moderna, sobretudo em Leibniz e em Kant, que entendem por princípios um ou vários primeiros juízos.[13]

Esse diálogo crítico, construído ao longo de seu demorado pensar metafísico, agora se faz numa nova forma de entender a razão. Zubiri deseja *unir estruturalmente a realidade e a razão, através da imersão nas coisas*. O autor o resume assim: "O sentir humano e o inteligir não só não se opõem, mas constituem em sua unidade intrínseca e formal um só e único ato de apreensão. Este ato, enquanto senciente, é impressão; enquanto intelectivo, é apreensão de realidade".[14] Essa é a novidade criativa, cuidada e ágil apresentada na *inteligência senciente*.

Sem dúvida estamos, conforme já mencionamos, diante da "gigantesca tentativa de intelecção, cada vez mais ampla, do que é o real".[15] Um esforço que, sabemos, nunca será definitivo. Mas sim um "abrir-se para a insondável riqueza e problematicidade da realidade, não só em suas notas próprias, mas também em suas formas e modos de realidade".[16] Esse abrir-se ao real constitui *a marcha da razão rumo ao desconhecido*. E essa marcha se fará *pensando*. Ou, como Zubiri explicita, *pesando* as razões do real, para *buscá-lo* na *abertura* e *medida* da realidade. Com isso será possível chegar ou não às razões em *profundidade* do real.

Vejamos o exemplo típico do gosto científico de Zubiri: "Profundidade não é, portanto, uma espécie de fundura indiscernível; é apenas a intelecção do que no fundo é ou são as coisas reais.

---

[13] Capítulo 3, adiante, p. 33 e 36.
[14] *Inteligência e Realidade*, p. liv.
[15] *Inteligência e Logos*, p. 310.
[16] Capítulo 2, adiante, p. 14-15.

Figura 1 - Estrutura da Razão

INTELIGÊNCIA SENCIENTE

A apreensão da realidade se dá pela força transcendental do real e de sua respectiva formalidade. Pela intelecção, ela será forçada a se reatualizar tanto no movimento do logos como *na marcha da razão*.
Essa marcha é feita de um processo. Ela se inicia na apreensão do real, *em e por si mesmo* (momento individual), avançando para o *dentro* do âmbito da realidade (momento campal). Deste, a intelecção é novamente forçada a caminhar para o que as coisas são *em* realidade (momento racional).

CAMPO
(âmbito do logos)

A realidade, em e por si mesma, se reatualiza no campo.
No campo ocorre, na realidade, a construção e projeção do *"seria"*. O logos intelige uma coisa real a partir de e em relação às outras coisas localizadas no campo. Esse processo origina os juízos, que partem dos *fatos-de*, ou *dados-de*, imprimindo um movimento de retração. Desta forma, num movimento de retração, o logos senciente afirma a realidade já atualizada na forma de juízos. Este movimento de intelecção tem *caráter descritivo*.

MUNDO
(âmbito da razão)

O campo do real nos leva em direção ao mundo. Nele ocorre a construção do *poderia-ser*. O movimento do logos agora se transforma estruturalmente em uma *marcha, em profundidade, de busca real*. Aqui os fatos e os dados que impulsionam a razão são *fatos-para* e *dados-para*. Nessa marcha, no mundo, a intelecção senciente se vê obrigada, finalmente, a *dar conta do real*. Estamos não só na realidade como a carregamos e nos encarregamos dela, para nos enriquecermos e nos realizarmos com ela. Esta marcha da razão tem sempre um *caráter explicativo* inacabado, uma vez que busca cada vez mais explicações.

a) *Marcha da Razão*. Cada coisa real excede, em certo modo, de si mesma, abrindo-se desde a sua própria realidade para constituir o mundo: a marcha vai das coisas reais e de seu campo ao mundo. A partir dela estamos abertos à insondável e problemática riqueza da realidade.

b) A marcha é a atividade pensante da Razão. É o *Pensar*. Ao buscarmos as coisas reais estamos sempre abertos do *dado-de* para o *dado-para*. Este processo caracteriza o problema do pensar. As coisas sempre dão o que pensar. Elas nos forçam a viver pensando. Pensar é pesar as razões do real.

c) Razão não é rigor lógico, necessidade dialética ou especulativa, e nem mesmo é organização da experiência. A Razão é simplesmente *medida principal e canônica do caráter da realidade em profundidade*. Uma razão, para ser minha, tem que ser razão das coisas. A razão senciente nasce e busca a sua problematização na intelecção campal.

d) *Momento criador* da razão. A razão é a possibilidade mesma de todo raciocínio. A busca promovida pela razão nunca esgota a abertura mundanal. A essência da razão é liberdade; é criação. Ela não é arbitrária; ela é canonicamente experiência livre do real; é concreção da criação realizada através de três formas: modelar, homologar e postular.

e) Caráter formal da possibilidade, como *poderia ser* em profundidade. A razão não se move num infinito de possibilidades, mas sim num elenco de possibilidades ainda instituídas na realidade. A razão tem que, na sua marcha na realidade, escolher uma dessas possibilidades da realidade profunda para explicá-la. Esta intelecção em profundidade é o que constitui o *conhecimento*. É atualização fundamental da realidade. É intelecção em razão.

f) Como pensamos? *Pelo Método*, via viva da realidade na verdade. A verdade racional tem três momentos, objetualidade, método e encontro verdadeiro. Sua unidade é a estrutura do conhecer. O mundo é algo não dado. Está *frente ao* homem, sendo atualizado pela busca daquilo que ele quer, racionalmente, inteligir. O método, dessa forma, é uma abertura na realidade mesma para uma busca mais profunda da própria realidade. O resultado desse encontro é a verdade racional.

g) *Compreensão* do que é o real. O 're' da atualização é o entendimento de algo; é a "Com-preensão" da coisa real. Compreender, em Zubiri, ***não é***:
- ciência;
- momento lógico;
- interpretação;
- vivência;
- só intuição.

O ato de compreensão é a atualização que vai "de" a "impressão de realidades", "pela" intelecção do que é "realmente" para a intelecção da recuperação do real desde o que realmente é. Essa modalização da inteligência, Zubiri a chamou de *entendimento*.

h) *O saber*. Pela intelecção senciente, estamos retidos no saber, e saber é estar em realidade O real fica na intelecção e a própria intelecção fica presa no real. Esta é a verdadeira sabedoria. Todo ato de intelecção nos deixa num estado da inteligência mesma. O pensar do homem está determinado pela inteligência senciente. Pelo saber ficamos retidos no inteligido. Não há mais dualismos entre o sentir e o inteligir.

Assim, uma onda eletromagnética ou um fóton são o que no fundo é uma cor. Sua intelecção é por isso intelecção em profundidade".[17]

Mas a marcha da razão em profundidade não para aí. Essa profundidade ou "realidade-fundamento" possui outro momento: o *caráter de mensuração*. Para Zubiri essa noção não é algo externo que coloquemos, mas sim algo que a própria realidade possui. Para explicar esse ponto, sempre presente na filosofia, o autor relembra os dois *tipos de medidas* criados, antes do século XX, a partir das ciências: a *medida do "corpo"* e a *medida das coisas (coisismo)*. Acrescenta, no entanto, que com o advento da *física quântica* e das pesquisas sobre do *código genético* fica inaugurada *uma nova e mais ampla concepção de medida*. *Uma medida* que vem de dentro da realidade e pela qual podemos incluir todos os outros tipos de medidas da realidade, tais como a pessoa, a medida emocional e até a medida metafórica. Assim: "A realidade em profundidade se impõe a nós não para *deixar-nos* em liberdade, mas para *forçar-nos* a ser ajustadamente livres".[18] Entretanto, explica que "aqui a realidade não está 'posta': ela *está* 'fundamentando'. A realidade não está atualizada agora nem como *nua realidade* nem como *realidade-objeto*, senão que está atualizada fundamentantemente".[19]

Este é um ponto cheio de riquezas. É o momento, "*principial e canonicamente criador*" da razão, não só por conta de a realidade formalmente se impor, como também nos forçar a ser ajustadamente livres. Por isso, o poeta poetiza, o cientista faz a ciência, o artista cria seus trabalhos e o homem comum busca as suas razões. Isso porque, para todos nós, *as coisas dão o que pensar*. Nesse processo não estaríamos discursando sobre temas. O que estaríamos fazendo é, situados na realidade, a criação de conteúdos-fundamentos. Zubiri

---

[17] Capítulo 3, adiante, p. 30.
[18] Idem, p. 82.
[19] Idem, p. 34.

aponta que a busca da razão, por estar na realidade mesma, "não é criação de realidade, mas justamente o contrário: criação do conteúdo fundamental na realidade".[20] Desta forma, a razão é um caráter formal de *possibilidade*. É o que a realidade "poderia ser" enquanto possibilidade intrínseca; é a realidade em fundamentação. Aqui, é onde a razão é livremente forçada a escolher entre muitas possibilidades para criar em profundidade. É a *concreção de sua criação*.

Dessa forma, o conhecimento em Zubiri não é formulado em termos das categorias aristotélicas ou kantianas, mas sim em novas categorias, a saber: "em", "re", "entre", "por" e "ob". Elas "constituem a unidade categorial da intelecção do real".[21] É desta categorização *que nasce o conhecimento*. A *estrutura formal do conhecer*, para o autor, está constituída pela unidade de três momentos: *objetualidade, método e encontro verdadeiro*.

Nesse processo, perguntamos: como se dá a construção do conhecimento? Inicialmente, a coisa real, atualizada pela razão, em profundidade, na realidade, adquire um caráter de "ob". *"O 'ob' não é senão a atualização da coisa campal como coisa mundanal. Só há 'objeto' nesta atualização, ou seja, na intelecção racional, no conhecimento"*.[22]

Como buscamos esse objeto? Pelo *método*. O método zubiriano, no entanto, não é uma simples *via de acesso*. Ele também "está fundamentado na abertura constitutiva do real".[23] Ou seja, "o método não é via de verdade, mas via de realidade".[24] "O mundo não tem uma estrutura lógica, mas uma respectividade real".[25] Nessa concepção, o método, para Zubiri, possui três momentos/função: o estabelecimento do *sistema de*

---

[20] Idem, p. 84.
[21] Capítulo 6, adiante, p. 153.
[22] Idem, p. 158.
[23] Idem, p. 161.
[24] Idem, p. 164.
[25] Idem, p. 172.

referência no campo da realidade, o *esboço das diferentes possibilidades* e a *experiência,* esta última enquanto provação física de realidade. Com o desenrolar desse processo, chegamos à *verdade racional,* que "consiste formalmente em reversão para aquela apreensão primordial, da qual em última instância nunca se havia saído".[26]

Qual o resultado de ter construído e buscado esse conhecimento real (encontro verdadeiro)? É o que Zubiri chama, no sentido usual de nosso idioma, de *compreensão*. No entanto, para o autor, compreender é apenas um modo de inteligir. Ele rejeita os tradicionais sentidos da compreensão, tais como compreensão nocional e interpretação de sentido. Assim sendo, compreensão é, simplesmente, entender *o real* tal como ele é: "compreender é apreender o real desde o que ele realmente é".[27]

Esta modalização, o autor a chama de *entendimento, ou, em última instância, saber.* O qual não é outra coisa senão a inteligência senciente modalizada desde a linha campal (logos) e a sua ulterior atualização mundanal (razão).[28]

Considerações finais à trilogia

Zubiri, após toda uma vida dedicada à filosofia, construiu uma nova via: a metafísica da realidade. Com ela viabilizou um *novo paradigma* no filosofar. Diego Gracia[29] resume essa nova atitude filosófica enquanto uma "condição rigorosamente *pós-nietzschiana* ou *pós-moderna* (...)" ou mesmo "*pós-idealista* ou *pós-conceptista*" – nós acrescentaríamos, à guisa de um aprofundamento, de *pós-fenomenológica* e *pós-crítica*. E arremata: "Zubiri é a pessoa com quem várias

---

[26] Idem, p. 256.
[27] Capítulo 8, adiante, p. 267.
[28] Idem, p. 275.
[29] Diego Gracia, op. cit., p. XII.

gerações de espanhóis aprenderam como a vida intelectual tem a sua própria especificidade, que consiste na vontade de verdade, na vontade de realidade e na vontade de fundamentalidade. O mais é pura sofística".[30]

De posse disso, o que podemos esperar da disseminação do seu pensamento, agora, em língua portuguesa? Dois grandes comentadores nos trazem alguns indícios.

Ignácio Ellacuría, em 1980, comenta:

> O livro (*Inteligência Senciente*) é um esforço por superar a grande onda de sofística na qual nos encontramos, sobretudo na Espanha. (...) Como filhos rebeldes do franquismo talvez tenhamos feito boa sofística ao romper com a escolástica e tratar de temas que estavam vedados pela inquisição religiosa e política da época. Mas a rebeldia não pode ficar apenas nisso. *Inteligência Senciente* é um livro rebelde que recupera para a filosofia o espaço intelectual que tem sido esquecido tanto pelos antigos escolásticos como pelos sofistas atuais. É um livro que busca construir e produzir instrumentos radicais, válidos em si mesmos, para tratar seriamente os graves problemas do nosso tempo.[31]

Corominas complementa:

> *Inteligência Senciente* contém uma profunda crítica aos lugares comuns da filosofia e nos faz ver as coisas de um modo muito diferente. Só quando cada leitor se apresente às suas páginas, e submeta a descrição da inteligência senciente a um questionamento exigente, é possível que surja alguma luz. E mesmo que não surja nenhuma, valerá a pena enfrentar-se com o que Zubiri nos dá, cheguemos ou não a estar de acordo com ele. Nesse enfrentamento consiste, em suma, a definitiva aventura filosófica. Os riscos e as fadigas de uma viagem

---

[30] Idem, p. 250.
[31] Jordi Corominas e Joan Albert Vicens, op. cit., p. 690.

para o desconhecido nem sempre culminam na beleza e no prazer de virgens paisagens.[32]

Por nossa vez, não podemos deixar de testemunhar, desde a década de 1990, o nosso árduo, cheio de perplexidades, mas feliz, proveitoso e sempre desafiador aprendizado com o pensamento radical e instigante de Xavier Zubiri.

Parafraseando-o, deixamos a nossa mensagem final:

A solidão da existência humana não significa romper amarras com o restante do universo e tornar-se um eremita intelectual ou metafísico: a solidão da existência humana consiste num sentir-se só, e por isso defrontar-se e encontrar-se com o restante do universo inteiro. Esperamos que o Brasil e todos os países de língua portuguesa – países da luz e da melancolia – decidam algum dia elevar-se a conceitos metafísicos.[33]

Dessa forma, felicitamos mais uma vez os responsáveis da editora É Realizações por este oportuno lançamento da *trilogia senciente*. Uma ousada resposta à sonora solidão dos estudiosos de língua portuguesa.

Que essa ousadia não só nos leve a entender meticulosamente o pensamento de Xavier Zubiri, mas que, pela via senciente, nos defrontemos, sem medo, com a realidade. Uma realidade cada vez mais frenética, cheia de urgências e soterrada pela avalanche sofística do discurso e da propaganda.

O problema posto não é somente entendê-la, mas levar a termo as suas conclusões. A via *senciente* proposta por Zubiri é simples desde que a estudemos "com coração aberto e olhar livre". Nela o *homem é animal de realidades* e não um "metafísico ambulante"; nela, transcendemos, simples e problematicamente, desde a realidade: "é algo assim como uma gota de óleo que se estende desde si mesma, desde o óleo mesmo".[34]

---

[32] Idem, p. 702.
[33] Ver *Natureza, História, Deus*, p. 275.
[34] *Inteligência e Realidade*, p. 82.

Ouçamos, portanto, para finalizar, as singelas propostas feitas pelo autor no início e no fim da trilogia: "*Seria falso dizer que é a vida a que nos força a pensar. Não é a vida o que nos obriga a pensar, senão que é a intelecção o que nos obriga a viver pensando*";[35] "*não é que a vida me force a inteligir, senão que a inteligência, por ser intelecção senciente, é o que me força a viver pensando*".[36]

---

[35] Idem, p. 208.
[36] Capítulo 3, adiante, p. 26.

PARTE III

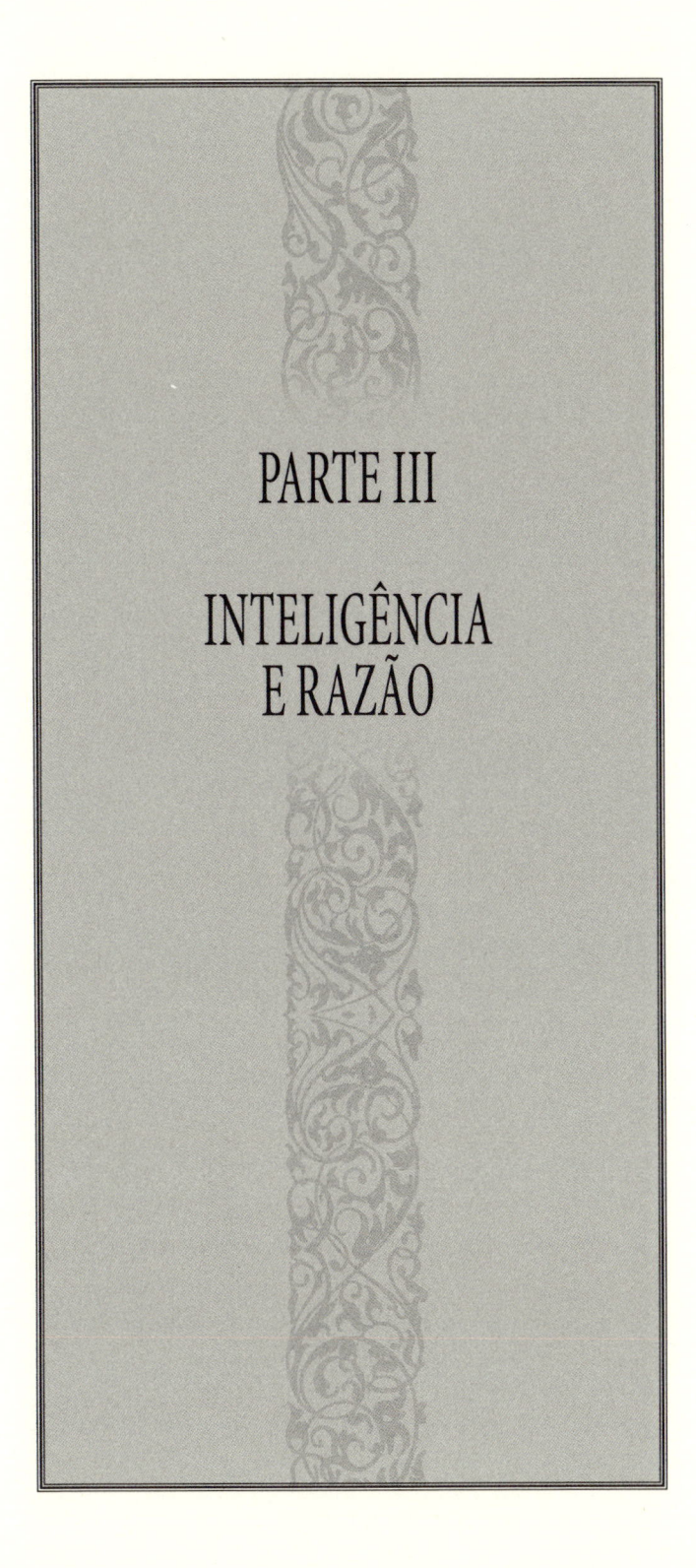

INTELIGÊNCIA E RAZÃO

1. Introdução

Analisamos na Primeira Parte da obra o que é inteligir. Inteligir é mera atualização do real em inteligência senciente. Realidade é uma formalidade do impressivamente apreendido, isto é, uma formalidade dada em impressão de realidade. O que inteligimos nela é, portanto, que o apreendido é *real*.

A impressão de realidade é transcendentalmente aberta. A realidade é aberta em si mesma enquanto realidade. E em virtude disso todo o real o é respectivamente.

A realidade está impressivamente aberta antes de tudo à própria realidade da coisa. Cada coisa real é sua *realidade*. Quando apreendemos algo real somente enquanto é sua realidade, esta apreensão intelectiva é *apreensão primordial* do real. Para não carregar a expressão, chamarei simplesmente de "real" esta "sua realidade": analisei-a na Primeira Parte da obra.

O real está, ademais, impressivamente aberto à realidade de outras coisas reais sentidas na mesma impressão de realidade; cada coisa real é sentida com respeito a outras coisas reais também sentidas, ou ao menos sentíveis. A intelecção senciente de algumas coisas reais sentidas entre outras sentidas é o *logos*. É uma intelecção do que *é em realidade* o real já apreendido como real em apreensão primordial. Inteligir que algo é real não é o mesmo que inteligir o que este real é em realidade. Analisamos a estrutura desta intelecção na Segunda Parte.

Mas a impressão de realidade está transcendentalmente aberta não somente a cada coisa real, e não somente a outras coisas reais sentidas na mesma impressão, mas está transcendentalmente aberta a qualquer outra realidade, seja sentida ou não. Na impressão de realidade, com efeito, apreendemos não somente que esta cor é real, que esta cor é sua realidade (Primeira Parte), e não só o que é em realidade esta cor com respeito, por exemplo, a outras cores, ou a outras qualidades, a saber, que em realidade esta cor é vermelha (Segunda Parte); apreendemos também que esta cor vermelha é real com respeito à pura e simples realidade, como, por exemplo, que é fóton ou onda eletromagnética. A impressão de realidade é, portanto, também impressão de pura e simples realidade, ou seja, não só apreendemos em impressão que a coisa é *real*, e não só o que esta coisa real é *em realidade*, mas apreendemos também que esta coisa é pura e simplesmente real *na realidade*. Inteligir o que algo é em realidade não é o mesmo que inteligir o que algo é na realidade. Tanto que, como veremos, o que algo é na realidade pode não se parecer com o que este algo é em realidade na impressão. Eis o terceiro modo de intelecção: a intelecção do que a coisa é na realidade. Será o tema desta Terceira Parte. Esta intelecção é mais que logos. É razão.

A razão se apoia na apreensão primordial e em todas as intelecções afirmativas que o logos inteligiu sencientemente. Isto poderia fazer pensar que a razão é uma combinação de afirmações, um raciocínio. Nada mais distante da verdade. Razão não é raciocínio. A diferença entre logos e razão é, com efeito, essencial. Ambos são certamente um movimento desde a coisa real. No entanto, este movimento é no logos um movimento desde uma coisa real para outra, enquanto na razão se trata de um movimento desde uma coisa real para a pura e simples realidade. São dois movimentos, portanto, essencialmente diferentes. Este movimento da razão é o que chamarei de *marcha*. É uma marcha desde uma coisa real para a pura e simples realidade. Toda marcha é movimento, mas nem todo movimento é marcha.

Esta marcha não é um processo; é um movimento estrutural do inteligir. A marcha não é uma espécie de "pôr em marcha". Não é uma marcha para uma intelecção do real enquanto tal. Ninguém "se põe" a inteligir a realidade com a razão (por assim dizer). Trata-se de um momento estrutural. Certamente não é um momento estrutural do inteligir enquanto tal, ou seja, não é um momento estrutural da intelecção formalmente considerada: nem a apreensão primordial nem o logos são marchas apesar de serem intelecções. Mas isto não significa que a marcha seja uma espécie de aditamento a estas estruturas prévias, como se fosse um "uso" (arbitrário ou necessário) da intelecção, senão que é justamente uma modalização da intelecção, uma modalização de caráter estrutural determinada na inteligência pela impressão mesma de realidade. Esta determinação modal se apoia estruturalmente nas duas modalidades da pura apreensão primordial e do logos. Só se estiver suposto que tenhamos inteligido impressivamente que algo é real, e o que este real é em realidade, só se estiverem supostos estes dois momentos intelectivos é que fica determinado esse momento de marcha intelectiva na realidade que é a razão. O inteligir, por sua própria índole estrutural, tem necessariamente de marchar, ou melhor, já está marchando, já está sendo razão pela estrutura mesma da impressão de realidade dada em apreensão primordial e em logos.

É justamente o que temos de estudar agora. Este momento estrutural apresenta dois grupos de problemas. Em primeiro lugar, os problemas concernentes à índole mesma da marcha da razão enquanto tal. Em segundo lugar, os problemas concernentes à estrutura formal deste novo modo de intelecção: é o *conhecer*. Examinaremos estes problemas em duas seções:

Seção I: A marcha mesma do inteligir.

Seção II: A estrutura formal desta intelecção segundo a razão: a estrutura formal do conhecer.

SEÇÃO I
A MARCHA MESMA DO INTELIGIR

Acabamos de indicá-lo: não é um processo, mas uma marcha estrutural fundada nos outros momentos estruturais do inteligir. Mas isto não passa de vaga indicação, e ademais uma indicação negativa: não se diz com isso o que é a marcha, mas o que não é. É preciso entrar positivamente neste problema da marcha. Evidentemente, é uma marcha intelectiva, ou seja, esta marcha é um momento do inteligir mesmo. Na marcha intelige-se marchando e marcha-se inteligindo. Não é portanto uma mera "marcha do inteligir", mas um "modo de intelecção": é o que chamo de marcha intelectiva. Enquanto intelectiva, é um modo de atualizar o real. E isto é decisivo.

Devem-se examinar, assim, três problemas: a marcha do inteligir enquanto marcha, a marcha do inteligir enquanto intelectiva, e qual é o objeto formal desta marcha intelectiva. Ou seja:

Capítulo 2. O que é marcha.

Capítulo 3. A marcha enquanto intelecção.

Capítulo 4. O objeto formal da marcha intelectiva.

2. O que é marcha

Como se trata de um momento estrutural do inteligir, temos de voltar a tomar a questão pela raiz, mesmo ao preço de repetir ideias já estudadas. A intelecção apreende sencientemente as coisas em sua formalidade de realidade. E esta formalidade impressivamente sentida é intrínseca e constitutivamente *aberta* enquanto realidade. Em cada coisa, ser real consiste não meramente em "estar aí" cingida e limitadamente a suas notas próprias, mas, enquanto realidade, consiste formal e precisamente em positiva abertura para algo que não é formalmente a coisa mesma. Esta abertura – diga-se de passagem – não consiste no que em outra ordem de problemas costumo chamar essência aberta para diferenciar de essência fechada. Porque esta diferença concerne à estrutura do que é real, enquanto em nosso problema a abertura concerne ao caráter mesmo de realidade. Nesse sentido, as essências fechadas mesmas são como realidade essências abertas.

Em virtude disso, a formalidade de realidade tem, além de seu momento individual, um momento de abertura para algo mais que a realidade individualmente considerada. Ou seja, a coisa, por ser real, excede de certo modo a si mesma. Na aberturalidade da formalidade de realidade fica fundado o momento de *excedência*. Toda coisa por ser real é o que é, e considerada segundo sua *realidade* própria está de alguma maneira sendo mais que si mesma.

Pois bem, precisamente por este caráter de excedência, a realidade de cada coisa real é formalmente respectiva enquanto realidade. A *respectividade* da realidade se funda na excedência. Todo o real enquanto real é constitutivamente respectivo em seu próprio e formal caráter de realidade. A aberturalidade funda a excedência, e a excedência funda a respectividade. Usarei aqui indiscriminadamente os termos excedência e respectividade, e falarei inclusive de excedência respectiva e de respectividade excedente.

Ainda que o que eu vá dizer desta excedência respectiva concerna também a cada coisa real em sua realidade, para os fins de nosso problema atual, no entanto, referir-me-ei sobretudo a outros aspectos da apreensão.

O primeiro é o aspecto campal. A realidade está aberta em si mesma e desde si mesma a outras coisas reais sentidas ou sentíveis na mesma impressão de realidade. Ou seja, a abertura determina em excedência respectiva um campo de realidade. O campo não é uma espécie de pélago em que as coisas estão submersas; o campo não é primariamente algo que abarca as coisas reais, mas é algo que cada coisa real, por sua própria realidade, abre desde si mesma. Somente por esta abertura é que o campo é algo excedente e respectivo. Somente porque "há" campo é que pode este campo "abarcar" as coisas sentidas. Mas este campo que há, ou melhor, o haver deste campo se deve à abertura de cada coisa real *desde sua própria realidade*. De modo que, ainda que não houvesse mais que uma só coisa, esta coisa já abriria o campo. Era conveniente repetir esta ideia, já estudada na Segunda Parte, para enfocar devidamente o problema desta Terceira Parte.

Mas a formalidade de realidade é aberta, ademais, enquanto o é de realidade pura e simples. Este aspecto segundo o qual cada coisa real abre a área da realidade pura e simples é o que constitui o *mundo*. Mundo não é o conjunto de todas as coisas reais (isto seria *cosmos*), nem é o que o vocábulo significa quando se diz que cada um de nós vive no nosso mundo, mas é o mero caráter de realidade pura e simples. Repito o que acabamos de dizer do campo: ainda que não houvesse mais do que uma só coisa real, haveria mundo. O que sucede é que, havendo talvez muitas – será preciso averiguá-lo –, o mundo é a unidade de todas as coisas reais em seu caráter de pura e simples realidade.

As coisas reais inteligidas em apreensão primordial e em intelecção campal não somente são tais ou quais coisas reais. Ao inteligi-las, não intelijo tão somente que são tais ou quais; ao inteligir que são tais ou quais, intelijo também "ao mesmo tempo" que são meras realidades, que são pura e simples realidade. Ora, a realidade como realidade é constitutivamente aberta, é transcendentalmente aberta. Em virtude desta abertura, realidade é uma formalidade segundo a qual nada é real, mas aberto a outras realidades e inclusive à realidade de si mesmo. Ou seja, toda realidade é constitutivamente respectiva enquanto realidade.

Então, todas as coisas reais têm enquanto pura e simplesmente reais uma unidade de respectividade. E esta unidade de respectividade do real enquanto real é o que constitui o mundo. Realidade não é um *conceito* transcendental, não é que seja um conceito que transcendentalmente se realiza em cada uma das coisas reais; é um *momento real e físico*, isto é, a transcendentalidade é justamente a abertura do real enquanto real. E, enquanto unidade de respectividade, realidade é mundo.

Não confundamos, portanto, mundo e cosmos. Pode haver muitos *cosmoi* no mundo, mas não há senão um só mundo. Mundo é a função transcendental do campo e do cosmos inteiro.

Campo e mundo não são, portanto, idênticos, mas tampouco são independentes. Ao inteligir sencientemente esta coisa real, intelijo "ao mesmo tempo" sencientemente que é uma realidade, isto é, intelijo que esta coisa é um momento do pura e simplesmente real. No campo já inteligimos o mundo. Reciprocamente, a pura e simples realidade, o mundo, é, como acabo de dizer, a função transcendental do campo. E neste aspecto – só neste – pode-se dizer que o campo é um mundo sentido. Portanto, a rigor, deve-se dizer que de maneira impressiva o mundo é também sentido enquanto mundo. Mas sua impressão de realidade é a mesma que a desta coisa real sentida em e por si mesma ou sentida campalmente. Não se identificam, porém, porque o campo está sempre limitado às coisas que há nele. Se aumenta ou diminui o conjunto de coisas reais que há nele, o campo se dilata ou se contrai. Em contrapartida, o mundo é, sempre e essencialmente, aberto. Com o que não é suscetível de dilatação ou contração, mas de diferente realização de respectividade, ou seja, diferente riqueza transcendental. Esta riqueza transcendental é o que chamaremos de mundificação. O campo se dilata ou se contrai, o mundo mundifica. O mundo é aberto não só porque não sabemos que coisas há ou pode haver nele, mas antes de tudo porque nenhuma coisa, por mais precisa e detalhadamente que esteja constituída, jamais é "a" realidade enquanto tal.

Pois bem, neste aspecto, inteligir a coisa real é inteligi-la abertamente para... o que não inteligimos, e talvez nunca saibamos o que pode ser na realidade. Por isso é que intelecção da coisa enquanto mundanal não é um mero movimento entre coisas, mas uma *marcha* para o desconhecido e até para o vazio.

Nossa atual questão é conceituar o que é a marcha.

a) Antes de tudo, repito, é uma marcha "desde" algo real, isto é, desde uma intelecção efetiva. Esta intelecção não é forçosamente tão só a apreensão primordial de algo real, mas, além disso, é sempre uma intelecção em que já inteligimos, ou ao menos tentamos inteligir, o que isso real é em realidade. Aquilo desde o qual se parte é toda a apreensão primordial do real, e do que este real é em realidade com todas as afirmações que constituem esta intelecção. A marcha é, pois, sempre marcha desde uma grande riqueza intelectiva do real.

b) O real abre a realidade desde si mesmo na impressão de realidade: é a abertura do momento de realidade. Com isso fica autonomizado este momento de realidade em outra dimensão além da de individualidade. E esta autonomização tem dois aspectos. Um é o aspecto desta realidade segundo a qual as coisas reais constituem campo: é o momento constitutivo em que se move o logos. Neste movimento do logos, o momento de realidade tem uma função sumamente precisa: é *meio* de intelecção. Mas a autonomização do momento de realidade tem outro aspecto. A impressão de realidade não só apreende coisas reais; também apreende que cada coisa real é pura e simples realidade: é a abertura não ao campo, mas ao mundo. A coisa real é apreendida não segundo o que é "em realidade", mas segundo o que é "na realidade". Vai-se das coisas reais e de seu campo para o mundo: é a marcha. Nesta abertura, a realidade se autonomizou: não só é *meio*, mas é algo inteligido por si mesmo. A realidade tem então outra função, também muito precisa: é *mensura* do que é no mundo a realidade que se vai inteligir. Com efeito, como já se parte de coisas reais e do que estas são em realidade, nestas intelecções desde as quais se marcha já se adquiriu uma intelecção, mais ou menos expressa, do que é ser *real*. Certamente é um ser-*real* que concerne às coisas que estão incluídas no campo e que, portanto, são abarcadas por ele. No entanto, este ser-*real* excede tais coisas reais enquanto "real". Daí resulta que na intelecção prévia destas coisas já inteligimos de alguma forma o que é ser real. E então realidade já não é apenas meio de intelecção, mas é a mensura do que se vai inteligir como pura e simplesmente real na abertura. Como esta abertura do real enquanto real é o mundo, sucede que em última instância o campo mesmo se converteu provisoriamente em mensura do que se vai inteligir no mundo aberto, em mensura do que se vai inteligir: o que a coisa é na realidade. Marchar neste mundo aberto é mover-nos numa intelecção "formal", conquanto "provisória", do que é ser real. Como o mundo é formalmente mundo aberto de realidade, por isso é que as coisas reais inteligidas no campo tentam determinar uma marcha do que as coisas são na realidade.

c) Então a marcha não é o movimento que leva desde umas coisas reais para outras coisas reais; é o movimento que leva desde o campo de todas as coisas reais para [*hacia*] o mundo da pura e simples realidade. O termo deste "para" em sua nova função tem um caráter complexo, como logo veremos. É por um lado um "para" outras coisas reais extracampais; por este lado, a marcha será uma tentativa de ampliação do campo de realidade. Mas, por outro lado, ao inteligirmos no campo de realidade o que são as coisas reais abarcadas por ele, inteligimos, talvez sem nos dar conta disso, o que é pura e simplesmente ser real. Então a marcha é uma marcha num mundo que é aberto não só para outras coisas reais como as assinaladas, mas também para outras possíveis formas e modos de realidade enquanto realidade. E isto é grave e decisivo.

Em definitivo, marcha não é mero movimento. No entanto, marcha e movimento têm uma intrínseca unidade: esta unidade está formalmente no "para" [*hacia*] da impressão de realidade.

Esta diferença entre movimento e marcha tem um caráter muito preciso. O movimento intelectivo do logos é um movimento muito definido: é *movimento de retração e reversão afirmativa* dentro das coisas do campo. Mas a marcha é outro tipo de movimento. É movimento não dentro do real campal, mas para o real para além de todo o campal. Portanto marcha é *busca de realidade*. É *intellectus quaerens*. Por isso é que, embora toda marcha seja movimento, nem todo movimento é marcha, porque nem todo movimento intelectivo é busca de realidade. Certamente nenhum movimento é ocasional e caótico. O movimento de retração e afirmação é fundado na atualização do que algo já real é em realidade entre outras coisas do campo, e é exigencialmente determinado por tal atualização. Na marcha, o movimento é fundado e *mensuradamente* determinado pela prévia intelecção de pura e simples realidade. "Afirma-se" o que é na realidade mundanal algo já atualizado em apreensão primordial e campal. Busca-se realidade dentro d*a* realidade, para além das coisas reais sentidas, segundo uma mensura de realidade. É uma busca radical num mundo aberto em si mesmo. Marcha é abrir-se para a insondável riqueza e problematicidade da realidade, não só em suas notas próprias, mas também em suas formas e modos de realidade.

Eis o que é marcha: é busca de realidade. Mas esta marcha é intelectiva. E então nos perguntamos não só o que é a marcha intelectiva enquanto marcha, mas o que é o propriamente intelectivo desta marcha.

3. A MARCHA ENQUANTO INTELECÇÃO

Que é inteligir em busca? Aí está nossa questão precisa. Inteligir em busca não é estar em busca de uma intelecção, mas é uma busca em que se intelige buscando e no buscar mesmo. Isto suscita uma multidão de problemas. Porque buscar é evidentemente uma atividade do inteligir que se deve considerar de dois pontos de vista. Antes de tudo, é uma *atividade*, mas não uma atividade qualquer, e sim uma atividade *de inteligir*. A esta atividade do inteligir enquanto atividade é aquilo que, a meu ver, se deve chamar *pensar*. Mas deve-se considerar também a atividade de inteligir na estrutura mesma de sua intelecção. Este ato de intelecção tem uma estrutura intrínseca própria, constitui um modo de intelecção próprio determinado pela atividade pensante. Então, o inteligir não só tem caráter de atividade, mas é um modo de intelecção. A atividade determina a intelecção, e a intelecção determina a atividade. Enquanto modo de intelecção, a atividade pensante já não é mero pensar, mas é algo diferente: é *razão*. A razão é o caráter intelectivo do pensar. Não são idênticos pensar e razão, mas não são independentes: são dois aspectos de um mesmo ato de inteligir em busca. Diremos que a atividade do inteligir enquanto determinada por um modo de intelecção tem *caráter intelectivo*. Como ato, porém, que procede de uma atividade enquanto atividade, chamarei esta atividade de *atividade do inteligir*. É o que eu expressava algumas linhas atrás dizendo que razão é o caráter intelectivo da atividade de inteligir, ou seja, do pensar.

Desse modo, temos diante de nós dois grupos de problemas, com que nos enfrentaremos:

§ 1. A atividade do inteligir em busca, enquanto tal atividade: o pensar.

§ 2. O caráter intelectivo da atividade pensante: a razão.

§ 1. A atividade do inteligir enquanto atividade: o pensar

Buscar, digo, é atividade do inteligir. E para entendê-lo é preciso começar por conceituar o que é atividade. Só depois poderemos dizer em que consiste o caráter propriamente pensante desta atividade. São os dois pontos em que temos de nos deter.

1. O que é atividade

Refiro-me agora ao conceito de atividade em geral. Para consegui-lo, é necessário recorrer às noções de que já falamos desde o começo mesmo da obra.

A atividade é, sem dúvida, um modo de ação. Mas nem toda ação é ação de uma atividade. Por quê? A ação é sempre e somente ação executada, seja qual for a conexão entre a ação e o executor; isto por si mesmo é um problema em que aqui não temos por que entrar. A execução mesma pode adotar ao menos duas formas diferentes, porque a ação tem, enquanto ação executada, dois aspectos diferentes. Por um lado, é pura e simplesmente uma ação executada que tem "seu" ato correspondente. E então dizemos que o executor simplesmente está em ação: é o "estar em ação". Assim, na ação de ver, ouvir, andar, comer, inteligir, etc., produz-se de maneira formal o "ato" correspondente. Pelo fato de produzir esta ação, o executor (animal ou homem) é atuante no sentido de que está em ação. Mas pode ocorrer algo diferente. É que pode suceder que o executor esteja em ação, mas não numa ação que já tenha seu pleno ato ou conteúdo formal, mas esteja numa espécie de ação continuante e continuada, uma ação que se desdobra acionalmente até em etapas diferentes. Então dizemos não só que "está em ação", mas que "está em atividade". Explico-me. Atividade não é executar uma ação, não é estar em ação, mas estar em executar ações; *atividade é acionar*, é estar acionando. A atividade não é simplesmente uma ação, mas é uma ação que, repito, consiste em estar acionando em desdobramento de maneira mais ou menos contínua e continuada. Acionar não se refere aqui ao executado, como se acionar significasse que o ato correspondente está sendo sustentado, etc. O acionar não se refere ao executado, mas se refere tão só ao executor. Alguém pode estar atuando longamente numa só e mesma ação. Isto não é atividade. A atividade tem certamente algo de ação, mas esta ação não tem ainda, sem mais, seu ato; tem algo que conduz ao ato, precisamente porque a atividade consiste em estar acionando. A atividade que tem algo de ação não é, no entanto, por si mesma a ação com seu ato. Esta acionalidade que é ao mesmo tempo mais que ação de certo ponto de vista, e menos que ação (dado que por si mesma não tem ainda seu ato completo), esta estranha acionalidade, digo, é justamente a atividade. Na atividade está-se nessa ação que não é só produzir ações mas produzi-las acionando. Toda atividade envolve ação (dado que conduz a ações), ainda que nem toda ação seja execução de um executor em atividade.

É preciso rejeitar energicamente a ideia de que a forma superior de acionalidade é a atividade. Ao contrário, a atividade é tão somente uma modalidade da ação, e no fundo é o sucedâneo de uma ação plena. A plenitude consiste, com efeito, em *ter* seu "ato". E a atividade é atividade para *conseguir* este ato. Assim, estar vendo ou estar em movimento não são atividades; são simplesmente ações, porque nelas o executor está somente em ação. É atividade, em contrapartida, o estar observando de um lado para outro ou o estar em agitação motora. Não é, pois, a mesma coisa estar em ação e estar em atividade. Atividade é portanto acionar; é algo com respeito a essa ação que é a única que tem o "ato", ato no duplo sentido de ser "o ato" e de ser seu pleno conteúdo formal. Isso é o que estritamente chamo de "ato"; por isso chamo esse caráter de "atuidade". Atuidade não é o mesmo que atualidade. Eu chamo de atuidade o caráter de ato, ao passo que atualidade consiste, a meu ver, em o real estar presente desde si mesmo enquanto real. Inteligir não é formalmente atuidade, mas atualização.

Pois bem, a busca é a atividade do inteligir. É o que chamamos de atividade pensante. Perguntamo-nos então: em que consiste o caráter pensante dessa atividade?

2. O que é atividade "pensante"

A atividade não é pura e simples ação, mas é um estar acionando com respeito a um conteúdo formal próprio. E este conteúdo é aqui o inteligir. A atividade do inteligir é o que formalmente chamamos de *pensar*.

Pensar certamente não é somente pensar o que as coisas são de um ponto de vista por assim dizer teórico. Não se pensa só na realidade própria do que chamamos de coisas, mas se pensa também, por exemplo, no que é preciso fazer, no que se vai dizer, etc. É verdade. Mas, mesmo a este respeito, o que se pensa é o *que é* aquilo que vou realizar, o *que é* aquilo que realmente vou dizer falando. Está sempre incluído no pensar um momento de realidade e portanto um momento formal de inteligir. Reciprocamente, este inteligir é um inteligir em atividade, não é simples atualização do real. Para se ter simples atualização, não seria preciso pensar, porque a atualização já é pura e simplesmente intelecção. Mas pensa-se justamente para se ter atualização. Este inteligir, que por sê-lo já é atualização, mas que é *atualização em marcha*, em forma acionante, este inteligir, digo, é justamente a atividade que chamamos de *pensar*. No pensar vai-se inteligindo, vai-se atualizando o real, mas pensadamente.

O caráter de atividade pensante é determinado pelo real aberto em si mesmo enquanto real. Não é senão porque o real é aberto que é possível e necessário inteligi-lo abertamente, ou seja, em atividade pensante. Em virtude disso, a atividade pensante tem alguns momentos próprios que é essencial destacar e conceituar com rigor.

a) Antes de tudo, o pensar é um inteligir que está aberto pelo real mesmo, ou seja, é busca de algo para além do que já estou inteligindo. Pensar é sempre *pensar para além de*. Se não fosse assim, não haveria possibilidade nem necessidade de pensar. No entanto, deve-se sublinhar que este "para além de" é um para além de em ordem ao caráter mesmo de realidade. Não se trata tão somente de ensaiar a busca de outras coisas – isto o animal também faz –, mas de buscar coisas *reais*. O que o animal não faz é mergulhar, por assim dizer, na realidade mesma do real. E mergulha não somente para encontrar coisas reais, mas também para encontrar nas próprias coisas reais, já inteligidas antes de pensar, o que são na realidade. E isto é uma forma de "para além de". O pensar é antes de tudo "pensar para" o "real para além de". Pois bem, saltam aos olhos três direções do "para" [*hacia*] determinantes da marcha para o para além de. Para além de é, em primeiro lugar, o que está fora do campo da realidade. Pensar é antes de tudo ir inteligindo, segundo esta direção, o que está fora das coisas que apreendemos. O pensar é, nesta direção, uma atividade "para fora". Em segundo lugar, pode tratar-se de ir para o real como mera notícia, e desde ela para aquilo que no real se notifica: o "para além de" é agora um "para o notificante". Em terceiro lugar, pode ser um ir desde o que já é apreendido como real para o que este real é por dentro como realidade: é uma marcha do *eîdos* para a *Idéa*, como diria Platão. "Para além de" é aqui um "para dentro". O "dentro" mesmo é um modo do "para além de" na linha da realidade. Isto não é, nem remotamente, um catálogo completo das formas primárias do "para além de"; porque, ademais, talvez não saibamos sempre para que "para além de" pode apontar e dirigimos-nos o real. Eu apenas quis sublinhar algumas linhas particulares de especial importância imediata.

b) O pensar, dizemos, intelige em atividade o real "para além de". Portanto, precisamente por inteligir em abertura, o pensar é uma intelecção incoada. É o *caráter incoativo* do inteligir pensante. Não é algo meramente conceptivo, senão que concerne muito gravemente à marcha mesma do inteligir mesmo. Todo inteligir pensante, por ser incoativo, abre uma via. Voltarei a falar detidamente sobre isso. Mas neste momento me basta destacar que há vias que em realidade desviam da realidade das coisas. Porque há vias que incoativamente não parecem diferir entre si senão muito sutilmente, quase infinitesimalmente: bastaria colocar levemente o acento num lado ou em outro para passar de uma via para outra. E isto é justamente o que o pensar faz. No entanto, estas diversas vias que incoativamente estão tão próximas, e que por isso podem parecer equivalentes, prolongadas porém em sua própria linha, podem conduzir a intelecções muito díspares, e até abismalmente incompatíveis. Aquela leve oscilação inicial pode conduzir a realidades e modos de realidade essencialmente diversos. É que o pensar é constitutivamente incoativo. Um pensamento nunca é tão somente um simples ponto de chegada; é também intrínseca e constitutivamente um novo ponto de partida. O inteligido pensantemente é algo inteligido, mas incoativamente aberto para além de si mesmo.

c) O pensar não está somente aberto para além do inteligido e de forma incoativa, senão que é *um inteligir ativado* pela realidade enquanto aberta. Como? Inteligir é mero atualizar o real. Portanto, o real inteligido mesmo é algo que é dado como realidade; é dado. Que é este dado? O dado é antes de tudo *dado-d*a realidade. Isto não significa que o dado seja algo que uma realidade para além do que é dado nos dá, mas significa que dado é a realidade mesma dada. Ser *dado-d*a realidade é ser "realidade dada" enquanto realidade. O racionalismo em todas as suas formas (e neste ponto Kant recebe as ideias de Leibniz) conceitua sempre que ser dado é ser "dado-para" um problema, e portanto um dado para o pensar. É a ideia de Cohen: o dado (*das Gegebene*) é o proposto (*das Aufgegebene*). A intelecção seria formalmente um pensar, e como tal mera tarefa. Mas isso é impossível. Certamente, o que inteligimos do real é um dado para um problema que se apresenta para o pensar. Mas isso não é o essencial da questão, nem no que se refere à ideia de "dado", nem no que se refere à ideia de "dado-para". Antes de tudo porque, para ser "dado-para", o que é dado tem de começar por ser um "dado-de" realidade. Do contrário, nem sequer se poderia falar de problema. O real é, pois, "dado-de" realidade e "dado-para" o pensar. Que é este "e", isto é, qual é a intrínseca unidade dessas duas formas de dado? Não é uma unidade meramente aditiva; não é que o dado seja "dado-de" e *ademais* "dado-para". Mas é "dado-para" precisa e formalmente porque é "dado-de". Por quê? Porque o dado de realidade nos dá a realidade em seu intrínseco e formal caráter aberto enquanto real. Portanto, sucede que o "dado-de" é *eo ipso* "dado-para" para além do dado. E então é claro que o racionalismo não só não reparou no "dado-de", mas, além disso, teve uma falsa ideia do "dado-para", porque acreditou que aquilo para o que o dado é dado, e que o constitui em "dado-para", é a referência ao pensar. Pois bem, isso é falso. O "dado-para" é um momento da atualidade do real em seu aberto "para além de". "Dado-para" é dado mundanalmente aberto. O dado não é, em primeira instância, dado para um problema, mas dado de "para além de". Há portanto um duplo erro no racionalismo: em primeiro lugar, o escorregar no "dado-de", e, em segundo lugar, o ter interpretado o "dado-para" como dado para um problema; por isso, em primeira instância o "dado-para" é a forma não de inteligir o real, mas de atualizar o campo em seu aberto "para além de". Só porque o "dado-para" é um momento da realidade campal para além de, só por isso é que pode ser dado para um problema. A abertura da realidade enquanto meramente atualizada no inteligir é a unidade intrínseca e radical das duas formas de dado, dado-de e dado-para. A linguagem corrente expressa esta intrínseca unidade do ser dado com uma expressão que não só é feliz, mas, considerada com estrito rigor formal, manifesta a estrutura unitária das duas formas de dado: *as coisas dão que pensar*. O real não somente se *dá* na intelecção, mas *dá* que pensar. Este "dar" é, pois, a unidade radical das duas formas de dado no real. E este dar que pensar é justamente inteligir em atividade pensante. A atividade pensante não só é aberta ao "para além de" de forma incoativa, mas é constituída como tal atividade pelo real mesmo previamente inteligido. Deste ponto de vista, a atividade pensante tem alguns aspectos muito essenciais que é preciso destacar tematicamente.

c 1) Que sejam as coisas o que dá que pensar significa antes de tudo que ser atividade não é o formalmente constitutivo da intelecção. Em e por si mesmo, o inteligir não é atividade. Certamente, o inteligir pode achar-se em atividade, mas não "é" atividade, e ademais a atividade é posterior ao inteligir. A intelecção primária do real em seu duplo aspecto de ser "real" e de ser "em realidade" não é atividade. Afirmar não é atividade, mas mero movimento; e nem todo movimento é movimento em atividade. Afirmar não é atividade, mas movimento. O movimento só será atividade quando a intelecção primária, em virtude do já inteligido como real, seja *ativada pelo inteligido mesmo*. E o estará precisamente porque o inteligido é realidade aberta enquanto realidade. Estar em ação de inteligir videntemente não é estar em atividade, mas se pode vir a estar em atividade pelo inteligir vidente mesmo. O pensar, pois, não é algo primário; é consecutivo à intelecção primária. O primário, e até cronologicamente primeiro, é a intelecção.

c 2) Em virtude disso, a atividade pensante não só não é primária, mas não brota de si mesma. Costumou-se dizer (é o caso de Leibniz e de Kant) que, diferentemente da sensibilidade, que seria meramente receptiva, o pensar é uma atividade espontânea: o pensar seria espontaneidade. Mas isso é duplamente falso.

Antes de tudo, porque a própria sensibilidade humana não é mera receptividade, não é mero receber afecções, mas é física apresentação do impressionante como real, isto é, alteridade, sensibilidade intelectiva. Mas não é isso o que agora me importa. O importante agora é insistir em que o pensar não é atividade que brote espontaneamente de si mesma. E não o é, precisamente, porque a inteligência fica constituída em atividade tão somente em consequência do dado de realidade aberta. São as coisas o que nos dá que pensar, e portanto são elas não só o que nos põe em atividade, mas o que determina o próprio caráter ativo do inteligir. Somos intelectivamente ativos porque as coisas nos ativam a sê-lo. Isto não significa que esta atividade não tenha em e por si mesma um caráter específico (vê-lo-emos depois) que pudesse conduzir facilmente ao erro de crer que pensar é atividade espontânea. A verdade, porém, é que não é espontânea, mas a intelecção primária, e portanto o real mesmo é o que nos faz ser de certo modo espontâneos. Dar que pensar é, com efeito, algo dado pelas coisas reais; mas o que as coisas reais nos dão é justamente "que pensar". Pelo primeiro aspecto, o pensar não é espontâneo; mas pode parecer que é de certo modo, conquanto erroneamente, pelo segundo. Sem coisas não há pensar; mas o que com as coisas já inteligidas há é justamente uma atividade especificamente própria, "que pensar". O pensamento, poder-se-ia dizer, procede das coisas reais pelo "ter de pensar" o que estas nos "dão". É o ponto radical que pode ter conduzido ao erro da espontaneidade.

c 3) A atividade pensante é um inteligir ativado pelas coisas que nos dão que pensar. E isto, eu já o indicava, é uma necessidade intrínseca de nossa intelecção campal, porque aquilo pelo qual as coisas nos dão que pensar é a abertura de sua realidade. No entanto, isso não é suficiente. É preciso acrescentar que esta abertura não é, pura e simplesmente, a mera abertura da respectividade mundanal, senão que é esta mesma abertura enquanto campalmente apreendida. Se assim não fosse, não haveria atividade de pensar. A simples respectividade mundanal é um caráter abertural da realidade. Se o inteligir não fosse senciente, esta abertura seria inteligida, como se costuma dizer, por uma inteligência intuitiva como mera nota da realidade. Neste caso, o inteligir não seria pensante. Mas a abertura nos é dada sencientemente, ou seja, campalmente. Então, sua intelecção é intelecção "transcampal", é "para além de", ou seja, é marcha. E esta marcha é justamente a atividade pensante. A possibilidade e a necessidade da atividade pensante são, pois, intrínseca e formalmente determinadas pela intelecção senciente.

Em definitivo, a atividade pensante não é tão somente um caso particular da atividade do vivente humano, ou seja, não se trata de que a realidade humana seja atividade, e de que por isso todo o humano – e, portanto, o pensar – envolva uma atividade. Isso é duplamente falso. Porque em primeiro lugar, nem toda ação do vivente humano é resultado de uma atividade: como vimos, ação e atividade não são a mesma coisa. A atividade é acionalidade, coisa diferente de realizar uma ação. A vida do vivente humano "de seu" é somente ação, aquela ação em que o vivente se realiza a si mesmo em posse de si. Mas esta ação nem por isso é atividade. Será atividade apenas quando sua ação estiver ativada. Pois bem, isto acontece de muitas maneiras, e é o segundo motivo por que é falsa a concepção da atividade pensante como mero caso particular de uma suposta atividade geral. No que concerne à inteligência, o ativador da atividade é o real mesmo enquanto real; o real é o suscitante de acionalidade, por ser atualidade em intelecção senciente, e portanto aberta. E esta acionalidade, esta atividade, é o pensar. Como eu já disse na Primeira Parte, não é que a vida me force a inteligir, senão que a inteligência, por ser intelecção senciente, é o que me força a viver pensando. Daí que a atividade pensante compete não só intrinsecamente, mas também formalmente, à intelecção de realidade. Como intelecção é atualização de realidade, sucede que o pensar é um modo de atualização da realidade. Não se pensa *sobre* a realidade, mas já se pensa *na* realidade, isto é, dentro dela mesma e apoiando-se no que positivamente já se havia inteligido dela. O pensar é um inteligir que não só intelige o real, mas o intelige buscando desde uma prévia intelecção de realidade e marchando nela. O pensar, como atividade de inteligir que é, envolve *formalmente* aquilo que o ativa: a realidade. Não é somente que seja a realidade o que ativa a inteligência nessa forma de atividade que constitui o pensar, mas também que inteligir a realidade enquanto ativante é um momento intrínseco e formal da atividade pensante mesma. Em virtude disso, o pensar já possui atual e fisicamente em si mesmo a realidade na qual e segundo a qual se pensa. É o que veremos.

§ 2. A atividade pensante enquanto intelectiva: a razão

A atividade pensante, o pensar, tem caráter intelectivo. Eu já disse que chamo de caráter intelectivo a estrutura interna própria da intelecção pensante enquanto tal. A atividade pensante adquire pelo pensar um caráter intelectivo determinado em sua intelecção mesma. Pois bem, por seu caráter formalmente intelectivo, o pensar constitui a razão. Razão é o caráter intelectivo do pensar, e neste sentido é a intelecção pensante do real. Pensar e razão são apenas dois aspectos de uma só atividade, mas como aspectos são formalmente diferentes: pensa-se segundo razão, e intelige-se na razão pensante. Os dois aspectos não se opõem como se se tratasse de que uma atividade mental subjetiva (que fosse o pensar) viesse a alcançar o real (razão) de que ainda estivesse desprovida. Não é assim. Certamente tenho uma atividade pensante meramente psíquica pela qual posso, por exemplo, revolver pensamentos. Mas mover pensamentos não é pensar. Pensar é sempre e somente pensar no real e já dentro do real. Pensa-se e intelige-se pensantemente segundo razão. Esta intelecção pensante do real é, pois, o que devemos chamar de razão.

O real já previamente inteligido nos lança, pois, a inteligir de outro modo, a inteligir pensando. Mas esse real de que partimos não é um mero ponto de partida que deixamos para trás: é o próprio *apoio positivo* de nossa marcha em busca. A intelecção pensante, em seu caráter intelectivo, é a razão, é essencial e constitutivamente uma marcha num apoio intrínseco. É um apoio em que já inteligimos o real. E, em sua marcha intelectiva, a razão tem de ir atualizando novamente o real cautamente, isto é, sopesando cada um de seus passos. E precisamente por isso é que esta atividade é chamada de pensar, etimologicamente "pesar". O pensar tem o caráter intelectivo de um sopesar o real *na* realidade mesma para ir "para" [*hacia*] o real dentro daquela. Pensar é pesar intelectivamente. Pesa-se, sopesa-se a realidade. E este peso intelectivo da realidade são justamente as razões. Falamos, assim, de "razões de peso". A realidade que a razão tem de alcançar não é, pois, a nua *realidade*; isto já fez a intelecção na apreensão primordial e até em todas as afirmações campais ulteriores. A realidade que a razão deve alcançar é a *realidade sopesada*. O que é então aquela instalação prévia no real? Para responder a esta pergunta, temos de nos enfrentar, portanto, com três graves questões:

I. O que é razão.
II. O orto da razão.
III. Razão e realidade.

I. O que é razão

Acabamos de dizê-lo: é a intelecção pensante do real. Mas isso é apenas uma generalidade. Para precisá-la, deve-se esclarecer essa intelecção em dois aspectos essencialmente seus. Esta intelecção, com efeito, é antes de tudo uma intelecção *minha*. Quanto a isso não há a menor dúvida. A razão é antes de tudo minha razão. Mas, por outro lado, é inegavelmente uma razão *das coisas reais* mesmas. Portanto, se queremos esclarecer o que é a razão, somos obrigados a examinar sucessivamente o que é a razão como intelecção minha e o que é a razão como razão das coisas; só assim entenderemos unitariamente o que é razão.

1. A razão como minha

Naturalmente "minha" não significa aqui que seja algo subjetivo. Tampouco significa que a razão seja uma simples atividade minha, a atividade que chamamos de pensar. Porque o pensar é formalmente a atividade mesma do *inteligir*, enquanto a razão (inclusive a razão minha) é um caráter *intelectivo* da intelecção mesma. É o caráter formal de uma intelecção levada a efeito em intelecção pensante. Significa, pois, tão somente que é um modo de intelecção, e portanto algo que concerne à intelecção mesma enquanto tal. Falar de minha razão significa apenas que a razão é algo que concerne modalmente à intelecção.

A razão como modo de intelecção tem três momentos essenciais: é intelecção em profundidade, é intelecção mensurante, é intelecção em busca.

Primeiro momento. A intelecção pensante é uma intelecção de algo "para além do" campo de realidade. Eu já disse que "para além de" não indica formalmente apenas outras coisas que estão "fora" do campo. "Para além de" é também aquilo ou aqueles aspectos das coisas que estão no campo, mas aspectos que não estão formalmente nele. Que é positivamente este "para além de"? Isto é o essencial. Não se pensa para além de por um capricho arbitrário. Porque não é que se inteligam as coisas ou aspectos que estão fora do campo "além" de haver inteligido as coisas campais. Não é, pois, que haja uma intelecção *aquém do* campo e, "além disso", outra *para além do* campo. Ao contrário, pensa-se na realidade "para além de" precisa e formalmente porque as coisas que estão no campo são *elas mesmas* que "dão que pensar". E este dar que pensar é, por um lado, sermos levados a inteligir o para além de, mas, por outro, consiste em sermos levados ao para além de pela força inexorável da intelecção do que está aquém de. E é nisto que consiste o "dar que pensar". Dar que pensar é uma necessidade intelectiva *sentida*, segundo a qual o campal remete ao para além de. O para além de é, antes de tudo, o "para" [*hacia*] mesmo como momento da impressão de realidade. Mas este "para" não é um momento meramente adicional. O "para" é, com efeito, um modo de realidade sentida enquanto realidade. Donde resulta que o real não só remete a algo outro, senão que remete a algo outro por já ser real em "para" aquilo a que nos remete. Isto é, o "para" como modo de realidade adquire então, como já vimos na Segunda Parte, o caráter de um "por". Portanto, "para além de" não é algo meramente "outro", mas é um outro-*por* ser o *aquém do* que é. Não é uma "dedução", mas é a impressão mesma de realidade em "para" como momento do que está aquém de. E este caráter é o "por" fisicamente sentido. O que não está no campo é inteligido para se poder inteligir melhor o que está nele. E é nisto que positivamente consiste o "para além de": em ser algo a que nos leva o "aquém de" precisa e formalmente para poder inteligir melhor este mesmo "aquém de". É, pois, o oposto de uma simples adição. Em virtude disso, inteligir o para além de é inteligir o que, no fundo, é o aquém de. O que dá que pensar é o que é, no fundo, o inteligido no campo. Este fundo pode ser o interior de cada coisa, mas pode ser também outras coisas, externas ao campo. No entanto, em ambos os casos, o inteligido "para além de" é sempre inteligido precisa e formalmente como aquilo sem o qual o conteúdo do "aquém de" não seria a realidade que é. É a intelecção no "por". E neste "por" é que consiste o "em profundidade". Ir ao para além de é ir ao fundo das coisas reais. E este fundo inteligido é justamente a minha razão delas. Somente inteligindo este fundo é que terei inteligido as coisas reais do campo. Profundidade não é, portanto, uma espécie de fundura indiscernível; é apenas a intelecção do que no fundo é ou são as coisas reais. Assim, uma onda eletromagnética ou um fóton são o que no fundo é uma cor. Sua intelecção é por isso intelecção em profundidade.

Pois bem, razão é antes de tudo a *intelecção do real em profundidade*. Somente como razão da cor há intelecção da onda eletromagnética ou do fóton. A cor, dando-nos que pensar, é o que nos leva à onda eletromagnética ou ao fóton. Se não fosse por este dar que pensar, não haveria intelecção nenhuma de um para além de: haveria no máximo um aquém de depois de outro aquém de. E não me refiro com isso tão somente ao tipo de "para além de" que aduzi. Porque o para além de não é apenas um conceito teórico, como o são a onda ou o fóton. O para além de pode ser também o que forja um romance; não o forjaríamos se o real dado não me desse que pensar. O mesmo se deve dizer da poesia: o poeta poetiza porque as coisas lhe dão que pensar. E o que ele pensa delas é sua poesia. Que o inteligido assim seja uma realidade teoreticamente conceituada, ou seja, realidade em ficção, ou seja, realidade poética, não muda a essência da intelecção como razão. Uma metáfora é um tipo entre outros da minha razão das coisas. O inteligido do para além de é pura e simplesmente a intelecção daquilo que o aquém de, ao ser inteligido, nos dá que pensar. Por isso a intelecção do para além de é razão, é intelecção do real em profundidade. Mas a razão, a minha razão, tem ainda outros dois momentos constitutivos essenciais.

Segundo momento. Razão, digo, é intelecção do real em profundidade; mas esta intelecção se leva a efeito na realidade aquém de já previamente inteligida. Esta realidade previamente inteligida não é simples "meio" de intelecção, mas é algo diferente: é "mensura" de intelecção. É que toda e qualquer realidade é realidade constitutivamente mensurada enquanto real. Que significa isto?

Todo o real é constitutivamente respectivo enquanto real. Esta respectividade é o mundo. Mundo é a unidade de respectividade do real como real. Todo o real é, pois, mundo precisa e formalmente por ser real, isto é, por sua formalidade de realidade. Em virtude disso, esta respectividade mundanal reverte, por assim dizer, sobre cada coisa real de maneira muito precisa: cada coisa se apresenta a nós, então, como uma forma e um modo de realidade determinados segundo a formalidade em respectividade. Esta determinação é justamente a mensura. Com isso, realidade não é tão somente formalidade constitutiva do "em próprio", do "de seu", mas é a medida mesma segundo a qual cada coisa real é real, é "de seu". A mensura não é unidade de relação das coisas reais; ao contrário, a mensura é em cada coisa consecutiva à sua respectividade mesma. Só porque a realidade como realidade é respectiva, só por isso é que sua formalidade é mensura de sua própria realidade. O real é realidade, mas mensurada em sua realidade por sua própria formalidade de realidade. Pois bem, a razão não só é intelecção do real em profundidade, mas intelecção *mensurante do real em profundidade*.

Isto requer uma análise um pouco mais detida. Toda mensuração se apoia num "metro" com que se mensura. Que é esse metro? Que é a medida intelectiva do real segundo esse metro? Para responder a estas perguntas, é necessário recordar que a intelecção pensante, a minha razão, é uma intelecção que se apoia no que previamente inteligimos no campo. Só nos retrotrazendo a este ponto de prévia intelecção é que poderemos averiguar A) o que é o metro e B) qual é a mensura intelectiva do real em profundidade.

A) A minha intelecção pensante, a minha razão, não intelige a realidade como meio, mas como algo já positivamente inteligido em intelecção campal prévia. É uma diferença essencial. Se se quiser, a razão intelige a realidade mesma não como luz (isto seria a realidade como meio), mas como luminária (isto é a realidade como mensura). E esta é uma intelecção peculiar. Porque nela se intelige certamente a realidade por si mesma, mas não como mais uma coisa, e sim como algo que chamarei de "realidade-fundamento", realidade fundamentante da intelecção pensante enquanto fundamentante. É o que chamo de *princípio*. A intelecção da formalidade é realidade como luminária, como mensura; é a intelecção da realidade como princípio. Neste aspecto, a razão é *intelecção em mensura principal da realidade em profundidade*. Vamos cingindo cada vez mais, assim, o conceito de razão como modo de intelecção. Para esclarecê-lo, digamos em primeiro lugar o que é ser princípio; em segundo lugar, será preciso averiguar qual é o princípio da intelecção pensante ou razão; em terceiro lugar, será preciso esclarecer com algum rigor a índole desta intelecção principal.

a) Que é ser princípio e como nos é dado o princípio? A realidade como princípio é evidentemente realidade como fundamento; e enquanto tal o fundamento é um "por". Pois bem, ser fundamento é sempre e somente ser fundamento de algo outro, do campal; é, repito, um "por". Este outro, enquanto fundado, é algo ao qual o chamado fundamento está aberto; é um "por" aberto. E, reciprocamente, o fundamento tem então o momento intrínseco e formal de abertura. Por isso é que é fundante; fundamento é antes de tudo fundação. Mas não há apenas isso. Porque fundamentar é um modo muito preciso e determinado de fundar; fundamentalidade é somente um modo próprio de fundacionalidade. Pois bem, o fundante é fundamentante quando dá ao fundado seu próprio caráter de realidade: 1) *desde* si mesmo (desde o fundante), e b) quando ao dar-lho a realidade fundada se está realizando precisa e formalmente *por* e *n*a realidade do fundante. O fundamento transcorre fundamentalmente no fundado. O fundante não só fundou o real, mas o está fundamentando intrínseca e formalmente. O fundado é então real de forma fundamental. Nisto é que consiste formalmente, a meu ver, ser *princípio*. Princípio não é só começo, nem é o mero "de onde" (o *hóthen*), como pensava Aristóteles, mas é o fundante realizando-se desde si mesmo em e por si mesmo no real enquanto real. O princípio só é princípio enquanto está intrinsecamente "principiando", isto é, realizando-se como princípio.

Como nos é dado o princípio da intelecção? Quando aquilo que é fundamento é o caráter mesmo de realidade, isto é, quando o fundamento é a realidade profunda, então sua intelecção é, como eu já o indicava, muito peculiar. A realidade não é agora a nua formalidade de realidade; esta nua formalidade já a temos inteligida em toda intelecção desde a apreensão primordial de realidade. A realidade não é agora nua *realidade*, mas *realidade enquanto fundamentante*. Como é dada esta realidade enquanto fundamento? Naturalmente, não é "a" realidade como se fosse um "objeto" (permita-se-me o vocábulo em prol da clareza). Princípio não é uma coisa "oculta" no principiado.

Se fosse assim, inteligir-se-ia este "objeto" e acrescentar-se-ia "depois" a ele uma relação, que portanto seria extrínseca ao objeto: a relação de fundamentar outro objeto. Mas não é assim. Porque, em se tratando d*a* realidade, sua fundamentalidade é um momento intrínseco dela, não é um momento acrescentado. "A" realidade, com efeito, está aqui atualizada, está aqui presente para nós, não como estão "as" realidades, ou seja, como *realidade-objeto*, mas está atualizada e está presente para nós em si mesma e formalmente como *realidade-fundamento*, ou, se se quiser, como fundamento real. É uma diferença essencial. O fundamento é realidade, mas realidade cujo caráter de realidade consiste justamente em fundamentar realmente. No objeto, o real está "posto", mas em forma de "ob", de oposto ou contraposto ao apreensor mesmo ou à sua apreensão. Mas aqui a realidade não está "posta": ela *está* "fundamentando". A realidade não está atualizada agora nem como *nua realidade* nem como *realidade-objeto*, senão que está atualizada fundamentantemente. A realidade está atualizada agora como real, mas o modo de sua atualidade é "fundamentar", não é "estar" nem em si nem em "ob". Por isso a chamo de *realidade-fundamento*. Não é, repito, uma relação acrescentada a seu caráter de real, mas é seu modo intrínseco e formal de estar sendo real. No objeto, o real está atualizado em forma de "ob" – já o veremos –, ao passo que aqui a realidade está atualizada segundo um modo próprio: o fundamentar realmente. É, se se quiser, um apresentar-se o real não como algo que "meramente está": é apresentar-se como "estando fundamentando". É a realidade pricipialmente apreendida, isto é, a *realidade-princípio*. Seu modo de atualização é estar atualizada em forma de "por" fundamentantemente.

b) Suposto isso, é a realidade princípio fundamental da intelecção pensante? Certamente é assim. A realidade, com efeito, é apreendida como realidade constitutivamente aberta enquanto realidade. Se a realidade não fosse aberta, não haveria intelecção pensante, porque não haveria um "para além de"; a realidade seria tão somente as coisas reais. Mas, como a realidade é aberta, é a realidade mesma que previamente inteligida sencientemente como formalidade nos lança desde si mesma "para" [*hacia*] o "para além de" em busca intelectiva: a realidade é fundante. Mas é fundante como fundamentante, precisamente porque é a realidade já atualizada em intelecção prévia; e é nesta realidade, afirmo, que formalmente se está atualizando de novo a coisa real. Pela abertura, pois, a realidade é fundante e fundamentante da intelecção pensante: é seu *princípio*. A realidade enquanto aberta é o que dá que pensar, e este dar é o que constitui a realidade em princípio de intelecção pensante. O "dado-de" é o princípio do "dado-para". Este princípio é, portanto, a realidade. Mas é necessário precisar.

Em primeiro lugar, é a realidade não como *nua-realidade*, mas como *realidade-fundamento*. Em segundo lugar, a realidade que constitui esta realidade-fundamento não é o momento de realidade individual (enquanto individual) de cada coisa. Já nas partes Primeira e Segunda vimos que a nua realidade é a formalidade de realidade. Formalidade é o modo de alteridade do "de seu", nada que tenha que ver com o que seja aquilo que a escolástica chamava de objeto "formal" ou com aquilo que Duns Scot chamou de formalidade. Formalidade é aqui o modo de alteridade do "de seu", à diferença do modo de alteridade de mera estimulidade. Este "de seu" – recordemo-lo, ainda que seja repetitivo – não significa tão somente o fato da existência, mas significa, a meu ver, que o que um clássico entenderia tanto por essência como por existência pertencem "de seu" à coisa. Realidade não é formalmente sinônimo de existência nem de essência, ainda que nada seja real sem ser existente e sem ser essenciado. Esta formalidade de realidade tem dois momentos. Tem antes de tudo um momento que, à falta de melhor vocábulo, chamei de individual: é a formalidade de realidade de *cada coisa real determinada*. Mas, quando se apreendem várias coisas reais, inteligimos que cada uma delas determina esse momento de realidade segundo o qual dizemos que cada uma está no *campo de realidade*. É o momento campal da formalidade de realidade. A formalidade de realidade é agora não só formalidade individual, mas âmbito de realidade. É um âmbito transcendental que abarca todas as coisas sentidas ou sentíveis.

Este campo enquanto fisicamente real é na intelecção um *meio*, meio de intelecção: o campo de realidade como meio é aquilo em que algo se intelige. Tal acontece, por exemplo, em toda e qualquer afirmação. Mas pode ocorrer que a realidade seja o que leve ao fundamentante, à realidade para além de, ao mundo da realidade. Então realidade não é meio, mas *realidade-fundamento*: é o princípio mensurante de realidade no para além de. A realidade campal assim inteligida é agora mais do que meio de intelecção; não deixará de ser meio para a intelecção do para além de, mas é mais do que meio porque leva ao princípio mensurante. Não é preciso repetir que esta realidade-fundamento não é uma realidade-objeto. Esta realidade é aquilo segundo o qual eu inteligo pensamentemente a mensura: nisso consiste sua principialidade. Pois bem, por isso é que a realidade inteligida como realidade-fundamento é o princípio da razão.

Este princípio não é um juízo. A conversão do princípio em juízo fundamental é uma das vicissitudes mais graves na história da filosofia. Aristóteles chamava de princípio do *noeîn* a coisa inteligida mesma; assim, diz-nos ele, o princípio da trigonometria é o triângulo. Mas muito pouco depois este princípio se transformou num juízo primeiro, em boa parte por Aristóteles mesmo, que fez do princípio da metafísica, de *seu arkhé*, esse juízo fundamental chamado princípio de contradição. E assim o encontramos na filosofia moderna, sobretudo em Leibniz e em Kant, que entendem por princípios um ou vários primeiros juízos. São primeiros porque enunciam algo em que se funda toda ulterior intelecção. Em lugar do triângulo, temos agora um juízo fundamental. Com isso, a função do princípio se transforma em regra ou norma primeira de toda e qualquer intelecção. É o que lançou a filosofia pelos leitos de uma mera lógica. Isso é inaceitável. Princípio é a realidade mesma previamente inteligida na atualidade campal, mas inteligida agora como realidade-fundamento de toda ulterior intelecção. É preciso voltar ao sentido originário de princípio: não é juízo, mas intelecção prévia da realidade mesma. Naturalmente, e logo voltarei a isso, não se trata dessa intelecção prévia enquanto intelecção, mas do inteligido ou atualizado nela, a saber, a realidade. É falso o que Kant pretende, a saber, que a razão seja razão não das coisas, mas apenas de meus conhecimentos delas.

Este princípio que não é juízo, digo, é a realidade em seu momento campal; o "de seu" campal das coisas é o que nos dá nelas que pensar. A realidade que a razão intelige não é então a *nua realidade*, ou seja, não é a realidade tal como é inteligida somente como formalidade do apreendido em intelecção senciente; é esta mesma formalidade senciente em seu momento campal ou ambital, mas apreendido em si mesmo como *realidade-fundamento*.

Portanto, ainda que o conteúdo da realidade para além de esteja fundado no conteúdo da realidade aquém de (como talvez diferente desta), no que porém concerne ao caráter de realidade, este caráter é fisicamente idêntico no aquém de e no para além de. Por conseguinte, o caráter de realidade do para além de não é fundado *in re* (como diria um escolástico) no aquém de, mas é *fisicamente o mesmo* que o desta *res* aquém de. O mundo da realidade é o mesmo que o da realidade campal enquanto realidade. Não é a mesmidade de um conceito objetivo, mas a identidade física e numérica de um âmbito. A única coisa fundada *in re* é talvez seu conteúdo próprio, mas não seu caráter de realidade. O possível fundamento *in re* não concerne à realidade mesma, mas apenas a seu conteúdo.

A realidade campal é "a" realidade no campo, é a realidade em sua estrutura aquém de; "a" realidade mundanal é essa mesma realidade em sua estrutura para além de. As duas estruturas não são independentes. Sua dependência se manifesta em seu próprio caráter. A respectividade campal é a mesma respectividade mundanal, mas, de certo modo, enquanto sentida. E por esta mesmidade a realidade campal enquanto realidade nos lança à realidade mundanal. Então, a realidade mundanal é formalmente o fundamento da realidade campal; é realidade-fundamento. Logo o veremos detidamente. Estas estruturas são sempre concretíssimas; por isso consistem não só numa mera respectividade, mas também num conteúdo, por mais problemática que se quiser, mas intrinsecamente pertencente à própria respectividade.

c) Esclareçamos um pouco mais esta ideia. Esta realidade-fundamento é aquilo segundo o qual a intelecção pensante mensura; é justamente o que constitui o ser "princípio". Neste aspecto, *razão é intelecção principial*. É claro que o princípio que constitui a principialidade da razão é o que podemos chamar de *princípio último*. Expliquemos isto. Toda intelecção pensante se apoia em algo, e este algo é por isso mesmo princípio de intelecção. Assim, voltando ao exemplo de Aristóteles, o triângulo é princípio de intelecção trigonométrica. Mas isto não obsta a que por sua vez o triângulo seja algo cuja intelecção se apoia na intelecção, por exemplo, de retas, ângulos, etc. Então são estes os princípios da intelecção do triângulo. Isso significa que o princípio pode ter uma principialidade apenas provisória. Mas o que constitui a principialidade da própria razão enquanto razão? Não se trata somente da razão trigonométrica ou de outra, mas da razão enquanto razão. Pois bem, o princípio de todos os limitados princípios da razão é "realidade": realidade em seu físico e idêntico caráter. E neste sentido digo que *realidade é princípio último*: é último no sentido de que sua intelecção é o que constitui o princípio da razão enquanto tal. É ultimidade principial. Não se trata de uma ultimidade recorrente no sentido de séries causais nem de nada similar. Que é, pois, a realidade como princípio da razão?

O princípio certamente não é o "ser" nem, portanto, o "ente". Porque realidade é algo principialmente anterior ao ser e a toda e qualquer entidade. E isto não é algo fútil, como se se tratasse apenas de uma troca de palavras. Ser, a meu ver, é sempre e somente atualidade do real em sua respectividade enquanto real, ou seja, é atualidade do real no mundo. Em contrapartida, realidade é a formalidade do real como real, isto é, o real como algo "de seu".

Realidade e ser não são a mesma coisa. A prova está em que há modos próprios do ser, que não são formalmente modos próprios da realidade; por exemplo, a meu ver, a temporeidade. No entanto, além disso, o ser se funda na realidade e tem sua razão nela. Não há um *esse reale*, mas apenas *realitas in essendo*. O princípio da razão enquanto tal é, pois, não o ser, mas a realidade. Por isso é rigorosamente falso pensar que o ser seja a última instância das coisas. A última instância das coisas é "realidade". Voltarei mais detidamente a este problema.

Este princípio não é um conceito objetivo análogo nem unívoco. Porque não se trata de que a razão se encontre lançada a inteligir o real como algo que realiza o conceito objetivo de realidade, conceito que se acharia contraído às diversas categorias de coisas ou predicado univocamente delas. Realidade não é um conceito objetivo, mas a atualidade intelectiva de um momento físico do real: de sua própria formalidade de realidade campal. O momento campal de realidade é fisicamente real. Enquanto campal é um momento sentido, mas enquanto real já é um momento inteligido. A razão não é lançada às coisas reais pelo conceito de realidade, senão que a apreensão física da realidade faz inteligir fisicamente "a" realidade na razão. E este é o princípio da razão. Portanto, realidade como princípio está na razão não só *objetivamente*, mas *realmente*. Não é algo que precise ser alcançado por esta, como se se tratasse de passar de um conceito de realidade para o real das coisas, senão que a realidade como campo físico é aquilo que intrínseca e formalmente pertence à intelecção do real na razão. Esta intelecção, esta razão, já está fisicamente nesse campo. Daí que princípio não é aquele conceito em que se resolvem todos os demais; o princípio já é a realidade física mesma em seu momento campal. Esta realidade mesma como princípio fundamentante da razão também pode ser chamada de razão, mas não razão por ser modo de intelecção, e sim por ser princípio real deste modo de intelecção. Em lugar de conceito objetivo temos, pois, a física realidade do campal. A realidade enquanto realidade campal é, de certo modo, a razão da própria razão. Por isso esta intelecção, repito, não consiste em inteligir como algo realiza o conceito objetivo de realidade, mas consiste em inteligir como o campo fisicamente real é enquanto realidade algo determinado em cada coisa real individual física; é a intelecção do real mesmo mensurado pela realidade física já em sua própria campalidade. Cada coisa real como real é mundanalmente um modo e forma de realidade; ou seja, é real como momento formal individual no campo de realidade. Portanto, inteligir algo campalmente real não é inteligi-lo "sob" o conceito objetivo de realidade, mas é inteligir algo "dentro" do âmbito físico de realidade, dentro do momento campal enquanto formalidade de realidade. A realidade é, assim, princípio não só da intelecção de todo o real em profundidade, mas também da própria razão: é a realidade do campal, mas não como campal, e sim como mensurante principial do real. Neste aspecto, que é certamente o mais radical, a razão é intelecção principial do real. Daí que o conceito usual da razão, a saber, "faculdade dos princípios", me pareça falso por equívoco, porque o plural "princípios" só tem sentido se se entende por princípio "juízo fundamental". E isso, como vimos, é falso. Princípio não é juízo fundamental, e portanto não há mais que um só princípio: a realidade. E por isso razão não é *faculdade de princípios*, mas *intelecção principial* do real em profundidade.

O real, dizia eu, é constitutivamente mensurado enquanto real. E por isso é que a realidade tem caráter de princípio: ser sua própria mensura. O real é o mensurado campalmente em sua própria formalidade de realidade.

Com que se levou a efeito este mensurar? Com um cânone. A intelecção do real na razão não é só principial, mas também constitutivamente canônica, tem um cânone.

B) *Caráter canônico da intelecção principial*. Inteligimos e obtivemos o princípio na prévia intelecção campal do real como real. Isto pode parecer pobre. Porque a realidade que inteligimos campalmente é ela mesma aparentemente pobre e provisória. Esta é uma questão à qual voltarei em seguida, mas com a luz que obtivemos dessa luminária do campal que é o princípio, e com que vamos mensurar o real em profundidade, tanto em seu conteúdo como em seu modo de realidade.

Alguns exemplos para esclarecer o que acabo de dizer. No campo mais elementar de realidade, apreendemos intelectivamente que as coisas materiais que há nele são o que chamamos de "corpos". Na marcha para além do campo, marchou-se pensando durante muitíssimas centúrias que as coisas "para além de" também são corpos; certamente talvez de outra classe, mas corpos também. Foi necessária a comoção da física quântica para introduzir muito dificultosamente, mas com êxito indiscutível, a ideia de que o real para além de nem sempre é corpo. As partículas elementares, com efeito, não são corpúsculos (tampouco são ondas em sentido clássico, mas deixemos de lado esse aspecto); são outra classe de coisas materiais. Levados pela intelecção campal dos corpos, marchávamos dispostos a inteligir as coisas para além do campo como corpos, diferentes, mas, afinal de contas, como corpos. A mensura do real foi empreendida com determinado metro: o metro era "corpo". Pois bem, a marcha para a realidade nos abriu para outras coisas reais materiais que não são corpos.

Mas não há somente isso. Na intelecção das coisas reais dentro do campo, havia-se decantado em nossa intelecção não só a intelecção de que as coisas reais são corpos, mas também e sobretudo a intelecção de que ser real é ser "coisa", no sentido que o vocábulo tem hoje quando se fala, por exemplo, de "coisismo". Este era o metro de realidade: a marcha para além do campo era levada a efeito pensando-se que a realidade como mensurante é "coisa". Precisou-se de uma intelecção muito mais difícil que a da física quântica para inteligir que o real pode ser real e, no entanto, não ser coisa. Ser, por exemplo, pessoa. Então, não só se ampliou o campo de coisas reais, mas se ampliou isso que poderíamos chamar de modos de realidade. Ser coisa é apenas um desses modos; ser pessoa é outro. Assim, mudou-se não só o elenco de coisas reais, ou seja, não só se descobriu uma realidade para além do campal, mas mudou também o caráter da realidade mesma como mensura, porque uma pessoa é algo diferente de uma pedra ou de uma árvore não somente por suas propriedades, mas também por seu modo de realidade; o modo de realidade da pessoa é diferente do modo de realidade da pedra ou da árvore: o metro da realidade não é ser coisa.

Aduzi estes exemplos porque põem claramente diante dos olhos que a marcha é busca não só de novas coisas reais, mas também de novas formas e de novos modos de realidade. Ao inteligirmos o real campalmente, não só inteligimos tais ou quais coisas reais, mas inteligimos também aquilo que chamamos de real. Estas duas dimensões não são independentes. Sua unidade intrínseca é aquela com que se mensura o real na atividade pensante. O intelectivo desta atividade consiste antes de tudo em pensar segundo mensura intelectiva. A realidade já inteligida previamente não é meio, mas mensura tanto no que concerne ao que é real como no que concerne ao que chamamos de forma e modo de realidade. Pois bem, o mensurante é sempre a realidade profunda. Mas a mensura é sempre levada a efeito com um metro de realidade. A realidade como princípio mensurante é o que chamo de *cânone de realidade*. Aqui tomo o vocábulo "cânone" em seu sentido etimológico. O grego *kanôn* é formado sobre outro vocábulo grego, *kánna*, que é um vocábulo de origem semítica (acádio *qana*, hebreu *qaneh*) que significa uma cana que servia, entre outras coisas, como unidade de medida. A razão, o *intellectus quaerens*, leva em sua intelecção este cânone com que mensura a realidade que busca, ao mesmo tempo como coisa real e como modo de realidade.

Este cânone não é um sistema de normas para mensurar a intelecção do real. O conceito de cânone entrou na filosofia com Epicuro e reviveu em Kant. Para toda essa filosofia, cânone é um conjunto de normas (lógicas ou de outra ordem). O cânone seria, assim, um sistema de juízos que regulam a mensuração intelectiva do real. Isso, a meu ver, é insustentável: é fazer da afirmação predicativa a essência mesma da intelecção. O que é falso. Cânone não é um sistema de juízos normativos, mas é, como o expressa exatamente a etimologia do vocábulo, "metro"; não é um juízo nem um sistema de juízos que regulem a mensuração afirmativa. Este "metro" é justamente o inteligido previamente como real em sua forma e em seu modo de realidade. A intelecção pensante vai em busca do real para além do previamente inteligido, apoiada no cânone da realidade já inteligida. Isto é essencial repetir: cânone não é o que como tal é entendido por Epicuro e por Kant, mas o que o vocábulo mesmo significou quando se falava na Grécia, por exemplo, do cânone de Policleto.

Tal cânone tem a meu ver caracteres precisos, que é preciso destacar.

Antes de tudo, o cânone é sempre concreto; tem essencialmente caráter de *concreção*. Inteligimos o cânone previamente ao inteligir o real no campo de realidade. E nele, como eu disse, não só inteligimos o que cada coisa real é entre outras, mas também inteligimos, sem nos dar conta disso, o que é ser real. Mas, é claro, inteligo nas coisas reais campais o que é *nelas* esse seu ser real. Ou seja, é uma intelecção essencialmente concreta. E isto é justamente o cânone de realidade. Não se trata, pois, de que no campo tenhamos inteligido em que consiste ser real em abstrato e em toda a sua generalidade; trata-se do modo concreto segundo o qual é real o que inteligimos no campo. O cânone de realidade é o que por realidade já inteligimos dentro do campo. E este é um caráter essencial do cânone. Mas ele ainda tem outros.

Em segundo lugar, com efeito, o cânone não tem uma forma definida de ser cânone. Ao contrário: há muitos *modos diferentes* de ser cânone, há modo diferentes de mensurar. Ao falarmos de cânone, propendemos a pensar que consiste formalmente em ser realidade conceituada, talvez concreta e limitada, mas sempre conceituada. E isso não é assim. O cânone pode ser a realidade conceituada; mas não é forçoso que sempre seja assim. Pode ser, com efeito, uma mensura, por exemplo, emocional, uma mensura metafórica, etc. A metáfora não está apenas em seu conteúdo, mas concerne também e sobretudo a seu modo próprio – justamente, metafórico – de mensurar o real. O cânone não é formalmente de nenhuma dessas índoles: o cânone formalmente é cânone enquanto mensura, seja qual for seu modo de mensurar.

Mas isso não é tudo. Em terceiro lugar, o cânone é essencialmente um cânone *aberto*. À medida que vamos inteligindo mais coisas reais, também vai variando o cânone mensurante da realidade. E isso em dois sentidos. O cânone vai variando, antes de tudo, porque o que constitui a mensura campal de realidade se foi modificando. Por exemplo, o que o cânone é depois de ter inteligido "pessoas" não é a mesma coisa que ele era enquanto não inteligíamos senão "coisas". A realidade mensurante, em sua concreta condição e dentro de determinado modo de mensura, vai-se ampliando ou retraindo, e, em todo o caso, vai-se modificando. Mas há também outro sentido nesta variação. Porque o cânone não só consiste em ser um metro concreto de mensuração, senão que ao serem mensuradas as coisas reais vêm a ser de realidade maior ou menor relativamente à realidade mesma como princípio. Daí que o próprio cânone fique aberto não só em razão das coisas reais, mas também pelo próprio caráter de realidade.

Definitivamente, a mensura do real na intelecção de razão tem um caráter aberto principial e canônico. Principial: trata-se da realidade como princípio. Canônico: trata-se da realidade como cânone. Os dois aspectos são inseparáveis: o princípio é princípio para um cânone, e o cânone é sempre cânone segundo um princípio. Sua unidade intrínseca é um momento mensurante da razão. Vou chamá-lo, para simplificar, de "princípio canônico". A razão tem um primeiro momento de ser intelecção em profundidade. Tem um segundo momento de ser intelecção canônica desta profundidade. Mas tem, além disso, um terceiro momento: a razão é formal e constitutivamente razão por ser intelecção em busca.

Terceiro momento. A razão marcha mensuradamente para uma intelecção em profundidade. Portanto, este momento tem de ser busca daquilo que se vai inteligir. Este momento de busca se presta a um equívoco que é preciso eliminar pela raiz. Já o insinuei anteriormente. Porque não se trata da busca de uma intelecção que ainda não se possui; trata-se de um modo próprio de intelecção: é a busca mesma, é o buscar mesmo como modo de intelecção. A razão é formalmente *intellectus quaerens*, isto é, intelecção inquirente. É o inquirir mesmo como modo de intelecção. Razão é somente um modo de intelecção, não é pura e simples intelecção. A razão é formalmente e estruturalmente busca. Porque a razão é intelecção do real na medida em que o real dá que pensar. Pois bem, inteligir o que dá que pensar e dando que pensar é a essência mesma da busca. A razão é, portanto, formalmente e estruturalmente "busca". À razão compete essencialmente não só o momento de profundidade e o momento de mensuração, mas também, com a mesma essencialidade, seu caráter inquirente. Quanto a isso escorrega-se quase sempre. Qual é este modo formal de inteligir inquirentemente? Começarei a responder a esta pergunta destacando alguns aspectos essenciais desta busca intelectiva.

A) Antes de tudo, a razão é *dinâmica*. A coisa é clara: a razão é uma marcha, e, ainda que nem todo movimento seja marcha, toda marcha, no entanto, é movimento. Portanto, a razão tem uma estrutura formalmente dinâmica. E isto é essencial sublinhar. A razão não é só um sistema articulado principial e canonicamente, ao modo, por exemplo, da demonstração de um teorema. Este sistema demonstrativo será, como veremos, resultado da razão, mas não é o que formalmente constitui a razão. A razão é uma marcha. E o princípio e o cânone da razão são princípio e cânone de busca, de busca de realidade em profundidade. Se a realidade fosse total e completamente apreendida em intelecção primordial, não haveria lugar para falar de razão. A intelecção não é razão inquirente porque a realidade esteja intrinsecamente articulada de forma fundamental, mas porque esta articulação fundamental, precisamente por achar-se somente em profundidade, tem de ser uma articulação buscada. Não nos basta, então, mover-nos no campo da realidade, mas temos de marchar em profundidade para além do campo. A diferença entre o aquém de e sua profundidade é a diferença que faz do momento dinâmico uma marcha da razão. É esta marcha que tem um princípio canônico.

B) Este princípio canônico não é próprio de uma marcha qualquer, mas é princípio de uma marcha formalmente intelectiva: é uma marcha inquirente, e o princípio canônico é princípio do inquirir. O princípio canônico é formalmente princípio canônico de busca intelectiva. Portanto, este princípio não é a representação canônica do real. O cânone não mensura o real de forma tal, que o que não fosse à medida do que o cânone apresenta fosse declarado não real. O cânone não mede o real como representação, mas, ao contrário, o mede como "direção" de busca. Portanto, pode ocorrer, e ocorre efetivamente talvez na maioria das vezes (como nos exemplos que antes aduzi), que o real encontrado não seja como são as coisas reais campalmente inteligidas e apresentadas no cânone. No entanto, nem por isso o cânone deixou de funcionar como cânone, pois precisamente por ser dirigida por aquela representação é que a intelecção pensante pôde encontrar realidades diversas dele. O cânone é direcional. Só por ir buscando corpos é que a razão pôde inteligir algo "material", que não seja "corpúsculo". Razão é *direcionalidade* de uma marcha. Certamente, não haveria direção sem representação: sem intelecção dos corpos não haveria direção de busca para além do campo. Esta representação, porém, não consiste em ser a norma ou medida do que efetivamente é real, mas em ser a direção de uma busca em profundidade. Todo buscar tem uma precisa direção determinada por uma prévia representação. Buscar é ir abrindo caminho à luz da direção que o já apresentado nos marca. Razão não é sistema quiescente de estratos articulados, mas sistema inquirente; é razão direcional. A razão é antes de tudo a direção de uma busca em profundidade.

C) A razão como busca não é somente direcional, senão que, por sê-lo, é constitutivamente provisória: é a *provisoriedade* da razão. A razão está sempre submetida a possíveis "reparos" canônicos, que por sê-lo são reparos racionais. Este reparo concerne evidentemente ao conteúdo do apresentado no cânone, seja qual for a índole desta apresentação, que não é forçosamente imagem visual. Apesar de tudo, porém, o essencial está em que este reparo não só refaz o conteúdo do apresentado como real, mas refaz a direção mesma de ulterior busca, de ulterior razão. Daí que a direção mesma da razão seja sempre provisória. Provisória não significa que não seja verdade; esta é outra questão, de que tratarei depois. Provisória significa que, mesmo sendo verdade, é uma verdade que por sua própria índole é chamada não a ser forçosamente anulada, mas a ser superada. A índole desta superação depende dos casos. Mas o superado, precisamente por sua índole superável e superanda, será sempre formalmente provisório.

Dinâmica, direcional e provisória é como a razão é formalmente inquirente. Este caráter inquirente, eu já dizia, é um momento do modo próprio da intelecção da razão.

Pois bem, intelecção é atualização do real. Portanto, se a razão é inquirente, este seu inquirir é determinado pelo modo de atualização do real. Qual é este modo por que afeta o inquirir? Esta é a questão que se deve precisar depois de se terem analisado alguns dos caracteres do inquirir.

Já vimos que a razão é a intelecção lançada "para" [*hacia*] além do campal, isto é, em profundidade. Este lançamento não acontece negativamente; ou seja, não se trata de que o campo nos expulse, por assim dizer, para fora do campal. Ao contrário, o campal nos lança certamente do campo, mas dentro e não para fora do real mesmo enquanto real; isto é, o lançamento "para" é uma positiva atualização da realidade mesma para além do campal da realidade. O essencial da questão é esta positiva atualização. O campo lança a inteligência diante de uma realidade real, mas extracampal. E este lançar diante de si, atualizando aquilo para o qual somos lançados, é justamente o que etimologicamente significa a palavra *pro-blema* (do grego *pro-bállo*, arremessar algo "diante"). No problema já há atualização, isto é, há uma intelecção da realidade, mas esta atualização é ao mesmo tempo uma atualidade que ainda não é plenamente atual. Este estar sendo atual de certo modo sem sê-lo, ou melhor, sem sê-lo plenamente, é a problematicidade. A problematicidade não é primariamente o caráter da minha marcha, mas é primariamente o caráter da atualização mesma do real. O real dá que pensar. E este dar é justamente a problematicidade; é algo dado pelo real. A realidade em "para" me lança para uma atualidade peculiar do real: para uma atualidade problemática. E esta atualidade do real como modo de atualização é o que formalmente constitui um problema. É por isso que os problemas não são forjados, mas são descobertos, são encontrados. E só porque o real está atualizado problematicamente, só por isso é que a intelecção é e tem de ser inquirente por necessidade intrínseca. Inquirir é o modo de inteligir a realidade problemática enquanto problemática. E isto é inexorável. É bem possível que, lançados pelo real problemático, nos retraiamos e não prossigamos a intelecção. Há milhões de problemas diante dos quais todo o mundo pode passar ao largo. Mas o que é forçoso é que, diante do problema, ou nos detenhamos ou passemos ao largo. E esta *forçosidade* é justamente o *inquirir*. Passar ao largo é uma forma de inquirir. O problemático determina enquanto tal uma intelecção inquirente. Este inquirir pode ter o aspecto negativo de passarmos ao largo ou o aspecto positivo de nos adentrarmos no problemático. Este adentrarmo-nos pode ter por sua vez diferentes modalidades. Inquirir pode ser adentrarmo-nos e *"resolvermos"* o problema. Mas não é este o caso geral. Porque talvez haja problemas radicais que a estrita intelecção da razão não possa resolver. Então, adentrarmo-nos significa somente *"tratar"*. O "tratamento" do problemático já é incoação de uma solução. Mas esta solução pode ser algo para o qual o tratamento incoado não faz senão dirigir-nos convergentemente; uma convergência que na maioria das vezes será tão somente "assintótica". Em todo o caso, o formalmente essencial da razão inquirente é ser "tratamento".

Em suma, a razão é um modo de intelecção que tem três momentos próprios. É antes de tudo uma intelecção em profundidade. É em segundo lugar uma intelecção mensurante, isto é, uma intelecção do real principal e canônica. É finalmente uma intelecção de caráter inquirente. A unidade intrínseca destes três momentos constitui a razão como modo de intelecção. Se quisermos reduzi-lo a uma fórmula, diremos que *a razão é a intelecção em que a realidade profunda está atualizada de modo problemático, e que portanto nos lança a inquirir principial e canonicamente o real em profundidade*. Não tomemos estas frases como definição no sentido corrente do vocábulo, mas como expressão descritiva do que é a razão. Algo *toto caelo* diferente do que correntemente se entende por razão. Não seria demasiado precisar a índole desta contraposição.

D) A filosofia se inscreveu correntemente numa conceituação da inteligência como afirmação: inteligir seria afirmar algo de algo. É o que chamei, muitas páginas atrás, de *logificação da intelecção*. Uma ideia paralela àquela outra segundo a qual se identificam realidade e ente: a *entificação da realidade*. Ambas as identificações são inaceitáveis, mas o que agora importa, para delimitarmos o problema da razão, é centrarmo-nos na logificação da intelecção. Esta logificação levou a alguns conceitos de razão que, por conseguinte, já vêm viciados em sua origem mesma. Entende-se por razão, como já vimos, a "faculdade dos princípios", isto é, a faculdade de juízos fundamentais. E isso é falso porque princípio não é juízo principial, mas mera atualização senciente da realidade como realidade-fundamento. Princípio deve ser entendido não em intelecção concipiente, mas em intelecção senciente. O juízo é apenas um modo entre outros desta atualização, e portanto algo derivado dela. Em virtude disso, princípio é a "realidade". E portanto a razão não é faculdade de princípios, mas intelecção principial. E aquela logificação da intelecção, digo, é o que conduziu a alguns conceitos de razão que são, a meu ver, inaceitáveis. Sem pretender ser completo, é possível reduzir tais conceitos a três.

Antes de tudo, o conceito segundo o qual razão é *rigor lógico*. É, em definitivo, o que levou a entender a razão como raciocínio: o raciocínio seria a forma suprema do rigor lógico. Este rigor lógico fez conceber a razão como algo absoluto. A ideia, de formas diferentes, vem de Parmênides, Platão e até Aristóteles e culmina na filosofia moderna em Leibniz. O rigor do raciocínio se fundaria nas rigorosas evidências dos chamados princípios de razão, isto é, em evidências conceituais primeiras que, para Leibniz, se reduzem a identidades. Razão seria o órgão da evidência conceitual absoluta. De maneira que por sobre a sensibilidade pairaria a conceituação absoluta da razão. A razão seria o princípio canônico do real, porque princípio canônico seria juízo de evidência conceitual absoluta. Se vamos para além do apreendido sencientemente, seria por necessidade lógica rigorosa. Pois bem, isso é inaceitável não só como ideia, mas até como descrição do fato da intelecção. Porque inteligir não é conceber e julgar, mas apreender sencientemente o real como real: é intelecção não "lógica", mas "senciente". E o que nos leva para além da apreensão senciente do real não é a necessidade lógica, mas a atualização senciente do real em "para" [*hacia*]: é o "para" real e não uma necessidade lógica. O princípio da razão não são os conceitos e os juízos primeiros, mas a realidade fisicamente apreendida em "para". A razão não é o órgão das evidências absolutas, mas o órgão da marcha da intelecção em profundidade já dentro do real inteligido sencientemente.

De acordo com um segundo conceito, razão não é rigor lógico, mas *necessidade dialética*: o logos logifica a razão em forma de dialética. É a ideia de Hegel. O rigor lógico não consiste para Hegel senão em ver o real no espelho da razão. A realidade não passa de imagem "especular" da razão. Razão é por isso *razão especulativa*. Os princípios da razão não são evidências conceituais absolutas, mas o desdobramento da estrutura especulativa da razão. Razão é desdobramento de conceitos. E o princípio deste desdobramento não é a evidência, mas a intrínseca inconsistência do conceito. A razão não pode parar num conceito sem vê-lo desfazer-se em seu oposto; então recupera o primeiro conceito incorporando a ele seu oposto, e fundindo ambos os momentos num novo conceito, e assim sucessivamente. Só é consistente, portanto, a razão em seu movimento. A razão é movimento, e este movimento é dialético e consiste na entrada da razão em si mesma: tal seria o princípio da razão. Razão seria dialética especulativa conceitual, seria em si mesma o conceito mesmo do conceito, isto é, Ideia em sentido hegeliano.

Mas isso é impossível. Razão não é movimento dentro de um conceito; não é movimento "no mesmo", mas é marcha "para o outro": é intelecção do para além de. Razão não é movimento de conceitos, mas busca na realidade. A razão é inquirente; a razão marcha. E esta marcha não é certamente resultado de uma evidência como pretendia Leibniz, mas tampouco é a mobilidade interna dos conceitos. A realidade não é a imagem especular da razão. Não é que os conceitos sejam em si mesmos inconsistentes, senão que é a realidade mesma que está intelectivamente atualizada de forma problemática. O que move a razão não é a inconsistência dos conceitos, mas a problematicidade da realidade. E é por isso que sua intelecção, ainda que não seja inconsistente, é no entanto inquirente. O inquirir é a intelecção do problemático enquanto tal. A marcha do inquirir não é, pois, senão progressiva atualização do real.

Segundo um terceiro conceito, razão não é rigor de evidências absolutas nem necessidade dialética. Razão seria simplesmente *organização da experiência*. Foi a ideia de Kant. Os juízos primeiros da razão não são juízos sobre a realidade, mas juízos sobre minha intelecção da experiência. Como quer que se interprete a filosofia de Kant (organização psicológica, organização lógica ou organização transcendental), a razão seria a organização dessas intelecções. Esta organização teria um caráter preciso: seria totalização. O conteúdo da razão não seria a totalidade do real, mas a totalidade lógica de minhas intelecções. Estas totalidades (mundo, alma, Deus) são o que Kant chamava de Ideias. A razão não é órgão de evidências absolutas nem é a dialética da inconsistência interna do pensar, mas é pura e simplesmente totalização lógica. Mas isso é inaceitável. E o é ao menos por dois motivos. Em primeiro lugar, é verdade que a razão se apoia no que chamei de intelecção prévia. No entanto, estas intelecções em que a razão se apoia e aquelas a que aqui se refere não são intelecções enquanto intelecções, mas a realidade nelas inteligida. E, como esta intelecção é senciente, sucede que a razão não é razão das intelecções, mas razão da realidade sencientemente inteligida. Em segundo lugar, desta realidade sentida, a razão não organiza a totalização, mas a mensura em profundidade aberta. A suposta organização da experiência não é construção de uma totalidade lógica fechada e total, porque a realidade é em si mesma aberta enquanto realidade. Razão não é organização: é simplesmente mensuração principial e canônica do caráter de realidade em profundidade.

A logificação da intelecção conduziu a três ideias da razão: a razão, órgão de evidências absolutas do ser, órgão de dialética especulativa, órgão da organização total da experiência. Essas concepções são radicalmente inaceitáveis, porque inteligir não é julgar, mas atualizar sencientemente o real. Daí que a razão não repouse sobre si mesma, senão que é sempre e somente um modo de intelecção. Raciocinar, especular, organizar são três maneiras – entre outras possíveis – de marchar intelectivamente para o "para além de" em profundidade. E esta marcha se funda por sua própria índole formal na intelecção prévia, na intelecção senciente.

Com isso, examinamos com certa detença o que é a razão como modo de intelecção, isto é, o que é a *minha* razão. Mas isso não é suficiente para conceituar o que seja a razão. Porque a razão ser *minha* é apenas um aspecto da razão. A razão tem também essencialmente outro aspecto: razão é razão *das coisas*. Que é esta razão das coisas? É o que agora examinaremos.

2. A razão como razão das coisas

Neste ponto serei muito mais breve, porque este tema pertence completamente à intelecção da realidade, à metafísica; e aqui não tratamos senão da inteligência. É só nela que se pode falar formalmente de razão, porque razão é sempre um modo de intelecção. Mas, se isso é assim, que sentido tem falar da razão das coisas? Temos de examinar, assim, duas questões: A) a razão como algo das coisas, e B) o sentido desta razão.

A) *A razão é das coisas*. Voltemos ao ponto de partida desta investigação. A intelecção do real extracampal é uma intelecção em marcha para a realidade mesma enquanto tal, porque a realidade enquanto realidade é formalmente aberta. Esta marcha é uma atividade intelectiva. Enquanto atividade, a marcha constitui o pensar. Enquanto intelectiva, esta atividade é a razão. O pensar é a atividade da inteligência, isto é, a atividade determinada pela atualidade da realidade enquanto aberta. É, pois, uma atividade ativada: são, com efeito, as coisas reais o que dá que pensar. A razão é o aspecto intelectivo desta atividade pensante. Isto é, a razão intelige nas coisas isso segundo o qual elas dão que pensar. Nesta intelecção, as coisas reais não dão somente que pensar: dão algo mais, *dão* razão. O de menos é que às vezes, na maioria das vezes talvez, nos tirem a razão. Mas englobamos ambas as direções do dar e do tirar nisso que *a potiori* chamamos de "*dar razão*". Na marcha intelectiva, as coisas reais começam por dar que pensar, e terminam por dar razão. São dois "dares" diferentes. Mas sua unidade é o "dar" enquanto tal. E é neste dar que consiste formalmente que a razão seja das coisas. Razão é certamente apenas um modo de intelecção. Mas, como este modo é determinado pelas coisas reais mesmas, sucede que, enquanto determinada pelas coisas, a razão é delas. A razão, pois, é dada por aquelas tanto em seu momento inicial como em seu momento terminal. Em virtude disso, a razão dada enquanto dada pertence a elas; é razão das coisas mesmas. O "de" não significa que minha razão seja das coisas somente no sentido de que por ser modo de intelecção recai sobre elas. Isso é próprio de toda intelecção e não só da razão. Não se trata de um "de" genitivo de propriedade ou de pertencer cujo sujeito fosse a intelecção mesma. Trata-se de que aquilo a que a razão pertence é a coisa mesma. O "de" é um genitivo de propriedade ou de pertencer, mas cujo sujeito são as coisas reais mesmas. São elas que "dão"; e, como o que dão é "razão", esta pertence às coisas. Do contrário não a dariam. A razão é algo dado. Isto é essencial: a razão não é algo que se "tem"; é algo que nos é "dado". A razão é intelecção mensurante da realidade. Pois bem, as coisas nos dão a medida de sua realidade; nisto consiste justamente a razão. E este "dado" é "ao mesmo tempo" a minha razão e a razão das coisas. Este "ao mesmo tempo" é justamente o caráter aberto da realidade do real. Nesta abertura, o real dá que pensar e dá razão, porque só o aberto pode "dar", e só no aberto se pode buscar e encontrar. É claro, aqui surge a questão sobre o que é este encontrar. Mas disso falaremos mais adiante. A razão, em definitivo, é algo das coisas.

B) Mas de que forma é a realidade algo que dá? Realidade é o "de seu" das coisas. E é neste "de seu" que se inscreve aquele "dar". Dar razão é, pois, um momento do "de seu": a realidade como princípio canônico da intelecção inquirente em profundidade é um "de seu". Mas isso não é suficiente para a nossa questão. A realidade, com efeito, é algo que "de seu" "dá", e dá porque é aberta. Pois bem, esta abertura do real tem diferentes formas.

Antes de tudo, o real é aberto enquanto realidade, e é portanto constitutiva e formalmente respectivo. Mas a realidade também está aberta para as coisas reais enquanto as fundamenta. Já explicamos o que é fundamento. Aqui a abertura não é mera abertura, mas uma abertura qualificada como *fundamentalidade*, abertura fundamentante.

Mas há uma terceira forma de abertura. A realidade pode estar aberta não só sendo respectiva, e não só por ser fundamental, mas também por ser *atualidade intelectiva*. O real inteligido é, como real, algo "de seu", aberto portanto a estar em atualidade intelectiva. Esta atualidade intelectiva pode ser, por sua vez, mera atualidade primordial do real como real: é a apreensão primordial. Mas pode suceder que a abertura intelectiva seja de caráter principial, isto é, uma atualidade em intelecção pensante. Pois bem, repito, a abertura intelectiva principial do real é justamente a razão. E é nesta abertura que consiste, como já disse, o fato de a razão ser das coisas. A realidade não está aberta a ser razão por ser nua realidade, nem por estar meramente atualizada na intelecção, mas está aberta a ser razão por estar intelectivamente atualizada em forma principial, e portanto, finalmente, por estar atualizada em intelecção senciente. Não será ocioso insistir um pouco mais neste ponto. Esta insistência não será mera repetição; nela o repetido vai sê-lo do ponto de vista da razão das coisas.

a) Em primeiro lugar, a ideia mesma de razão das coisas. A filosofia distinguiu a razão como razão de ser, e a razão como razão de conhecer. Mas esta distinção não toca o que a meu ver constitui o fundamental da razão. A razão é sempre razão das coisas reais. Por isso, para que se possa falar da razão de conhecer, é preciso que a coisa real já esteja presente em seu próprio caráter de realidade. Pois bem, isto presente não é a nua realidade, mas a realidade *atualizada*. Entre a *ratio essendi* e a *ratio cognoscendi* há, a meu ver, a *ratio actualitatis*. E disto é que formalmente parte a razão: a razão parte da atualidade. A nua realidade não é mais que um "quê": é aquilo em que o real consiste. Este "quê" pode ser atualizado de modos diversos. Quando é atualizado em intelecção pensante, o "quê", aquilo em que a coisa consiste, tem atualidade de modo problemático: é um "quê" que retém problematicamente sua plena atualidade, seu plenário "quê", esse "quê" plenário para o qual a coisa real mesma enquanto real nos remeteu. Este plenário "quê" é, pois, seu quê "por" seu "por-quê". A realidade campalmente atualizada remete como realidade àquilo que será sua plena atualidade, a seu "por-quê" como direção. O "para" [*hacia*] mesmo é a realidade em forma de "por". O "por" é a abertura mesma do "para". A razão é sempre intelecção de um "quê"; é portanto intelecção de um "por-quê". Mais tarde explicarei a estrutura disso que chamamos de "por-quê". Não é tão simples de conceituar.

O "por-quê" não é uma pergunta que eu formulo mais ou menos arbitrariamente sobre o real atualizado; a pergunta em questão é determinada inexoravelmente pelo modo mesmo segundo o qual a coisa real é atualizada. Este modo de atualidade do real é a razão. O "por-quê" é a intelecção de um modo de atualidade do real. O porquê é o concreto aspecto positivo do problematicidade. Ser problemático é ser um "quê" em "porquê".

b) Mas isso não é tudo. Porque esta atualidade problemática é *eo ipso* inteligida em busca. O que significa que a atualidade em "porquê" é atualidade que, por ser buscada, se ordena a ser encontrada. A atualidade do real em "porquê" é sempre e somente encontrada.

O "por-quê" não é apenas algo para o qual sou lançado em meu inquirir, mas, como modo de atualidade em para [*hacia*], é algo formalmente encontrado em busca. Este momento do "ser encontrado" é um momento de atualidade de caráter positivo. Este momento positivo do "por-quê" enquanto encontrado é o que precisa e formalmente constitui o "dar". Que as coisas nos deem a razão significa formalmente que sua atualidade é atualidade encontrada nelas mesmas. Porque não se trata de um encontrar como algo ocasional, isto é, como se se tratasse de um "tropeção", mas trata-se do caráter formal de algo buscado, isto é, de algo encontrado em busca. Este caráter positivo é, portanto, constituinte formal da razão das coisas: é justamente o "dar" delas. Logo veremos com maior precisão em que consiste esse dar e esse encontrar. Mas desde já podemos dizer que são momentos de atualidade.

c) Como porém é atualidade nesse modo de "por-quê", surge a pergunta de qual é o caráter do "por-quê" *enquanto encontrado*.

Antes de tudo, a atualidade em questão não é uma atualidade do real no mundo, ou seja, a atualidade a que nos referimos agora não é o ser. O "por-quê" não é um "por-que-é" algo. Certamente é impossível deixarmos de nos expressar no idioma já criado, e portanto é impossível deixarmos de dizer que o "por-quê" é sempre tão somente um "por que algo é". Mas isso é um modo de expressão equivocado. Poderia significar que o real "é assim em *sua realidade*". E isto é exatíssimo. Mas poderia significar também que o real "é" assim em realidade. E isto é falso como ideia de razão. A razão enquanto razão não é razão de ser. Razão é sempre e somente razão de realidade. Razão é realidade e não é ser. A razão como princípio das coisas não é "razão de ser", mas, ao contrário, é "razão d*o* ser". O ser é algo que necessita de princípio, e este princípio é a realidade: a realidade é a razão de ser. Razão não é desdobramento do ser, como pretendia Hegel, mas intelecção principial da realidade pensantemente atualizada como realidade.

A atualidade em "por-quê" não é, pois, atualidade como um estar no mundo, mas atualidade intelectiva de realidade. Não é a mera atualidade do real; isto seria próprio de toda e qualquer intelecção. Trata-se de uma atualidade em seu modo de "por-quê". E, na medida em que algo é atualizado como real em "por-quê", dizemos que sua realidade é *fundamento*. A atualidade do real em "por-quê" é a fundamentação. A razão é das coisas porque é a atualidade fundamentante delas. Enquanto buscada, a atualidade é encontrada em "por-quê", e, enquanto tal, esta atualidade é fundamento.

A razão é, pois, razão da coisa enquanto é atualidade em "por-quê" encontrada como fundamaento.

Vimos assim o que é a razão como modo de intelecção minha e como razão das coisas. Mas os dois aspectos da razão têm uma unidade essencial. É preciso atender então a este aspecto unitário da razão.

3. A unidade da razão

Toda e qualquer realidade inteligida pensantemente, isto é, toda e qualquer realidade inteligida em razão, é realidade cuja atualidade é fundamentada principial e canonicamente na e pela realidade mesma. A essência da razão está em ser atualidade pensante do real. Por ser atualidade *pensante*, é que a razão é "minha". Por ser *atualidade* pensante, é essencialmente, como toda e qualquer atualidade, atualidade do real, ou seja, "das coisas". A unidade da razão como minha e como razão das coisas está, pois, em que a razão é atualidade pensante do real. Esclareçamos a índole desta unidade.

Em Leibniz esta unidade é uma unidade que poderíamos chamar de indiscernimento. Para Leibniz, razão é sempre e somente razão de ser. E esta razão de ser é indiscernidamente razão de que a coisa seja e de que seja inteligida. Esta unidade é o que é expresso pelo célebre princípio de razão suficiente: tudo o que é tem uma razão de por quê, e antes é (*potius quam*) que não é. É, no fundo, mais que indiscernimento: é uma identidade. Daí que toda razão lógica tenha sempre um alcance metafísico. Pois bem, isto é impossível. No fundo, o princípio de razão suficiente é insuficiente. Primeiro, porque concerne a uma razão de ser; mas a razão não é razão "de" ser, mas razão "do" ser. E Leibniz não viu esta razão do ser: a realidade. Segundo, porque esta identidade entre razão de ser e razão das coisas é perfeitamente recusável; recusável não por teorias, mas pela mera análise dos fatos de intelecção. Em virtude disso, a razão lógica não é pura e simplesmente razão real e metafísica. Uma coisa é a razão de intelecção; outra, a razão das coisas reais.

Foi preciso estabelecer, portanto, um "discernimento" onde Leibniz não havia discernido. E discernimento significa etimologicamente "crítica". Daí a necessidade de uma crítica da mera razão. Foi a *Crítica da Razão Pura* de Kant. A razão a que Kant se refere é a razão como mera razão indiscernida de Leibniz. Por isso o título de seu livro, *Kritik der reinen Vernunft*, deveria ser traduzido não como *Crítica da razão pura*, mas como *Crítica da pura razão*. É a crítica do fundamento meramente lógico da metafísica, a crítica desta unidade lógico-real de Leibniz. A crítica de Kant como discernimento está perfeitamente justificada: razão intelectiva não é o mesmo que razão de realidade. Mas significa isso que se trata de duas razões cindidas e separáveis enquanto razões? Foi a tese de Kant. À unidade da razão Kant contrapõe a simples dualidade de duas razões, incomunicadas enquanto razões. Mas isso é por sua vez impossível. Porque é apresentar o problema da razão na linha da nua realidade. Pois bem, isso é inexato. A realidade a que a razão concerne não é a nua realidade, mas a realidade *atualizada*. E, embora seja verdade que a razão como modo de intelecção não é a razão da nua realidade (nisto Kant, como digo, está justificado), em se tratando, porém, da realidade atualizada, a questão muda de aspecto. A realidade atualizada nem por isso deixa de ser real, ainda que seu âmbito de realidade seja imensamente menor que o âmbito da nua realidade, isto é, que o mundo. E, como é atualizada em minha intelecção, sucede que as duas razões não são idênticas como pretendia Leibniz, mas tampouco estão radicalmente cindidas como pretende Kant. A unidade da razão é unidade como atualidade intelectiva do real. E é a esta atualidade que formal e exclusivamente concerne o célebre princípio de razão suficiente. A meu ver, deve-se dizer: toda e qualquer realidade inteligida em razão é realidade cuja atualidade é fundamentada na e pela realidade mesma. A atualidade é em última instância atualidade em intelecção senciente, e a razão é o que a atualização do real em intelecção senciente nos dá em forma de "por". É a razão senciente. Reciprocamente, como esta unidade é unidade apenas radical, as duas razões, ainda que não estejam cindidas, seguem, no entanto, rotas diferentes. O real pode ser inteligido como real, mas esta intelecção jamais será um mero desdobramento lógico de uma intelecção. Vê-lo-emos no capítulo seguinte.

Definitivamente, razão é a atualidade do real em busca pensante. Como o atualizado é formalmente real, sucede que o real assim atualizado está formalmente em atualidade de razão. Neste sentido, deve-se dizer que todo o real é racional. Mas é preciso entender esta frase com suma correção.

Em primeiro lugar, trata-se de que o real *atualizado* se acha inexoravelmente no âmbito da razão. Racional significa por enquanto estar no âmbito da razão. Neste sentido, todo o real atualizado na inteligência está ulteriormente, mas inexoravelmente, incurso no âmbito da razão. O que sucede é que nem todo o real "tem" razão: poderia repousar sobre si mesmo sem estar atualizado.

Em segundo lugar, racional não significa que o real atualizado tenha a estrutura interna de algo conceitual. Racional não é sinônimo de conceitual: foi o erro de Hegel. Para Hegel, todo o real é racional, e para ele racional significa que tudo tem estrutura de razão especulativa, isto é, estrutura de conceito. Isso é quimérico. Porque racional não significa conceitual, mas inteligido em atualidade pensante. E esta intelecção não é forçosamente a intelecção lógica do conceito. A razão pode atualizar pensantemente o real em formas não conceptivas. Mais ainda, pode atualizar o real como sendo superior a toda e qualquer intelecção racional.

Em terceiro lugar, racional não só é *o que está* atualizado em intelecção pensante, mas é racional porque o assim atualizado entra *por si mesmo* no âmbito da razão. Por si mesmo, quer dizer que não se trata apenas de uma arbitrária operação da intelecção humana, e sim que o real está atualizado como real em forma de "por quê", ou seja, já está *por si mesmo* atualizado no âmbito da razão. Não se trata de que a realidade em sua própria estrutura interna, isto é, como nua realidade, possa ser inteligida pela razão. Porque não se trata do *nuamente real*, mas do *real atualizado*. Mais ainda, dentro do real atualizado mesmo, seu conteúdo pode ser completamente opaco para a intelecção racional. Uma coisa é que o real esteja atualizado num "por-quê", outra que seu conteúdo não possa assumir formas diferentes no atualizado. E as assume. Uma é a forma de transparência; o real na razão pode ser *transparente* para ela. No entanto, pode ocorrer que o real não seja transparente, mas *opaco*. Opacidade e transparência são dois modos segundo os quais o atualizado é inteligido como um "por-quê". Pois bem, racional significa apenas que o real atualizado é por si mesmo, ou seja, por seu modo mesmo de atualização, termo de intelecção racional. Não significa que por ser termo de intelecção racional o inteligido tenha forçosamente caráter transparente para a razão. A razão pode inteligir o real como opaco. Neste sentido, o real, mesmo sendo racional no sentido de estar por si mesmo incurso no âmbito da razão, pode ter em sua estrutura própria momentos não transparentemente inteligíveis em razão. Ou seja, o real pode ser por si mesmo opaco. É o que correntemente é chamado de *irracional*. O irracional é um caráter do real inteligido pela razão mesma. Irracional não é o que "não-é-racional", mas o que tem esse positivo modo de "é-não-racional". A irracionalidade é um caráter positivo do inteligido em razão. A irracionalidade é um modo de atualidade na razão. Neste sentido, o irracional é *eo ipso* racional. O real em si mesmo, como nua realidade, não é racional nem irracional; é pura e simplesmente real. Só é um ou outro quando cai no âmbito da razão, ou seja, quando é realidade pensantemente atualizada. Pois bem, como o real enquanto atualizado cai no âmbito da razão por si mesmo, sucede que o real é real num "por-quê". E só então este "por" pode ser irracional. A irracionalidade é a razão que o real atualizado na razão dá; ou melhor, é um dos modos que as coisas têm de dar razão de si mesmas. É um tipo de razão dado pelas coisas. O real está imerso por si mesmo na razão, tanto por ser das coisas como por ser um modo meu de intelecção. E neste sentido, e somente neste, todo o real é racional.

Eu me propusera a fazer um estudo da razão. E centrava a reflexão em três questões: o que é razão, qual é o orto da razão, em que consiste mais concretamente a unidade de razão e realidade. Já vimos o que é razão (tanto como modo de minha intelecção, como modo de razão das coisas, e em sua unidade essencial, ou seja, como atualidade do real em intelecção pensante). A razão é em todas as suas dimensões um modo de intelecção. Mas nem toda intelecção é pura e simplesmente razão. Portanto, é preciso perguntarmo-nos agora pela origem deste modo de intelecção. É o que chamei de orto da razão.

II. O orto da razão

Como era inevitável, ao se examinar o que é razão, já se foi dizendo o essencial acerca do orto da razão. Mas convém recolher o dito de modo sistemático, precisando alguns pontos com maior rigor.

A razão não repousa sobre si mesma, senão que *tem um orto*. Entendo aqui por orto aquele momento estrutural da razão segundo o qual esta é, enquanto razão, algo originado. Não se trata do orto genético da razão no indivíduo nem na espécie. Trata-se tão somente do orto radicalmente estrutural, de origem estrutural. Onde a razão tem sua origem estrutural e qual é seu modo de originação? Aí está a nossa questão. Para a tratarmos, procedamos, como em tantas outras questões, por passos.

1) Antes de tudo, a razão é uma atividade, mas uma atividade que não brota de si mesma. A filosofia moderna sempre conceituou a razão como atividade que brota de si mesma, isto é, como espontaneidade. Mas isso é impossível. A razão, com efeito, é o momento intelectivo da atividade pensante. Pois bem, o pensar não é atividade espontânea. O pensar é certamente atividade, mas *atividade ativada* pelas coisas reais. São estas o que dá que pensar. Portanto, a razão, por ser momento intelectivo de uma atividade ativada, é razão fundada em algo dado. E não me refiro com isso a que a razão intelija o dado como um objeto sobre o qual pensar, isto é, não se trata de que a razão seja uma intelecção que tem um objeto que ela não "põe". Trata-se de que a razão, como modo mesmo de intelecção, é um modo determinado pelas coisas e, portanto, é um modo de intelecção imposto por elas. As coisas não dão apenas aquilo em que se pensa, mas nos dão o modo racional mesmo de inteligi-las, impõem-no: ao nos darem elas que pensar, determinam *eo ipso* esse modo de inteligir que é a razão. A razão, pois, não é atividade espontânea, mas um modo intelectivo dado pelas coisas. Ela tem seu orto, sua originação, antes de tudo nas coisas reais na medida em que sua realidade é o que dá que pensar e o que determina a intelecção em forma de razão. Mas não é só isso. A originação tem uma raiz ainda mais profunda.

2) Que é o que nos dá que pensar? Dão-nos que pensar as coisas reais em sua realidade. Para isso, estas coisas reais já têm de

estar presentes para nós como reais. Pois bem, a mera atualidade intelectiva do real como real é a intelecção. As coisas nos dão que pensar porque previamente já estão inteligidas como reais. Portanto, a razão como modo de intelecção do que as coisas nos dão que pensar é um modo da intelecção prévia do real. Em virtude disso, aquilo de que a razão surge formalmente é esta intelecção prévia. A razão tem seu orto, sua origem, nas coisas, mas nas coisas já previamente inteligidas como reais. Este é um momento mais profundo do orto da razão. Por isso a razão não é, como veremos, um modo de intelecção superior à nua intelecção, mas, ao contrário, a razão é razão por estar fundada em intelecção e ser um modo desta. A razão, por ser intelecção do que as coisas dão que pensar na mera intelecção, é uma marcha intelectiva determinada pela insuficiência desta mera intelecção. Somente na medida em que a mera intelecção não inteligie suficientemente as coisas, somente nesta medida dão as coisas que pensar. E o pensar inteligie a razão deste "dar". A razão está sempre subordinada à intelecção primária. Mas sua originação tem ainda uma raiz de maior profundidade.

3) Porque: que é o que na nua apreensão intelectiva das coisas reais dá nela que pensar? Pensar é inteligir realidade para além do campo, em profundidade. Portanto, só porque as coisas reais são campalmente inteligidas como reais é que podem dar e dão que pensar. A razão, por ser um modo de intelecção em profundidade, é formalmente *razão do campal*, ou seja, razão campalmente determinada a ser razão. A origem da razão não está somente em que o real previamente inteligido dá que pensar, senão que tem uma origem em certo aspecto mais profunda. Esta origem é a campalidade da intelecção prévia do real. O campo é um momento físico do real, é o momento sentido do mundo, da respectividade do real enquanto real; portanto, o campo é *eo ipso* um momento físico do real inteligido em sua apreensão primordial, em sua nua intelecção. O campo não é um mero conceito, mas é, repito, um momento físico do real; e o é precisamente porque a respectividade mundanal é um momento da realidade

mesma como realidade. Isso físico não consiste em ser "coisa"; o campo não é uma coisa que se intelige, mas aquilo em que e por que se intelige uma coisa real entre outras. Finalmente, este momento físico não é "relação", mas respectividade formalmente constitutiva do real enquanto real. Nesta campalidade, o real é apreendido em "para" [*hacia*], dentro do campo e para além do campo. E esta intelecção do real campalmente "para" o "para além de" é o que constitui a razão como intelecção em busca. A razão é razão originariamente campal. Marcha-se e intelige-se em profundidade, precisa e formalmente, porque a razão é razão originariamente campal. A razão tem orto não somente por ser algo dado pelas coisas reais e não somente por ser modo de uma intelecção prévia, mas tem orto porque a razão consiste em ser intelecção campal em busca. Mas seu orto tem uma raiz ainda mais profunda.

4) O campo, com efeito, é o mundo sentido enquanto mundo, é a respectividade sentida em "para" [*hacia*]. Pois bem, sentir algo como real é justamente intelecção senciente. A intelecção de que a razão campal é modo é a intelecção senciente. Senciente não significa (já o vimos) que seu objeto próprio, primário e adequado seja sensível. Se não fosse senão por isso, a unidade da inteligência e do sentir seria meramente objetiva, e nesse caso a inteligência seria "sensível". Trata-se de algo muito mais grave: trata-se de que a própria intelecção como tal é "senciente". Não se trata, pois, de *inteligência sensível*, mas de *inteligência senciente*. Pois bem, a intelecção do real campal em "para" como profundidade é a razão; e, como esta intelecção é senciente, sucede que a razão é formalmente *razão senciente*. A razão sente a realidade em "para", a realidade dando que pensar. Sua marcha é uma marcha num "para" sentido, é marcha senciente na campalidade do real. Só porque a intelecção é senciente, só por isso é preciso inteligir campalmente em razão; quer dizer, a razão é senciente. A razão é originada não só por ser algo dado pelas coisas, não só por ser modo de intelecção prévia, não só por ser razão do campal: é originada primária e radicalmente por ser modo de intelecção senciente, isto é, por

ser razão senciente. No entanto, deve-se esclarecer mais o caráter desta originação perguntando-nos em que consiste o momento formalmente senciente da razão.

5) A pergunta não pode ser mais justificada, porque dizer que a razão é "senciente" parece significar que o que a razão intelige é algo assim como as qualidades sentidas numa percepção sensível. E isso seria absurdo. Não se trata disto. A razão é um modo de intelecção senciente; portanto, é para a intelecção senciente mesma que se deve voltar a atenção para entender a nossa ideia. Em que consiste formalmente que a intelecção seja senciente? Em que reside o formalmente intelectivo do sentir? Certamente não na índole da qualidade sentida, isto é, não no conteúdo do sentir, mas no tipo de sua formalidade de alteridade, na formalidade de realidade. O formalmente intelectivo do sentir humano não reside em seu conteúdo, mas em ser *impressão* de realidade. A intelecção é "uma" com o sentir precisa e formalmente no momento de alteridade, no momento de formalidade do sentir. A unidade formal da intelecção senciente se acha em que o formal (não só *do inteligido*, mas *do inteligir mesmo*) é idêntica e fisicamente o momento formal ou formalidade mesma do sentir, da impressão. Por isso inteligir é inteligir sencientemente, e o sentir humano é sentir intelectivamente. Esta unidade é a impressão de realidade, a qual, por ser de realidade, é intelectiva, e por ser impressão é sentida. O conteúdo do sentir é realidade sentida tão somente por ser conteúdo da impressão de realidade. Pois bem, a razão é modo de intelecção senciente. E é sentindo a remissão ao mundo que toda e qualquer impressão de realidade é transcendentalmente aberta. Esta abertura (já o vimos) é dinâmica num duplo aspecto. Primeiro em forma de dinamismo para outras coisas sentidas (campo), e segundo em forma de busca (mundo). Toda e qualquer impressão de realidade é, enquanto formalidade, impressão aberta não só em dinamismo de distância, mas também em dinamismo de busca. Ver uma cor verde como algo "de seu" é incoativamente estar vendo-a para outras cores, e para outras realidades. Apreender algo sencientemente

"de seu" é um primeiro empuxo para o mundo, um primeiro esboço primordial de busca do real na realidade. Enquanto tal, o sentir humano já é um primórdio de razão, e toda forma de razão é radical e primordialmente um modo de estar sentindo a realidade. É a razão senciente.

Por isso a razão como busca do mundo no campo não é questão de conceitos, nem sequer questão de ser; é questão de impressão de realidade não enquanto impressão de tal realidade, mas enquanto impressão de mera realidade, da pura e simples realidade. A razão é uma busca do mundo, é uma impressão inquirente de realidade. E agora é claro que o senciente da razão não se refere ao conteúdo próprio dela, mas ao caráter impressivo dessa realidade que a razão intelige de modo peculiar marchando impressivamente nele; é impressão de realidade em marcha. Um número transfinito, um conceito abstrato não são qualidades sentidas. Mas são inteligidas como algo real, e como tais se constituem na impressão de realidade enquanto tal. Que a razão seja senciente significa, pois, que a razão enquanto intelecção é uma modulação intelectiva da impressão mesma de realidade. Intelecção é mera atualidade do real em inteligência senciente, é formalmente impressão de realidade. E a razão como modo de atualidade intelectiva é um modo na impressão de realidade. Qual?

Na *apreensão primordial* ou nua intelecção senciente, a inteligência senciente sente a realidade em si e por si em impressão como *formalidade* do sentido. Na intelecção campal do real que culmina na *afirmação*, a inteligência tem a impressão de realidade de uma coisa entre outras, e a formalidade sentida adquire então o caráter de um campo como *meio* de intelecção. Mas, na razão, a inteligência tem a impressão de realidade, a formalidade, como *mensura* do real para além do campo em profundidade. Por isso, a rigor, a razão não só se move *na* realidade, mas "sente" racionalmente a realidade em que se move, e sente racionalmente que se está movendo nela. A razão não busca a realidade: busca e mergulha *realmente* na realidade, precisamente porque sente esta realidade e sua moção nela. A realidade constitutiva da razão é justamente a realidade em impressão. Por isso a razão não é primariamente algo meramente lógico, senão que a razão intelige a realidade com essa *força coercitiva* própria da realidade em que está, isto é, com a força de sentir *a realidade*. Em seu inquirir, a razão *sente inquirentemente* a realidade. Na primordial impressão de realidade, a inteligência sente a realidade como nua formalidade; na afirmação, a inteligência sente a impressão de realidade como um meio de intelecção do real; na razão, a inteligência sente a impressão de realidade para além do campo. São três modos ou formas de impressão da realidade.

Pois bem, a impressão de realidade tem uma unidade física segundo a qual é impressão de realidade formal, medial e mensurante. Não são três "usos" da impressão de realidade, mas três "modos" intrinsecamente necessários por serem modos de uma só intelecção senciente, por serem, com maior exatidão, três "dimensões" da atualização do real em intelecção senciente. Estes três modos não se constituem devido à impressão de realidade, mas *na* impressão de realidade: são aquilo em que unitariamente consiste a impressão mesma de realidade. Não são derivados da impressão de realidade, mas as três dimensões constitutivas da primordial impressão de realidade. Reciprocamente, estas três dimensões da intelecção (apreensão primordial, afirmação, razão) se distinguem tão somente por serem modos de intelecção senciente. Destas três dimensões, a primeira, a saber, a impressão de nua formalidade, pode dar-se sem as outras duas, mas a recíproca não é verdadeira. Porque a segunda, a afirmação, é algo essencialmente fundado na primordial impressão de realidade, e por sua vez a razão envolve essencialmente a intelecção afirmativa. A unidade da impressão de realidade nestas duas últimas dimensões é, no fundo, o "para" [*hacia*] da nua impressão da formalidade de realidade.

Dizer, pois, que a razão não é somente sensível, mas senciente, não é uma redução sensualista da afirmação e da razão. Porque "sensualismo" significa que os *conteúdos* do juízo e da razão se reduzem formalmente aos conteúdos das impressões sensíveis. E isso é simplesmente absurdo. É que a filosofia não viu nas impressões sensíveis mais que seu conteúdo, e tropeçou em seu formal *momento sentido de realidade*: não viu a impressão de realidade. Pois bem, reduzir os conteúdos da afirmação e da razão àquelas impressões sensíveis é absurdo. Mas fica o momento formal de realidade, a impressão de realidade. E, então, reduzir o momento de realidade da afirmação e da razão à realidade sentida em impressão, à impressão de realidade, não é sensualismo. O momento de realidade próprio da afirmação e da razão é física e numericamente idêntico ao momento de realidade impressivamente apreendida em apreensão primordial. Não se trata, pois, de uma *identidade conceitual* disso que chamamos de "realidade" nos três modos de intelecção, mas de um momento *formalmente físico e numericamente o mesmo* nos três modos. A unidade física e formal do momento de realidade como impressão não é, portanto, sensualismo. É antes um *sensismo*. É algo essencialmente diferente: é a mesma impressão de realidade que em sua mesmidade física e numérica abre as dimensões de realidade afirmada e de realidade em razão. A razão é senciente neste modo radical – e somente nele – de ser modo da impressão de realidade.

O orto radical da razão está na impressão fisicamente "una" de realidade. A razão é algo que tem orto precisa e formalmente por ser senciente. Em virtude disso, repito, a razão, tal como a afirmação, não é senão um modo de intelecção da apreensão primordial. A razão não é algo que voa por si mesma *acima* de todo o sentido. Ao contrário, a razão mesma é senciente, e a intelecção racional é determinado modo de intelecção da própria intelecção senciente. A razão marcha para preencher quanto possível as insuficiências da nua intelecção. Esta marcha, pois, não tem *supremacia* sobre a nua intelecção senciente ou apreensão primordial; tem tão somente em alguns aspectos *certa superioridade* sobre ela. É uma superioridade apenas parcial, e dentro dos estritos limites do conteúdo da razão. A marcha da razão tem certo caráter livre e criador no que concerne ao conteúdo da intelecção. Mas é, repito, uma criação dentro de limites muito estritos. Nada do inteligido em razão é real senão como fundamento – fundamento necessário em princípio – do inteligido em apreensão primordial. Mas, por ser fundamento, o inteligido em razão é algo real dentro dessa realidade física, primária e inamissível da impressão de realidade. Somente ela tem supremacia radical na intelecção humana. A diferença entre nua intelecção e razão se dá, pois, e só pode dar-se, numa inteligência que seja senciente. É o que eu chamaria de a imprescritível parcimônia da razão. E esta é sua força.

Em virtude disso, o orto da razão, sua originação radical, está em seu caráter senciente. Razão é um ato que concerne modalmente à impressão de realidade.

Mas isso ainda não esgota o problema da razão. A impressão de realidade, com efeito, não é senão um momento, o momento de alteridade do apreendido, o momento segundo o qual o apreendido é "de seu" o que está presente na apreensão. Por isso é que o real assim atualizado não só é real, mas tem um conteúdo real próprio. A impressão de *realidade* não é uma segunda impressão, mas tão somente o momento formal de uma impressão una e única, da impressão *do real*, da atualidade impressiva do real. Pois bem, a razão como modulação da impressão de realidade tem, por isso, conteúdos inteligidos próprios, e não deixa fora dela estes conteúdos. A razão é formalmente senciente por ser modo da impressão de realidade; e por isso, tal como esta impressão, a razão intelige conteúdos próprios do real. Junto com sua impressão de realidade, estes conteúdos constituem, pois, um modo próprio não só da impressão de *realidade*, mas também *eo ipso* um modo próprio de inteligir *o real*. Portanto, ter mostrado que a razão concerne modalmente à impressão de realidade não só não esgota o problema da razão, senão que é então que se apresenta com estrito rigor formal o problema de em que consiste a intelecção racional do real mesmo. É o problema "razão e realidade", o último dos três grandes problemas que nos formulávamos depois de ter examinado o que é razão e qual é seu orto.

III. Razão e realidade

1. O "problema" da razão

Vimos que a razão é um modo de intelecção senciente, e que portanto é intrínseca e formalmente razão senciente. Esta razão, como toda e qualquer intelecção senciente, é constitutivamente uma mera atualização do real. Portanto, a razão não é algo que deve alcançar a realidade; é algo que já está constituído como tal razão dentro da realidade. Examinamos como a realidade funciona, por assim dizer, em suas três dimensões de formalidade, medialidade e mensura. Agora não seria demasiado esclarecer esta mesma estrutura do ângulo de outra vertente essencial, que já tocamos superficialmente nas últimas páginas. Não só, com efeito, a realidade está atualizada na intelecção, senão que, por assim estar, nos possui. Estamos possuídos pela realidade. Que é esta possessão? Desculpe o leitor a morosa repetição de ideias. Mas é conveniente fazer uma espécie de resumo do que foi dito.

A posse não é exclusivamente própria da intelecção enquanto tal; é própria certamente de toda e qualquer intelecção, mas o é porque a intelecção é senciente. Ao sentir mesmo é, pois, que voltaremos nossa atenção. Muito rapidamente, bem entendido; tão somente recordando o que eu disse na Primeira Parte. Sentir é sentir impressões das coisas, ou melhor, apreender impressivamente as coisas. A impressão tem três momentos não independentes, mas diferentes dentro de sua primária e indestrutível unidade. A impressão é antes de tudo *afecção do senciente*. Mas nesta afecção há um segundo momento essencial: apresentação de algo outro na e pela afecção mesma – é o *momento de alteridade*. Mas a impressão tem ainda um terceiro momento essencial: é a força, por assim dizer, com que o outro da alteridade se impõe ao senciente. Esta *força de imposição* é justamente o estar possuído pelo sentido. A unidade dos três momentos – afecção, alteridade, força de imposição – é o que constitui a unidade intrínseca e formal do que chamamos de *impressão*.

As impressões são diversas. Mas esta diversidade tem um caráter muito preciso para o nosso problema. O outro presente na afecção tem antes de tudo um *conteúdo próprio*: cor, som, calor, sabor, etc. Mas tem também (como eu já disse) uma *formalidade* própria: é o modo mesmo segundo o qual aqueles conteúdos estão presentes em nós, isto é, o modo mesmo segundo o qual são "outros". Esta formalidade é antes de tudo a *formalidade de estimulidade*: é o modo segundo o qual o outro é formalmente outro por desencadear uma resposta. O outro é então mero "signo". Mas o outro pode estar presente como outro não em ordem às possíveis respostas, mas em ordem ao que o presente é "de seu": é a *formalidade de realidade*. O presente então não é "signo", mas "realidade". Nestes dois tipos de impressão, o outro se impõe ao senciente segundo duas diferentes formas de força de imposição. No signo, a impressão se impõe com a *força de estimulação*. Na formalidade de realidade, o real se impõe com a *força da realidade*. No primeiro caso, temos a *impressão estimúlica*. No segundo, temos a *impressão do real*. Pois bem, apreender algo como real é o que formalmente constitui a intelecção. Portanto, a impressão do real é formalmente impressão de uma *inteligência senciente*.

Deixemos de lado, por ora, o conteúdo desta impressão do real e atendamos apenas à formalidade de alteridade: é o que chamo de *impressão de realidade*. Se chamamos o ato de inteligir chamamos, com vem sendo chamado desde os gregos, de *noeîn*, teremos de dizer que já desde então este *noeîn* não foi suficientemente conceituado. Distinguiu-se certamente o ato, a *noese*, daquilo que nele nos é presente, o *noema*. Mas nada mais; escorregou-se no caráter impressivo do *noeîn*, isto é, em sua unidade formal com a *aísthesis*, com o sentir. Os gregos, pois, e com eles a filosofia europeia, não conceituaram que a inteligência fosse senciente. E isso repercute sobre o conceito mesmo de *noésis* e *nóema*. A *noésis* não é somente, como se diz, um ato cujo termo seja meramente intencional, mas é em si mesma um ato físico de apreensão, ou seja, um ato cuja intencionalidade não é senão um momento, o momento direcional do aspecto atingencial ou apreensor do inteligido em impressão. Por outro lado, o *nóema* não é tão somente algo que *está presente* para a intencionalidade da *noésis*, mas é algo que se *impõe* com uma força própria, a força da realidade, ao apreensor mesmo.

Em virtude disso, o *noeîn* é um *érgon*, e por isso sua estrutura formal é *Noérgia*. Noérgia significa "ao mesmo tempo" que a *noésis* é atingente, é impressivamente apreensora, e que o *nóema* tem força impositiva própria de realidade. É a força da impressão de realidade.

A intelecção senciente é possuída pela força da realidade, isto é, o real se impõe a nós, de três formas diferentes. Em primeiro lugar, a força com que o real como formalidade do apreendido em e por si mesmo se impõe como real. É a forma primordial da impressão de realidade. A realidade primordialmente sentida não se impõe a nós por uma espécie de evidência irrecusável, mas se impõe a nós por algo mais que evidência: pela *força irrefragável de ser realidade*, pela força primordial da realidade. A possível evidência – não é, a rigor, evidência – não é senão a expressão desta força primordial. Mas pode suceder, em segundo lugar, que o real não seja sentido em e por si mesmo, mas entre outras realidades, isto é, distanciadamente. Então a impressão de realidade adota a forma de uma afirmação, e o afirmado não é senão a realidade apreendida em impressão de realidade distanciada. O apreendido impõe-se então com uma força própria: é a exigência, é a *força exigencial do real*. Sua expressão noética é a evidência. A evidência não é constituída pela mera presença do evidente, mas pela força da realidade, por sua força exigencial. Mas o real, em terceiro lugar, pode ser scientemente apreendido em profundidade. É a impressão de realidade em profundidade. Então a realidade se impõe a nós com uma força própria: a *força coercitiva da realidade* em profundidade. Seu momento noético é justamente a razão. Razão, afirmação, apreensão primordial não são senão modos noérgicos de uma só e idêntica impressão noérgica de realidade. A razão é modalização da afirmação, e a afirmação é modalização da apreensão primordial. Por sua vez, a alteridade do real em impressão impõe-se a nós com uma força própria, primeiro na força irrefragável da formalidade imediata, que depois se converte em exigência evidente e depois em forma coercitiva da realidade. Afirmação e razão não são senão modulações da impressão de realidade. São modos noérgicos.

A razão se move, pois, por uma força própria: pela força com que o real mesmo se impõe a nós como voz. Esta força não é um impulso no vazio. Muito pelo contrário: é uma força que nos move, mas que nos move constrangidamente a nos manter dentro do real; é, pois, uma *força coercitiva*. O próprio da razão não são suas supostas evidências, nem seu rigor empírico ou lógico; é antes de tudo a força da impressão da realidade segundo a qual a realidade profunda se impõe coercitivamente na intelecção senciente. O rigor de um raciocínio não passa de expressão noética da força da realidade, da força com que se está impondo a nós a realidade em que já estamos impressivamente. Portanto, o problema da razão não consiste em averiguar se é possível à razão chegar à realidade, mas justamente o contrário: como haveremos de nos manter na realidade em que já estamos. Não se trata de vir a estar na realidade, mas de não sair dela.

Este movimento da razão não é mero movimento. Movimento é dinamismo; e, igualmente, a afirmação enquanto tal é dinâmica. A razão é um movimento, mas diferente do afirmativo: é um movimento de busca, é marcha. É uma marcha suscitada e movida pela realidade-fundamento, pela realidade em profundidade.

A marcha mesma é, pois, um movimento em que não se busca alcançar a realidade, senão que se marcha para inteligir o conteúdo real da voz da realidade, ou seja, o real. É uma busca do que o real é na realidade. A realidade do real não está univocamente determinada: é justamente a problematicidade do real ante a razão. Em virtude disso, a marcha é um movimento dentro *da realidade* para descobrir o que o real é na realidade mundanal precisamente pela força coercitiva da realidade. Esta força consiste em constranger-nos a que o real que a razão busca seja inteligido como um conteúdo que não nos tire da realidade. Que significa isso? Não se trata de nos mantermos n*a* realidade de modo geral. Isso é formalmente consubstancial à razão. Mesmo quando o que a razão intelige não é verdade, esta não verdade, no entanto, o é dentro da realidade e por ela. Neste aspecto, a força coercitiva é uma força formalmente constitutiva da razão. Por conseguinte, quando estou falando de nos mantermos na realidade, não me refiro meramente a algo assim como uma pretensão da razão, isto é, não se trata de que a razão consista em pretender mover-se intencionalmente na realidade; refiro-me a algo muito mais grave, a saber, a que a razão efetivamente e não só supostamente já se está movendo na realidade. E isto é *absolutamente necessário*, com uma necessidade física não da intelecção racional enquanto intelecção, mas do inteligido mesmo. O que sucede é que isso não *é suficiente*. Sem aquela formal e consubstancial imersão da razão na realidade, não haveria intelecção racional nenhuma. Mas o problema está no que pode significar então a razão em sua forma concreta. Porque a voz da realidade é uma voz que clama em concreto, ou seja, é a voz com que estas coisas reais determinadas dentro do campo constrangem a buscar a realidade *delas* em profundidade. Portanto, são uma busca e uma força coercitiva essencialmente concretas. Busca-se a estrutura em profundidade destas concretas realidades campais, ou seja, trata-se de nos mantermos na realidade profunda de coisas muito determinadas. E então é bastante possível que a imersão na realidade, apesar de ser consubstancial à razão, nos tire, porém, do que *estas* coisas concretas são em profundidade, e nos deixe flutuando numa realidade fisicamente real, mas vazia de conteúdo inteligido. Não se trata simplesmente de nos movermos efetivamente na realidade; trata-se de não ficarmos suspensos nela no que concerne às determinadas coisas campais cuja intelecção em profundidade se busca.

A esta marcha concreta é que temos de nos ater agora. A marcha tem um *ponto de partida*: as determinadas realidades campais. Nesta marcha, abriu-se para a razão um *âmbito próprio*, diferente, em profundidade, do campo anterior. Finalmente, neste âmbito acontece a intelecção da razão em seu *caráter próprio*. Examinemos estes três aspectos da marcha da razão.

2. O apoio da marcha da razão

Ponto de partida da marcha da razão. A razão não é uma intelecção que só vem *depois de* outras intelecções pré-racionais. A razão é uma intelecção *determinada pela* intelecção das coisas reais campais. Se não fosse assim, não haveria possibilidade humana de razão. O determinante da intelecção racional é a *prévia intelecção* do campal. Que é esta intelecção prévia? Naturalmente, não é a intelecção *enquanto ato intelectivo*. A filosofia clássica viu a razão sobretudo do ponto de vista de uma intelecção composta de atos intelectivos anteriores. A intelecção racional típica seria, por isso, o raciocínio: a composição de *lógoi*, o *syn-logismós*. Mas a meu ver isso nem sempre é verdade, e sem dúvida nunca é o essencial. A ideia de que a essência da razão é o raciocínio é inadmissível. O essencial da razão não é o ser *combinação de prévios atos* de intelecção. O essencial da intelecção prévia não é a *intelecção* como ato, mas *o inteligido no ato* ou nos atos prévios. A razão, com efeito, não é uma intelecção *composta*, mas é um *novo modo* de intelecção determinado pelo previamente inteligido: é intelecção inquirente em profundidade. Este novo modo de intelecção não é forçosamente uma composição de intelecções. Cada intelecção é mera atualidade de algo real; mas, como todo o real é respectivo enquanto real, sucede que toda e qualquer intelecção do real é inquirentemente remetida em profundidade para outras possíveis intelecções. A razão consiste nesta formal remissão. A razão não é composição de intelecções, senão que há composição de intelecções porque há razão. Ou seja, não só o raciocínio não é a razão, mas a razão é a possibilidade mesma de todo e qualquer raciocínio. Esta razão é o novo modo de intelecção. É neste aspecto modal, e somente neste, que digo que a razão parte do inteligido em intelecção prévia. Que é isto previamente inteligido?

O previamente inteligido é todo o campalmente apreendido. É antes de tudo *o real* inteligido em apreensão primordial. Mas é também tudo o que distanciadamente no campo inteligimos ao inteligir o que aquilo real é *em realidade*. Esta intelecção tem dois momentos: o momento de simples apreensão e o momento de afirmação. Englobarei os dois momentos na expressão "ideias" para maior simplicidade da frase. O previamente inteligido é, pois, o campo do real e todas as ideias e afirmações do que este real é em realidade. Estas intelecções prévias não têm caráter de "premissas". Primeiro, porque a intelecção racional não é só teorética. Segundo, porque razão não é formalmente raciocínio, não é formalmente o raciocinante. A razão raciocinante é tão só um tipo – e não o mais importante – de razão. Terceiro, e sobretudo, porque o conjunto intelectivo do real, das ideias e das afirmações sobre o que é o real em realidade não funciona agora como um conjunto de juízos, mas como um conjunto de intelecções. Intelecção não é formalmente juízo. Muito pelo contrário: o juízo é o que é tão somente por ser *intelecção* afirmativa. Pois bem, aqui a afirmação não funciona como juízo, mas como intelecção, isto é, como atualização intelectiva do real e do que este real é em realidade. A própria afirmação é para o nosso problema apenas uma forma de intelecção. Seja ou não afirmativa, a intelecção do que este real é em realidade é uma intelecção. E é enquanto intelecção que agora intervêm as afirmações e as ideias. "Real" e "em realidade" não são até agora senão dois momentos da intelecção campal das coisas reais. Esta intelecção prévia tem aqui, portanto, uma nova função, uma nova função modal. Não intervém aqui por sua estrutura intelectiva própria (apreensão primordial, ideias, afirmações), mas de *modo novo*. Este novo modo consiste em ser *apoio* intelectivo do real em profundidade. Junto ao real e junto ao que o real é em realidade, temos aqui a realidade em profundidade, o que o real é na realidade. Correlativamente, a intelecção do real em apreensão primordial e em afirmação é agora voz da realidade em profundidade. Esta nova função é, pois, a função de ser voz da realidade. O previamente inteligido tem então a função modal de ser aquilo em que esta voz ressoa.

No campalmente inteligido, ressoa a voz do que o real é em profundidade. Este ressoar tem dois aspectos. Por um lado, é o som mesmo, isto é, as notas do que o real campal, como realidade e em realidade, é em profundidade. E isto não é uma vaga metáfora, porque ser *ressoante* é neste sentido "notificar" a realidade em profundidade. E a notificação é um modo de intelecção próprio. Mas, por outro lado, a ressonância tem um segundo aspecto. As coisas não só notificam, mas são aquilo em que ressoa o notificado. Não são meras *ressonâncias* do real em profundidade, mas são também os *ressoadores* mesmos. E, enquanto ressoadores, as coisas reais adquirem justamente essa nova função modal que é ser princípio e cânone. Princípio e cânone não são premissas nem regras de raciocínio. Princípio e cânone são a realidade campal como ressoadora do que é a realidade em profundidade. É toda a força, e também toda a limitação, da intelecção racional, da intelecção da voz da realidade em profundidade. Esta realidade em profundidade está atualizada na intelecção de um modo próprio: em forma de âmbito de ressonância.

3. O âmbito da intelecção racional

Âmbito é sempre, de uma ou de outra forma, âmbito aberto com respeito às coisas que há nele. Mas o âmbito da intelecção racional está aberto de modo muito especial. Vejamo-lo.

Toda intelecção campal é uma intelecção aberta: o que uma coisa real é em realidade ainda não está plenamente atualizado na intelecção ou apreensão primordial, porque esta apreensão apreende o real em e por si mesmo, ao passo que inteligir o que é em realidade este algo real é inteligi-lo "entre" outras coisas reais; portanto, ao inteligir este algo como real fica aberto o que seja em realidade, precisa e formalmente porque fica aberto o "entre" de sua realidade. Esta intelecção culmina na afirmação. Toda afirmação acontece, pois, num âmbito aberto. E sua abertura é justamente a abertura do "entre": só porque algo real é apreendido "entre" outras coisas reais, só por isso é que esta intelecção é aberta. Esta abertura, pois, tem uma estrutura precisa. É uma abertura que se dá tão somente na intelecção de cada coisa, mas com respeito a outras atualmente já apreendidas no campo em apreensão primordial. Este "entre" nos atualiza a realidade em "para" [*hacia*]. E precisamente por isso a intelecção do que esta coisa real é em realidade é um movimento que vai desde o real para outras realidades, e desde estas para a primeira. É o movimento afirmativo.

Mas na intelecção racional a abertura é diferente. Repitamos o já dito. Certamente o real campal inteiro (isto é, ser real e o que isto real é em realidade) lança-nos para além do campo. Mas é para além do campo inteiro, não desde uma coisa do campo para outra dentro dele. Portanto, a intelecção então não é um movimento desde uma coisa real para outra, mas uma marcha desde todo o real campal para um "para além de" em profundidade. Então a intelecção é um modo especial de movimento: é busca na realidade. E, como tal, não sabe se vai ou não vai encontrar algo nesta profundidade. É a abertura não da intelecção de uma coisa com respeito a outras dentro de um campo, mas a abertura de todo o real campal para um mundo, isto é, para a realidade. A abertura do mundo não é um "entre", mas a "respectividade" do real enquanto real. Daí que a abertura do âmbito da intelecção racional seja de certo modo absoluta. Precisamente por isso sua intelecção não é simples movimento, mas busca. O movimento afirmativo é movimento num campo, mas a busca, o movimento racional, é um movimento no mundo, na realidade. É nisto que formalmente consiste a profundidade do real.

Esta abertura, precisamente por ser abertura mundanal, é antes de tudo abertura para outras coisas reais, mas é ou pode ser também abertura para outra função e modos de realidade. Esta abertura é absoluta, porque, por mais que encontremos, a busca jamais esgota a abertura mundanal. E isto é essencial. Diferentemente de Leibniz e de Kant, há que dizer que a razão não é totalizante nem totalizadora, mas é constitutivamente aberta. E isso não pelos limites internos à razão, mas pelo caráter mesmo do real impressivamente sentido. A realidade é aberta enquanto realidade porque sua abertura não é senão sua constitutiva respectividade. A tarefa da razão é indefinida não só no sentido de que jamais esgotará o que em concreto se propõe a inteligir, mas é indefinida antes de tudo e sobretudo porque o inteligido mesmo, a saber, o real enquanto real, é formal e constitutivamente aberto, e portanto jamais encerrado. Neste âmbito aberto, neste mundo, é que acontece a busca intelectiva da razão: é busca na realidade. Qual é o caráter próprio desta intelecção inquirente?

4. Caráter próprio da busca intelectiva

É sem dúvida uma busca num mundo formalmente aberto. Mas isso não significa que a abertura do mundo e a busca mesma sejam não definidas. Porque, ao contrário, *somos lançados* pelas coisas reais campais à busca, e nelas nos *apoiamos* para nossa busca. A razão abre o âmbito da intelecção, mas somente apoiada em coisas reais. E esta abertura em apoio é o que constitui o caráter próprio da busca intelectiva. Em que consiste este apoio? E o que é o assim inteligido? São os dois pontos que sumariamente temos de analisar. As duas questões se recobrem parcialmente; por isso são inevitáveis algumas repetições fastidiosas. Mas apesar disso é preciso examinar as duas questões em separado.

A) Em que consiste ser apoio? Poder-se-ia pensar que apoio consiste em fundamento; então dizer que a razão se apoia no previamente inteligido significaria que o inteligido na razão é algo que tem seu fundamento no campal antes inteligido. Se fosse assim, o inteligido pela razão seria formalmente apenas algo que "de seu" não tem realidade; só seria real na medida em que está fundado na realidade campalmente inteligida. Com uma fórmula medieval, é a ideia clássica de que o inteligido na razão não é de per si senão objetividade: *ens rationis*; só na medida em que tem *fundamento in re* é que se poderá dizer que o racionalmente inteligido é real. Pois bem, dito assim, pura e simplesmente, e em toda a sua amplitude, isso a meu ver não é exato. Porque é uma conceituação em que se identificam fundamento e apoio; e essa identificação é falsa. Toda intelecção racional tem, com efeito, dois momentos. Um, aquilo que se intelige; outro, o caráter segundo o qual o inteligido é inteligido como real. E estes dois momentos não só são formalmente diferentes, mas têm um caráter essencialmente diferente.

O momento de realidade, já o vimos, é consubstancial à razão. Portanto, a razão não pode propor-se a chegar à realidade, dado que já está nela. O que significa, antes de tudo, que o inteligido pela razão não é neste aspecto *ens rationis*, mas *realitas ipsa*. A realidade em que a razão se move não está apoiada na realidade do campal, senão que é nela, é na realidade campal mesma, em sua física identidade numérica, que a razão se move. É verdade, como já expliquei detidamente, que a realidade em que a razão se move é *realidade-fundamento*. E sua função na intelecção racional é "estar-fundamentando". Mas fundamentando o quê? Justamente seu conteúdo. O conteúdo do inteligido racionalmente está apoiado no conteúdo do campalmente inteligido. Vê-lo-emos quase imediatamente. Nós nos perguntávamos o que é apoio. O apoio é sempre algo formalmente "outro" e, ademais, "anterior" na medida em que conduz à intelecção de algo diferente, mas exigido pelo anterior. O conteúdo do racionalmente inteligido se apoia na realidade em que a razão se move consubstancialmente, isto é, sem apoio formal. Este caráter de apoio que tem o conteúdo se inscreve, portanto, dentro do prévio caráter de realidade (quando este caráter tem como função estar fundamentando). O caráter de realidade é numericamente idêntico à formalidade da impressão de realidade. E por isso a razão, até quando intelige o mais inacessível aos sentidos, é sempre e somente razão senciente porque intelige seus conteúdos dentro do momento de realidade da impressão. O modo como a realidade está fundamentando consiste em estar remetendo ao conteúdo das coisas reais campais como apoio do conteúdo do que a razão vai inteligir.

Que é isto que a razão intelige?

B) O inteligido na razão tem assim um conteúdo próprio que se inscreve formal e identicamente no caráter de realidade do campal. Este caráter ou formalidade é justamente o âmbito aberto da realidade enquanto realidade, um âmbito já campalmente apreendido. O conteúdo do que neste âmbito se vai inteligir é, em contrapartida, o que só está apoiado no conteúdo da intelecção campal. Aquele conteúdo não é forçosamente idêntico nem é forçosamente diferente do campalmente inteligido. O que, sim, é diferente e novo é o modo de intelecção. Assim, por exemplo, na Física antiga as partículas elementares racionalmente inteligidas eram corpúsculos, isto é, algo de natureza idêntica ao que são os corpos campalmente inteligidos. Mas que o corpúsculo da intelecção campal fosse apoio e, ademais, um momento da intelecção em profundidade, isso constituía um novo modo de intelecção. O inteligido – corpo – era o mesmo, mas era diferente sua função intelectiva, isto é, o modo de intelecção: o modo de intelecção racional é justamente o modo segundo o qual "a" realidade está fundamentando o real. O modo de inteligir um corpo está dado. Se se intelige que o mundanal é corpo, o *conteúdo* "corpo" é idêntico ao conteúdo campal. Mas que este conteúdo seja *fundamento* do campal é algo novo. O novo é que corpo campal, apesar de ser apoio do inteligido racionalmente, poderia não ser fundamento do inteligido. As partículas (isto é, o inteligido racionalmente) não são corpos, mas é no corpo campal que me apoiei precisamente para inteligir algo que não é corpo. Portanto, na intelecção racional "a" realidade é um âmbito aberto em si mesmo, isto é, um âmbito mundanalmente aberto, e ademais um âmbito que deixa solto em abertura seu modo de estar fundamentando, e portanto o conteúdo do fundamentado mesmo enquanto fundamentado. E isso é o que em última instância confere ao inteligido na razão um de seus caracteres próprios. Qual? Expliquemo-lo passo a passo.

a) Antes de tudo, repetindo, é a realidade mesma o que nos impõe a intelecção racional: é a força coercitiva com que se impõe a nós a impressão de realidade em profundidade. Todas as coisas reais, dizemos, nos dão que pensar. E este "dar" é a força coercitiva com que o real se impõe a nós intelectivamente em profundidade. Como o momento intelectivo do pensar é a razão, sucede que este modo de inteligir, a razão, é algo imposto pela realidade mesma. A realidade nos faz inteligir em razão.

b) Mas isto que o real nos impõe em profundidade, digamo-lo agora inversamente, é a realidade como mero âmbito. E este ser "mero âmbito" tem duas faces. Por um lado, tem a face mais imediata: determinar-nos a inteligir o real campal dentro do âmbito como mensura principial e canônica para fundamentá-lo. Neste aspecto, o que a realidade determina na intelecção consiste em que esta adote forma racional. Isto é, a realidade nos faz *estar em razão*. Mas ser mero âmbito tem também outra face. É que, ao estar na realidade como mero âmbito, seu conteúdo enquanto tal fica indeterminado. A realidade se impõe a nós com a força de ter de dotá-la de um conteúdo. Pois bem, pode suceder que este conteúdo como real seja dado pelas coisas reais previamente inteligidas; mas que isso seja fundamento do real em profundidade é algo radicalmente novo, como dissemos. Por outro lado, pode suceder que o conteúdo seja como o campal. Se estar em razão é algo imposto pela realidade, seu conteúdo racional jamais o está; não é imposto qual seja a estrutura "fundamental" do real. Daqui resulta que a unidade das duas faces da imposição da realidade é a imposição necessária de algo que é o que é não necessariamente. Esta paradoxal unidade é justamente a *liberdade*. A essência da razão é liberdade. A realidade nos força a ser livres. Não se trata de que eu possa inteligir como me apeteça, mas sim de que a resposta determinante de minha intelecção à imposição do real em profundidade é ser necessariamente livre. Poderei não querer determinar intelectivamente o real em profundidade. Seria um ato negativo de razão; mas sem dúvida um ato negativo que só é possível pelo caráter livre do determinar. A determinação mesma não é livre, é claro; mas seu determinar mesmo o é. A realidade em profundidade se impõe a nós não para *deixar-nos* em liberdade, mas para *forçar-nos* a ser ajustadamente livres.

Isso não acontece identicamente na razão e na afirmação. A intelecção de uma coisa real entre outras, a intelecção campal, intelige – dito predicativamente para maior clareza – que A é B. E esta intelecção, como vimos, é um movimento em liberdade. Mas então a liberdade era liberdade medial de ideias (B) para apreender a coisa real (A). A afirmação é a realização destas livres ideias (B) na coisa (A). O B desempenha, dito em termos vagos, uma *função representativa*: a afirmação intelige na coisa a realização do representado, uma intelecção que acontece no meio da realidade. Em contrapartida, em se tratando da intelecção racional, a questão muda. Porque então não se trata de um campo de realidade, mas d*a* realidade em profundidade, isto é, do mundo. A intelecção recai agora não sobre o *conteúdo representativo* de B, mas sobre seu caráter fundamental. B tem agora *função formalmente fundamentante*. Portanto, agora a realização de B em A é fundamentar A em B, seja realizando-o, seja não o realizando. Em virtude disso, a realização em profundidade é livre no sentido de que cria livremente a ideia de caráter fundamental de B. Razão não é representação. Na realidade em profundidade, trata-se de uma realização, mas no sentido de fundamentação. Portanto, algo radicalmente livre.

Esta unidade (em liberdade) d*a* realidade aberta enquanto fundamentante e do conteúdo fundamentado é uma unidade de radical indeterminação que confere ao racional seu caráter próprio: ser *criação*.

Criação racional não significa arbitrária intelecção. Muito pelo contrário. É sempre uma criação apoiada e dirigida no e pelo campalmente inteligido, numa marcha desde o real campal para a realidade em profundidade, para o que a coisa é na realidade. Portanto, é uma criação dentro de limites muitos estritos. É uma criação que tem princípio e cânone; e, por sua vez, princípio e cânone não são senão princípio e cânone de criação racional. As coisas campais são apreendidas como estão; a realidade em profundidade é inventada principial e canonicamente. Eu não me limito a apreender o que me é dado, senão que necessito forjar as razões, isto é, o fundamento de que o que é dado e afirmado seja o que é. Razão é intelecção principialmente e canonicamente criadora. Isto não significa que a razão não tenha verdade e erro. Esta é outra questão. O que aqui afirmo é que aquilo segundo o qual ou com respeito ao qual a razão tem verdade ou erro é algo inteligido em intelecção criadora. E esta intelecção, repito-o insistentemente, não é forçosamente uma criação "representativa", mas é sempre uma criação, digamos, funcional, isto é, do caráter fundamental e fundante da realidade. Este caráter fundamental e fundante, concretamente inteligido, é o que nestas páginas chamarei de conteúdo, e não a representação como tal.

Que é este criar? Em que consiste a criação da razão? Quais são seus modos? Vamos ver sumariamente estes três pontos de que já falei na Segunda Parte.

c) Como o caráter fundamental do conteúdo não é univocamente imposto pela realidade, poder-se-ia pensar que o que a intelecção criadora faz é forjar no pensamento uma "razão" e atribuir-lhe realidade. A criação recairia então formalmente sobre o caráter mesmo de realidade. A meu ver isso é inexato. À razão lhe é fisicamente consubstancial a realidade. Não se trata de uma consubstancialidade intencional, mas física, e ademais formal e estrita. Inteligir racionalmente não é *pretender* que seja real o conteúdo desta intelecção, porque realidade não é uma pretensão da razão nem, muito menos, uma pretensão livre dela. A realidade que a razão intelige é fisicamente uma e idêntica com a realidade inteligida em toda e qualquer intelecção prévia à intelecção racional. A razão não tem pretensão de realidade, senão que *já está na realidade mesma*. O que a razão pretende é que esta realidade tenha tal ou qual conteúdo determinado, e portanto que este conteúdo livremente eleito seja fundamento. Poderíamos chamá-lo de *conteúdo fundamental*. O criado é, pois, não a realidade, mas o conteúdo fundamental da realidade em profundidade. Em virtude disso, razão não é criação de realidade, mas justamente o contrário: criação do conteúdo fundamental na realidade.

Na afirmação, a coisa real A está *atualizada* na B campal, e ao mesmo tempo a B campal está realizada na coisa real A. Realização e atualização são dois aspectos unitários da intelecção de algo num campo. Deles, a realização está fundada na atualização. Pois bem, quando a intelecção do real acontece em profundidade, a intelecção tem estes mesmos caracteres, mas, como era de esperar, de forma muito mais complexa, já que não se trata do campo, mas do mundo. A intelecção racional tem dois momentos: o momento da intelecção d*a* realidade como princípio fundante, e o momento de inteligir um conteúdo real determinado como fundamentado naquele fundamento.

O primeiro é a intelecção da realidade física profunda como princípio fundamentante. Esta realidade física está atualizada na intelecção, e em suas ideias; e seu modo de estar atualizada, repito, é "estar-fundamentando". Por sua vez, o conteúdo das intelecções prévias (ideias) adquire caráter de conteúdo do real no mundo. É a realização do conteúdo da ideia. A unidade destes dois momentos é justamente a criação. A realidade profunda está atualizada no previamente inteligido, e nesta atualização a realidade adquire seu livre conteúdo; este se realizou.

Daí toda a gravidade da razão: está em jogo a física realidade mesma em seu conteúdo fundamental livre. Já tivemos de nos encontrar em situação homóloga ao estudar a intelecção campal. A intelecção campal é uma intelecção do real como realização de algo irreal. Precisamente por isso é que o irreal tem inexoravelmente propriedades "próprias" sobre as quais se pode discutir. A meu ver, isso só pode acontecer porque "criado" é sempre e somente o caráter de um conteúdo da realidade física mesma. A realidade física atualizada num livre sistema de ideias e de afirmações prévias pode ter e tem efetivamente mais propriedades que as determinadas pelo conteúdo lógico daquelas ideias e daquelas afirmações. E isto é inexorável. A criação concerne, pois, primária e radicalmente à razão mesma como intelecção do fundamento de algo em profundidade.

Mas então se vê claramente que esta intelecção tem, como eu dizia anteriormente, um segundo momento: a atribuição desta "razão" livremente criada à coisa real. E esta atribuição é livre. Eu posso inteligir livremente que a realidade cósmica em profundidade é fundamento hamiltoniano clássico, ou fundamento quântico do campal. E, feito isso, inteligo também livremente que uma coisa real campal tem efetivamente uma ou outra daquelas duas estruturas fundamentais. É o segundo momento da intelecção racional: dentre as várias fundamentações que livremente criei, escolho livremente uma como fundamento do que tento inteligir no campo. A criação da razão fundamental é a atualização da física realidade profunda no previamente inteligido. E esta criação se prolonga num inteligir uma coisa real concreta com um ou com outro fundamento: é uma atualização da coisa num ou noutro deles. Esta atualização constitui a raiz da realização: a realização do fundamento na realidade profunda, e a realização deste fundamento na coisa real que quero inteligir. A razão, pois, é primeiro uma intelecção do fundamento real, e segundo uma intelecção de que este fundamento é o da coisa real que se trata de fundamentar, um fundamento realizado nela. E estes dois momentos tomados unitariamente na realidade mundanal desta coisa constituem a criação livre da razão. Aí está a essência da razão como criação livre. Em que consiste mais concretamente o caráter *racional* desta criação? É a segunda questão.

d) A livre criação do conteúdo, qualquer que seja sua índole, há de ter *unidade própria*. Não é forçoso que a criação seja conceitual. Pode-se inteligir que aquele conteúdo tem a "unidade" – só poeticamente apreendida – do metafórico. Não é forçoso que o conteúdo já tenha um tipo de unidade prefixado. O racional desta criação consiste em ser criação em e de "unidade fundamental", de qualquer tipo que seja. Ao ser realizada, esta unidade criada por mim adquire o caráter de estrutura real profunda: o sistema de notas centáuricas se torna um centauro, etc. E esta unidade estrutural é justamente a razão fundamental. O racional da criação está, pois, na estruturalidade.

Há um tipo de unidade estrutural que desempenha uma função decisiva: é a unidade estrutural que consiste em ser um sistema "constructo", isto é, um sistema em que cada uma de suas notas não tem realidade própria de nota senão sendo intrínseca e formalmente *d*as demais. O ser sistema constructo é a essência mesma do real enquanto real. Daí sua função radical. É por isso que centraremos nossa reflexão nesta unidade estrutural. Aquele sistema de notas há de ter intelectivamente uma unidade coerencial própria. E esta unidade pode estabelecer-se de muitas maneiras. A unidade intelectiva estrutural das notas pode consistir, por exemplo, em ser definição. Não é necessário, no entanto, que seja assim. Pode ser um sistema de axiomas e postulados. Este sistema de axiomas e postulados não é um mero sistema de definições. O que unicamente constitui esta unidade intelectiva enquanto estrutural é o ser unidade "constructa". Como criação intelectiva, esta unidade é antes de tudo unidade coerencial meramente intelectiva. E esta unidade, repito, não é forçosamente uma intelecção por definição. Primeiro, porque a definição não é a maneira exclusiva de constituir unidades intelectivas. E segundo, e sobretudo, porque a definição é sempre um logos predicativo. Pois bem, a predicação não é a forma primária e constitutiva do logos: há antes dele um logos proposicional que é o logos nominal. Deixo de lado por ora o fato de que há uma forma de logos anterior ao logos proposicional, o logos posicional. Pois bem, a unidade coerencial intelectiva do real em profundidade é a unidade intelectiva num logos nominal construto, isto é, num logos nominal que afirma as notas em estado constructo. Quando o logos recai sobre notas supostamente últimas e irredutíveis, temos o logos radical da realidade profunda. Esta unidade é livremente criada.

A atualização da realidade profunda física nesta unidade confere a esta unidade o caráter de conteúdo daquela realidade profunda. E, por sua vez, a unidade coerencial intelectiva se realizou na realidade profunda. Em virtude disso, a unidade coerencial intelectiva adquiriu o caráter de unidade coerencial primária do real: é essência. Essência é o princípio estrutural da substantividade do real. A respeito destas ideias, expliquei-me detidamente em meu livro *Sobre la esencia*. A essência é o que neste caso a razão buscou. E nesta busca a razão criou livremente – no sentido anteriormente explicado – a essência. Não é essência da realidade, mas a realidade em essência. Por isso, o fato de que o real tenha essência é uma imposição da realidade profunda mesma. Mas o fato de que esta essência tenha tal ou qual conteúdo, isto, por mais verdadeira que seja minha intelecção profunda, será sempre uma questão aberta. Cada nota, por ser real, remete em sua própria realidade física para outras, de maneira que a intelecção racional da essência é constitutivamente aberta não só enquanto minha intelecção nunca termina, mas enquanto o inteligido mesmo, isto é, cada nota, remete em princípio para outra. E nunca saberemos a amplitude desta remissão. Que significa, com efeito, esta amplitude?

Todo o real é um sistema constructo de notas que o constituem, e que por isso chamo de constituintes. Mas entre estas notas há algumas que não se fundam em outras do sistema mesmo. E estas notas são, então, mais que constituintes: são constitutivas; e o que constituem é a essência da coisa real. Sua unidade é, com efeito, unidade coerencial *primária*. Pois bem, amplitude é a diferença entre as notas constituintes e as notas constitutivas em ordem à fundamentação do real em profundidade. E isto é muito complexo. Porque a essência é o que constitui como realidade a coisa real de que é essência. E é aqui que começa a complexidade do problema.

A remissão, com efeito, funda-se antes de tudo na respectividade constitutiva do real enquanto real, isto é, funda-se no fato de o real ser constitutivamente mundanal. Esta respectividade é o que faz que cada coisa real não só seja real, mas seja constitutivamente determinada forma e modo de realidade. Em virtude disso, a realidade de cada nota essencial remete àquilo que na coisa real em questão é o determinante radical e último desse modo de realidade. Então, amplitude significa a maior ou menor diferença entre certas notas reais e o determinante último e radical nelas do modo de ser em questão. Por exemplo, o modo de ser pessoa é radicalmente diferente do modo de ser de qualquer outra realidade apessoal. E esta amplitude se abre dentro da riqueza destas notas constitutivas. Por mais últimas que sejam, as células ou os componentes celulares de um organismo humano não são o que determina que o organismo tenha um modo último de ser pessoal.

Mas esta é uma amplitude relativamente excepcional. Porque todas as demais coisas reais, e ainda as pessoas mesmas, antes de serem modos de realidade, são momentos em respectividade talitativa, são formas de realidade: cada coisa é respectiva não só ao mundo, à realidade enquanto tal, mas também ao que são as demais coisas reais em sua física talidade. Esta respectividade já não é mundo, mas cosmos. E esta respectividade cósmica determina uma remissão não a modos de realidade, mas a outras coisas reais, e a outras formas de realidade, a suas notas estruturais. Então, amplitude não significa a diferença entre umas notas constituintes e outra ou outras ultimamente determinantes do modo de realidade, mas a diferença entre notas constituintes e notas constitutivas que seriam as que ultimamente determinam a respectividade cósmica da coisa e de sua forma de realidade. Aqui as notas não determinam o modo de ser do real, mas sua formal inclusão no cosmos.

Pois bem, em ambos os sentidos, a amplitude das notas faz da intelecção da essência algo constitutivamente aberto. Não é o lugar para entrar na questão, porque não é o tema deste livro. Limitar-me-ei a uma indicação sumária.

A essência determina cada coisa real respectivamente não só a outras coisas reais, mas também a outras formas e modos de realidade. Cada coisa é "sua" realidade. E este "sua" tem duas faces. Por uma, é remissão a outras formas e outros modos de realidade, mas, por outra, é abertura dessa coisa real mesma para sua própria realidade. Só pelo primeiro aspecto é a respectividade remetente;

pelo segundo a respectividade é constituinte. A respectividade remetente se funda na respectividade constituinte. As notas constitutivas, isto é, a essência, fazem de cada coisa "sua" realidade, mas dentro de uma unidade prévia inamissível: o cosmos. Que é cosmos? Pode-se pensar com Aristóteles que cosmos é mera ordenação, uma *táxis* de coisas, as reais. Mas pode-se pensar também que seja só o cosmos mesmo o que tem por si mesmo uma unidade própria. Então as coisas seriam partes ou fragmentos do cosmos, e portanto não teriam essência: só o cosmos enquanto tal teria essência. As coisas seriam apenas momentos fragmentários essenciais do cosmos. A unidade do cosmos não seria *táxica*, mas de caráter diferente. No caso da *táxis*, o curso do cosmos seria um sistema de interações de coisas. Mas, se a estrutura do cosmos não é táxica, então o curso do cosmos seria simplesmente a variação de momentos de uma unidade primeira, algo assim como a unidade do curso de uma melodia. Os momentos de uma melodia não se acham em interação com outros momentos dela, e no entanto há um curso melódico de estrutura perfeitamente determinada. Neste caso, a unidade do cosmos não seria táxica, mas melódica segundo leis deterministas e de probabilidades. A cisão do cosmos em coisas realmente diferentes não passa, pois, de cisão provisória. E, portanto, a essência de cada suposta coisa é afetada de uma provisoriedade sem par, de uma radical abertura.

Aí está, pois, como a intelecção desse momento real em profundidade é criacionalmente uma intelecção constitutivamente aberta. Parte do caráter senciente da razão. A razão senciente tem de criar o que deve inteligir por fundamentalidade estrutural e dotar o real desta unidade para convertê-la, assim, em unidade coerencial primária, isto é, em essência. E isto que culmina na intelecção racional da essência do real caracteriza inteiramente todas as intelecções racionais: dotam a realidade de um conteúdo estrutural livremente criado por atualização daquela no criado.

Como se leva a efeito esta dotação, ou seja, como se leva a efeito a intelecção criadora do real? É o terceiro e último dos pontos que tínhamos de examinar.

e) Modos da criação racional. Em sua estrutura primária, a razão, dizemos, é intelecção em profundidade da realidade campal previamente inteligida. Naturalmente, partindo dessas que poderíamos chamar de primeiras intelecções racionais, a razão prossegue sua marcha para além do campal em profundidade. Logo o veremos. Mas o que aqui nos importa neste momento é o orto constitutivo da razão, e este orto se acha no previamente inteligido. A razão tem no previamente inteligido não só seu ponto de partida, mas seu intrínseco apoio: este apoio é em última instância o princípio e o cânone da intelecção com que a razão mensura a realidade em profundidade. A razão é senciente. O que tem de senciente assegura que seja realidade aquilo que intelige, mas que esta realidade seja o âmbito de profundidade, isto abre e constitui a liberdade criadora da razão. Esta liberdade concerne ao conteúdo da realidade profunda. Enquanto intelige racionalmente este conteúdo, a razão não é de caráter representativo, mas de caráter fundamental: cria o conteúdo para dotar a realidade de seu caráter fundamental concreto, porque só desde ele sucede ser "outro" ou até "contrário" o conteúdo mais próprio da realidade profunda. A todo o previamente inteligido dei aqui o nome de "representação", não no sentido de serem meras apreensões simples para diferenciar das afirmações, mas no sentido de que todas essas simples apreensões e todas essas afirmações são aquilo que "re-(a)presenta" a realidade real e efetiva. Esta representação serve de princípio e cânone de intelecção racional, isto é, da intelecção do caráter fundamental do conteúdo. Mas então é claro, como já disse, que ainda que a função fundamentante não seja formalmente idêntica à função representativa, não é porém completamente independente desta, porque o fato de o previamente inteligido, o representativo, poder ser princípio e cânone de fundamentação já indica que esta fundamentação há de ter algum apoio no representativo. O representativo é base e apoio necessário para a razão, ainda que não seja nem remotamente suficiente em ordem a seu caráter fundamental.

Pois bem, partindo desta representação do efetivamente real no campo, a criação racional tenta dotar livremente a realidade profunda de um conteúdo fundamental próprio. Modo de dotar é o modo de apoiar-se no previamente inteligido para a criação livre do conteúdo da realidade profunda, ou seja, é o modo como o previamente inteligido dá razão do real. Quais são estes modos? Segundo o que penso, o dotar é levado a efeito de três modos principais.

Primeiro modo. Pode-se dotar a realidade profunda de um conteúdo no que chamarei de *experiência livre*. Em que consiste esta experiência livre e em que consiste o modo de dotar nela a realidade profunda de um conteúdo próprio?

Antes de tudo, pois, o que é esta experiência livre. Digamos o que "é" aqui experiência, sobre o que "recai" esta experiência, "como" recai sobre isso, e em que "consiste" esta experiência singular.

Que significa aqui "experiência"? Deixando para mais adiante o conceito estrito e rigoroso do que a meu ver é experiência, bastar-nos-á por agora apelar para o sentido usual e corrente do que se entende geralmente por experiência. Experiência significa às vezes tentativa, ensaio. No nosso caso, este ensaio "recai" sobre o conteúdo que já apreendi. E isto é possível precisamente porque a realidade como âmbito deixa indeterminado seu conteúdo, e portanto é âmbito de livre criação. O modo "como" a experiência recai ensaiando sobre o previamente inteligido é ensaiar em forma de liberdade. Finalmente, o que se ensaia livremente sobre o conteúdo previamente inteligido "consiste" numa modificação sua; ensaiamos ou tentamos modificar livremente seu conteúdo, certamente não na linha de sua realidade física, mas na linha de sua física atualidade intelectiva. Assim, por exemplo, toma-se a intelecção de algo que campalmente é "corpo" e modificam-se livremente muitos caracteres seus despojando-o, por exemplo, de cor, reduzindo seu tamanho, sua forma, etc. Com esta modificação, o corpo é "corpúsculo". O ensaio de modificação livre da atualidade do conteúdo já apreendido é aquilo em que formalmente consiste a experiência livre. A experiência livre se move, pois, na atualidade da física realidade mesma. E a liberdade deste movimento concerne a seu conteúdo, um livre movimento apoiado no princípio e cânone do previamente inteligido.

Não será ocioso delimitar este conceito de experiência livre em face de outras filosofias. Antes de tudo, em face da ideia da experiência do fictício. Stuart Mill pensava que, junto ao que correntemente é chamado de experiência sensível ou perceptiva, há uma experiência imaginária, isto é, uma experiência no que correntemente é chamado de imagem, à diferença de percepção. Imagem, diz-nos Stuart Mill, não é realidade. A ideia foi recolhida por Husserl no que ele chama de experiência fantástica, a qual recai sobre o conteúdo de toda e qualquer percepção quando se neutralizou nela seu caráter de realidade. Pois bem, o que chamo de experiência livre não coincide nem remotamente com essas duas concepções. Em primeiro lugar, porque aquilo sobre o qual recai a experiência livre é formalmente realidade. E esta realidade é a realidade física do previamente inteligido; portanto, esta experiência não recai nem refaz a imagem no sentido de realidade imaginária, nem sobre o fantástico enquanto neutralizado em sua realidade. Muito pelo contrário: a experiência livre envolve formal e precisamente o momento de realidade física; não é liberdade de realidade, mas realidade em liberdade. E, em segundo lugar, porque esta experiência não recai somente sobre o fictício, mas também sobre os perceptos e os conceitos: todos eles são formalmente constituídos como conteúdo intelectivo de simples apreensões. Mas a experiência não recai somente sobre estas simples apreensões; recai também sobre todas as afirmações do inteligido campalmente.

Junto a esta concepção da experiência livre como experiência de um livre salto desde o empírico ao *fictício*, correu muitas vezes em filosofia (no tocante ao nosso problema) a liberdade como liberação para saltar do empírico *ao ideal*. A liberdade consistiria em criar objetos "ideais". Mas isso é impossível. Porque aquilo sobre o qual a liberdade recai aqui não é "objeto", mas "realidade". E então, seja o que for a suposta "ideação", seu princípio formal e seu resultado são sempre a realidade física. De modo que a chamada criação ideal não é criação de realidade ideal, mas criação de realidade em ideia.

A experiência livre não é experiência de livre ficção nem experiência de livre ideação. A experiência livre é uma livre modificação do conteúdo do previamente inteligido, mas uma modificação ensaiada no âmbito da realidade física mesma.

Atualizada nesta experiência livre, ou seja, nesta representação modificada, a realidade profunda adquire nela seu conteúdo. Como? Em que consiste o modo segundo o qual a experiência livre dota a realidade profunda de um conteúdo? O modo segundo o qual o conteúdo da experiência livre dá razão do real consiste em que este conteúdo seja *imagem formal, modelo*, da realidade profunda. Entende-se que com este conteúdo "modélico" a realidade profunda dá razão do real. E isso em muitos casos é naturalmente verdade. Mas em muitos outros assistimos à exibição histórica do fracasso desta tendência a constituir "modelos". Em física, pensou-se durante séculos que para dar razão da realidade havia que construir racionalmente "modelos", como, por exemplo, as linhas de força de Faraday, o modelo mecânico do éter, o modelo astronômico do átomo, etc., etc. Em química orgânica, já é célebre o modelo que Kekulé inventou para dar razão das moléculas orgânicas: as ligaduras entre átomos, no caso do benzeno ligaduras hexagonais simples e duplas (hexágono de Kekulé), etc. Em biologia, aconteceu o mesmo. Em dado momento, muitos pensaram que a embriogenia humana partia de algo assim como um invisível homúnculo. Recordemos igualmente a tentativa de tomar as pessoas como modelo da realidade profunda: foi a "personificação" das realidades naturais. Por sua vez, tomaram-se também os homens e as coisas todas como almas vitais, isto é, tomaram-se os seres vivos como modelo da realidade profunda. A lista poderia prolongar-se indefinidamente. Trata-se sempre de dotar a realidade profunda de um conteúdo que consiste em ser a atualização dela num modelo ou imagem formal sua.

Aí está o primeiro modo de dotar a realidade profunda de conteúdo próprio: a experiência livre. Naturalmente, o fracasso total ou parcial desses modelos e sobretudo o aprofundamento racional neles conduzem a outros modos de dar razão do real, a outros modos de apoiar-se no previamente inteligido, modos diferentes de tomá-lo como imagem ou modelo conquistado em experiência livre. Estes outros modos são, como eu já disse, sobretudo dois.

Segundo modo. O previamente inteligido não apenas tem notas próprias, senão que, ademais, estas notas têm entre si uma unidade estrutural mais ou menos precisa. Aqui tomo a palavra "estrutura" em seu sentido mais amplo: é o modo de sistematização das notas. A estrutura é aqui algo que tem graus de profundidade: desde a simples unidade de um mero quadro de notas até a unidade coerencial primária da essência, passando por todas as gradações intermediárias. Estrutura significa aqui, pois, unidade formal das notas. Pois bem, para dar razão do real, eu posso apoiar-me não nas notas das coisas campais mesmas, mas em sua estrutura formal, em seu modo de sistematização. O modo de dotar a realidade profunda de estrutura formal é o que chamo de *hipótese*. Que é hipótese? Qual é o modo de dotar de conteúdo a realidade profunda nessa hipótese?

"Hipótese" é um vocábulo que procede do grego *hypotíthemi*, colocar, estabelecer algo debaixo de algo. Este "colocar debaixo" tem dois aspectos. Um é o aspecto do que está colocado debaixo; outro, o aspecto do ato de colocá-lo. Em espanhol,[1] o primeiro aspecto é chamado de "suposto" de algo; o segundo é chamado de "suposição". Suposto não é o mesmo que suposição. Suposição é um ato meu; suposto é um momento do real. Os supostos de tal ou qual atuação, situação ou criação não são suposições. O suposto não é primariamente suposto por ser termo de uma suposição, mas, ao contrário, a suposição é suposição porque o que nela se supõe é um suposto. O primário é sempre o suposto. O grego chama o suposto de *hypóthema*, e a suposição de *hypóthesis*. Em espanhol[2] só sobreviveu o segundo vocábulo. Por isso

---

[1] E, poder-se-ia dizer, também em português. (N. T.)
[2] Assim como em português. Valha a observação também para o que se segue. (N. T.)

a palavra "hipótese" é equívoca em espanhol: propende-se correntemente a crer que hipótese é uma suposição, mas pode ser também que seja um suposto. No nosso problema, o suposto, o "colocado debaixo", é a estrutura formal de algo: chamo-o por isso de estrutura básica. Hipótese é a estrutura básica como suposto do real. O modo de estarem "sistematizadas" as notas do real é justamente estrutura básica, à diferença da mera "diversidade" de notas. É o aspecto primário e radical da hipótese. A hipótese (espanhol) não é, pois, mera suposição. Se por suposição se entende toda e qualquer conceituação admitida mais ou menos provisoriamente, então todo o racional seria hipótese. Mas hipótese é em primeira instância o suposto de algo, sua estrutura radical. É um momento da realidade: é o estabelecido como base de algo, é sua estrutura básica.

Pois bem, no previamente inteligido eu posso livremente atender à sua estrutura básica e às suas notas. Neste último sentido de notas, a modificação é experiência livre. Mas a hipótese não consiste formalmente em experiência livre, e sim em dotação de estrutura básica. Assim intelijo os supostos do real em questão independentemente de suas notas. E então me posso apoiar nisso para dotar de estrutura básica o real profundo. E posso chamar este dotar de hipótese, mas agora no sentido de suposição: é a suposição de que o suposto do real profundo consiste em tal ou qual suposto ou estrutura básica. Este dotar não consiste em supor que minha suposição é real, mas em supor que o real em que já estou antes de toda e qualquer suposição tem determinada estrutura básica e não outra (suposto). Repetindo monotonamente a fórmula, direi que não se trata de suposição ou hipótese de realidade, mas de realidade em suposição ou em hipótese. Não se trata de realidade hipotética, mas de estrutura hipotética do real em que já realmente estou. E nisto reside toda a gravidade da hipótese: em ser suposto de estrutura básica.

Que é dotar o real profundo de estrutura básica? O que fazemos é considerar que a estrutura básica do real profundo é da mesma índole que a estrutura básica de tais ou quais coisas campais. Isso é muito diferente, como veremos imediatamente, de considerar certas coisas campais como modelos da realidade profunda. Aqui não se trata de modelar. Trata-se de algo diferente: de "*homologar*". O modo de dotar agora de conteúdo a realidade profunda não consiste em dotá-la de notas-modelo, segundo as quais a realidade profunda está fundamentando por ser de tal modelo, mas consiste em que a realidade profunda está estruturando a coisa. Fundamentar é agora estruturar. As estruturas do real profundo e do real campal se supõem homólogas. Esta homologia não significa generalização. A generalização é uma extensão. E, em se tratando de estruturas básicas, há certamente uma generalização, mas uma generalização que é consequência de uma homologia. Só porque as estruturas são homólogas é que podem ser generalizadas. Por exemplo, a equação do potencial não é uma generalização do potencial mecânico para o térmico ou para o elétrico, mas expressa uma estrutura básica homóloga, e só neste sentido se pode falar de generalização.

Demos alguns exemplos de homologação. Uma realidade social não se parece em nada com um organismo vivo se consideramos suas notas; mas pode-se pensar, e pensou-se mil vezes na sociologia do começo do século,[3] que a estrutura básica da sociedade, isto é, o modo de seus "elementos" estarem sistematizados, é a mesma coisa que o modo de os órgãos de um animal superior estarem sistematizados: foi o organicismo sociológico. Daí a ideia mesma de "organização" social. É a homologia de estrutura básica da realidade profunda da sociedade e da realidade campal dos seres vivos. Também se pensou naquela mesma época que a estrutura básica do social é homóloga não à dos seres vivos, mas à dos corpos sólidos: foi a ideia da realidade profunda do social como "solidariedade". A sociedade não é um cão (ou outro animal superior) nem um corpo sólido; mas se pensou que a estrutura básica da realidade social profunda é homóloga à estrutura básica de um cão ou de um corpo sólido. A homologia interveio também nas ciências físicas. Assim, pensa-se que as

---

[3] No início do século XX. (N. T.)

partículas elementares têm em algum aspecto estruturas homólogas às dos corpos que giram ao redor de um eixo seu. Mas nas partículas elementares se trata tão somente de estruturas básicas homólogas, porque nestas partículas não há rotação. No entanto, atribui-se-lhes momento angular quantificado sem rotação: é o *spin*. Precisamente porque não se trata de modelar, mas do que aqui chamo de homologar, precisamente por isso é que, a meu ver, se diz há decênios que as partículas elementares não são "visualizáveis". Isso não significa a trivialidade de que não sejam "visíveis", mas de que não têm notas iguais às dos corpos campais. Isso é claro no caso do *spin*: representa pura e simplesmente a homologia de duas estruturas, da estrutura rotatória dos corpos campais, e da estrutura rotacional sem rotação das partículas elementares. Descritivamente, a luz não se parece em nada com a eletricidade nem com o magnetismo; mas considera-se que as estruturas básicas da luz são idênticas às estruturas básicas eletromagnéticas expressas nas equações de Maxwell: é a teoria eletromagnética da luz.

Em definitivo: não posso dotar a realidade profunda das notas do campal como modelo, mas posso dotá-la de estrutura básica (hipótese) homóloga à de algo campal.

Mas isso não esgota os modos de dotar de conteúdo a realidade profunda.

Terceiro modo. A criação racional para dotar o real profundo de estrutura própria apoia-se, como dissemos, na realidade campal. Esta realidade campal, por ser um âmbito, é algo diferente de seu conteúdo. E isso faz que o âmbito campal seja para a inteligência um campo de liberdade. Esta liberdade pode referir-se às notas mesmas que constituem as coisas campais, uma liberdade de poder modificá-las dentro de sua própria linha. A liberdade pode referir-se também não às notas mesmas, mas ao seu modo de sistematização, à sua estrutura básica, para considerá-la independentemente das notas mesmas. Mas há um passo muito mais radical de liberdade. Consiste em que o âmbito é campo de liberdade para construir completamente seu conteúdo construindo ao mesmo tempo notas e estrutura básica. Então, a intelecção racional pode dotar a realidade profunda deste conteúdo livremente construído.

Que é esta construção? Em que consiste o modo de dotarmos a realidade profunda de conteúdo fundamental apoiando-nos em livre construção?

O que é esta *livre construção*, já o vimos algumas páginas atrás ao falar do caráter criacional da razão. A livre construção é o grau máximo de liberdade criadora. E portanto é inútil repetir em detalhe o dito; basta-me recolher algumas ideias. Eu construo livremente a base de perceptos, fictos, conceitos e, sobretudo, de afirmações. Isto assim construído é construído *na realidade*, na realidade física mesma: é a realidade campal enquanto realidade física e numericamente idêntica à formalidade de realidade apreendida como impressão de realidade na apreensão primordial. É esta realidade o que se atualiza em minhas livres construções. Livre não significa aqui que o ato de realizar seja livre como ato; senão que a realização mesma é o que enquanto realização é livre. A liberdade não concerne aqui tão somente ao ato construtor, mas à índole formal do construído mesmo. Liberdade não é tão somente liberdade de modificar notas nem de homologar estruturas; aqui liberdade é *liberação* de todo o campal para construir o conteúdo da realidade profunda. Esta realização livre não é produção, mas é uma realização apenas na linha da atualidade. Realização independente do campo e sem produção: aí está a livre construção. Aquilo de que se está livre não é o ser real, pois a realidade está primária e inamissivelmente dada em toda intelecção desde a apreensão primordial mesma (e portanto no campo, na realidade campal). O livre é a realização de um conteúdo como conteúdo do real. O real então não é coisa como as coisas imediatamente sentidas, mas tampouco é mera coisa mental: *é coisa livre*. Coisa livre consiste em que a realidade, ao ser "de seu", seja livremente isto ou aquilo. A construção, pois, não é liberdade de realidade, mas realidade em liberdade.

Nesta ação livre certamente me estou apoiando no conteúdo do real campal previamente inteligido; mas é um apoio que tem um caráter radicalmente livre: apoio-me no conteúdo do campal tão somente para dar o salto de liberação do dito conteúdo. Ainda que minha livre construção adote modelos ou estruturas básicas tomadas do campal, a livre construção, porém, não é formalmente constituída por isso que adota; se o adota, não o faz senão livremente.

A livre construção pode ser levada a efeito de maneiras diversas. Não se pense que ser racional é sinônimo de construção "teorética", por assim dizer. Qualquer livre criação, um romance, por exemplo, é livre construção. Não a chamo de ficção, porque em toda livre construção, por fictícia que seja, entram não só fictos, mas também perceptos, conceitos e afirmações. Qualquer romance é repleto de conceitos e afirmações. Posso levar a efeito também uma livre construção teorética. Esta construção não é um romance. Mas a diferença – da qual vou falar imediatamente – concerne à construção mesma. Toda e qualquer livre construção, seja ou não teorética, é enquanto construção da mesma índole: consiste em construir na realidade um conteúdo com plena liberdade a respeito do conteúdo inteiro do campal.

Suposto isso, como se dota a realidade deste livre conteúdo? O modo como o livremente construído dota intelectivamente a realidade de conteúdo próprio não consiste em modelação nem em homologação: é radical *postulação*. A realidade profunda se atualiza no livremente construído por postulação. Já o expliquei na Segunda Parte. Não se postula verdade, mas conteúdo real. E isso é assim, quer se trate de construção teorética, quer se trate de construção não teorética. Não é postulação da realidade, mas realidade em postulação. Postula-se o que é "seu", mas não se postula o "de seu" mesmo. Postulação é o modo como se dota a realidade profunda de um conteúdo livremente construído. A realidade se atualiza em minha livre construção, a qual se converte assim em conteúdo do real; conteúdo tão livre quanto se queira, mas sempre conteúdo do real.

O livremente construído e realizado por postulação pode ficar repousando sobre si mesmo: é a criação pela criação. É o próprio, por exemplo, de um romance. Mas o livremente construído pode ficar realizado na "realidade-fundamento" como conteúdo fundamentante da coisa campal. Então o livremente construído é conteúdo "fundamental": é a postulação teorética.

Não é difícil dar alguns exemplos de postulação especialmente graves e decisivos. Antes de tudo, a intelecção racional da realidade espacial do campo perceptivo em sua realidade profunda: é a geometria. Toda geometria consiste num livre sistema de postulados (incluindo neles os chamados axiomas). Na geometria postula-se livremente que a realidade profunda do espaço campal tem determinados caracteres precisos: é o espaço geométrico. O espaço campal, o espaço perceptivo, é espaço pré-geométrico. Pois bem, postula-se que este espaço campal tem em sua realidade profunda determinados caracteres intrínsecos extremamente precisos. A existência de geometrias com diferentes postulados livremente escolhidos mostra que à realidade profunda do espaço, ao espaço geométrico, compete a possibilidade de diferentes conteúdos. Esta diversidade não é mera diversidade, porque a meu ver esta diversidade de postulados mostra duas coisas. Primeiro, mostra que se trata sempre de "espaço"; isto é, que se trata sempre de dar fundamento racional a isso que é o campo espacial perceptivo. Este último não é espaço absoluto – seria absurdo –, mas tampouco é ainda um espaço geométrico. Por isso o chamo de espaço pré-geométrico. É um espaço que não possui caracteres rigorosamente concebidos, porque o concebê-los já faz que este espaço pré-geométrico se torne espaço geométrico. O espaço geométrico é por isso fundamento profundo do espaço pré-geométrico. A diversidade de postulados mostra, pois, antes de tudo, que ambos os espaços são efetivamente espaço, mas que o espaço pré-geométrico é diferente do geométrico. Em especial, mostra-nos dessa maneira que o próprio espaço euclidiano não é, como não raro se costuma dizer, intuitivo, isto é, nos mostra que o espaço euclidiano é uma livre criação de espaço geométrico. Segundo, a diversidade de postulados mostra em sua mútua independência a dissociação de aspectos estruturais do espaço geométrico. Mostra-nos, por serem diferentes os sistemas de postulados, que à estrutura profunda do espaço, ou seja, ao espaço geométrico, competem aspectos essencialmente diferentes e até separáveis: conjunção, direção, distância. Esta mostração acontece precisamente no simples fato de que os sistemas de postulados sejam independentes entre si. Topologia, afinidade, métrica, tanto em toda a sua independência quanto em sua possível unidade condicional em alguns casos, assim como a independência de estruturas postuláveis dentro de cada uma daquelas geometrias, tudo isso mostra que a intrínseca inteligibilidade racional da realidade profunda do espaço acontece numa livre construção. As geometrias são postulação; a intelecção da realidade profunda do espaço é, portanto, livre criação.

Em física, no início da Idade Moderna, tentaram-se ao menos duas grandes criações livres para inteligir racionalmente a realidade profunda do universo. Uma consistiu na ideia de que o universo é um magno organismo em que os diversos elementos constituem sistemas por simpatia e antipatia. Mas esta não durou muito. Triunfou outra concepção. Foi a livre criação que postula para a realidade cósmica uma estrutura matemática. Foi a ideia da *Nova Ciência* de Galileu: o grandioso livro do universo, diz-nos, é escrito em língua geométrica, isto é, matemática. Este matematismo assumiu durante séculos a forma concreta de mecanicismos, uma livre criação segundo a qual a matemática universal é a matemática dos movimentos. Mas desde há quase um século a física deixou de ser mecanicista. A estrutura matemática do universo continua subsistindo independentemente de sua forma mecanicista, que era um matematismo demasiado restrito. *Matematismo* não é mecanicismo. Tudo isso é, sem dúvida alguma, uma livre criação para inteligir racionalmente o fundamento de todo o cósmico. Sua fecundidade é bem patente. No entanto, o sucesso fabuloso da ideia de um universo matemático não pode ocultar seu caráter de livre criação, de livre postulação, que precisamente por ser livre deixa certamente na obscuridade aspectos insuspeitados da natureza.

Recapitulemos. Nós nos perguntávamos quais são os modos de livre criação racional. Vimos que são especialmente três. Apoiam-se em três aspectos do campal: a experiência de notas, a estrutura, a construtividade. Nestes três aspectos se desdobra a criação de caráter livre: experiência livre, sistematização livre, construção livre. Pela experiência livre dota-se a realidade profunda de um conteúdo modélico. Pela sistematização livre dota-se a realidade profunda de estrutura básica. Pela livre construção dota-se a realidade profunda de conteúdo completamente criado. O modo de dotar a realidade profunda de um conteúdo consistente em modificar determinadas notas campais é o que chamo de "modelizar"; o modo de dotar a realidade profunda de um conteúdo de estrutura básica apoiado no campal é "homologar"; o modo de dotar a realidade profunda de conteúdo completamente construído é "postular". Modelizar, homologar, postular: aí estão os três modos de criação racional. Os três não são senão modos de nos movermos intelectivamente numa primária, idêntica e inamissível formalidade de realidade. E, como esta formalidade é intrínseca e formalmente dada em impressão de realidade, sucede que os três modos de criação racional são três modos criadores da razão senciente.

Com isso podemos dar por terminado o segundo passo de nossa investigação neste capítulo. Nós nos propusemos a analisar neste segundo passo a estrutura da marcha da intelecção. Para isso começamos por estudar a atividade intelectiva enquanto atividade: é o pensar. Perguntamo-nos depois pela atividade pensante enquanto intelectiva: é a razão. E dentro da razão vimos em primeiro lugar o que é razão, em segundo qual é o orto da razão, e finalmente a unidade de razão e realidade. Agora, resta-nos entrar no estudo do quarto ponto essencial de nossa investigação: qual é o objeto formal da atividade racional.

4. O OBJETO FORMAL DA ATIVIDADE RACIONAL

Tracemos resumidamente a linha do caminho percorrido até agora nesta Terceira Parte de nossa investigação, para podermos enfocar mais comodamente seu ulterior desenvolvimento.

Vimos que razão é o momento intelectivo da atividade pensante. Em outras palavras, razão não é *simples atividade* de inteligir; é *atividade intelectiva*. Já vimos o que isto significa. Atividade não é simplesmente ação, mas estar em ação segundo esse modo que consiste em estar acionando. Esta atividade, enquanto atividade do inteligir, é o que constitui o pensar. O pensar é o modo de ação de inteligir determinado pelas coisas reais já inteligidas em intelecção prévia; é, pois, atividade ativada. E o que nas coisas reais já inteligidas nos ativa é o caráter constitutivamente aberto da realidade mesma. Enquanto atividade, atividade pensante é estar em ação inteligindo aquilo a que o real previamente inteligido está aberto. É o que chamamos de "dar que pensar". O real está dando que pensar porque é realmente aberto e porque o pensar está constitutivamente aberto à realidade. O pensar envolve, pois, intrínseca e formalmente o momento de realidade não só intencionalmente, mas fisicamente e expressamente. Esta realidade é sempre e somente a realidade em que realmente já se estava. A estrutura interna e formal do ato mesmo desta intelecção é o que chamamos de *caráter intelectivo*. O momento propriamente intelectivo da atividade pensante, ou seja, o momento intelectivo e estrutural da ação da atividade pensante, é justamente a razão. A razão está apoiada no real previamente inteligido. Este apoio é a realidade do campalmente inteligido em seu caráter de "para" [*hacia*]. É, pois, um modo de intelecção determinado pelo real mesmo.

Este modo de intelecção é intelecção inquirente, é busca. A razão se apoia para esta busca no previamente inteligido. É uma busca para além do inteligido no campo do real, um "para além de" em todos os seus aspectos e dimensões: é o que chamo de realidade em profundidade ou realidade profunda. Na intelecção da realidade profunda, realidade não é um "meio" de intelecção; é "mensura" da realidade campal. O campal não fica, pois, às costas da razão. Justamente o contrário: constitui o princípio canônico com que a intelecção mensura em princípio a realidade campal mesma.

Esta mensura tem caráter formal de fundamento. A realidade profunda é "realidade-fundamento" ou, se se quiser, "realidade fundamental". Razão é, assim, intelecção principial do real em profundidade. Este princípio não é um sistema de verdades ou de regras, mas é a realidade mesma em seu físico caráter de realidade. E, como a realidade é constitutivamente aberta, sucede que a razão mesma é aberta enquanto razão. Nesta abertura a razão vai inteligir a realidade profunda de forma dimensional, direcional e provisória. O momento do real que nos lança a esta intelecção é, como eu já disse, a realidade em seu caráter de "para" [*hacia*]. Com isso a realidade profunda mesma já fica fisicamente presente, mas intrinsecamente indeterminada: é justamente problema. Problema não de ser nem de entidade, mas problema de realidade.

Isto é a minha razão: uma intelecção minha. Mas, enquanto determinada pelas coisas, a razão é um momento delas: é razão das coisas. São elas que nos dão ou nos tiram a razão. Bem entendido, na linha da atualidade: é a realidade profunda das coisas enquanto problematicamente atualizada. E esta atualidade é aquilo que constitui a unidade da razão como razão minha e como razão das coisas.

Desse modo, a razão é um momento estrutural da inteligência determinado pela índole da intelecção do real mesmo. Nela a razão tem seu orto estrutural. E, como a intelecção é formalmente senciente, sucede que a razão mesma é senciente. É a realidade das coisas, com efeito, o que sencientemente apreendido nos dá que pensar.

Esta realidade é, repito, a física e explícita realidade das coisas já inteligidas. Portanto, o problema da razão não é um problema de buscar realidade, dado que a razão já está nela e é neste estar nela que consiste o princípio mesmo da razão. No entanto, não é somente o princípio, mas também o fundamento de toda a sua marcha intelectiva: a realidade se impõe coercitivamente à razão. O que é problema é a intelecção da realidade em seu conteúdo fundamental próprio. Isto é o que é preciso mensurar. E, para tratar este problema, a razão atualiza a realidade mesma nas intelecções prévias, um modo de atualização que consiste em considerá-las como fundamento do real. Mas, como minhas intelecções prévias são minhas, sucede que a intelecção racional enquanto racional é uma livre criação. Nesta livre criação, o real adquire em minhas intelecções prévias seu conteúdo fundamental. E, por sua vez, este conteúdo fica realizado. Esta realização pode adotar formas diversas: pode ser realização de um conteúdo conquistado em experiência livre, em estrutura básica ou hipótese, em construção livre; ou seja, pode ser modelização, homologação e postulação, três formas de fundamentalidade.

Suposto isso, a estrutura da razão deixa flutuando diante de nossa análise uma questão precisa. O inteligido racionalmente é a realidade profunda em seu conteúdo fundamental. Esta intelecção é, dizia eu, uma livre criação que não se abstém do campal, mas se apoia no campal para determinar aquele conteúdo em uma busca. Em virtude disso, surge uma questão: com respeito a esta realidade profunda, o que é seu conteúdo enquanto buscado? Isto é, qual é o objeto formal da atividade intelectiva, o objeto formal da razão? Aí está a nossa questão agora. Questão muito mais complexa do que à primeira vista pode parecer. Após breve reflexão, ver-se-á que esta questão se desdobra em três grupos de problemas:

1º Qual é o caráter formal do objeto da razão.

2º Qual é a unidade formal deste objeto com o real que o determinou.

3º Qual é formalmente a função determinante do real na razão.

Aí estão os três pontos que examinaremos rapidamente.

§ 1. Caráter formal do objeto da razão

A razão é uma intelecção determinada em uma das direções do "para" [*hacia*] do real: o "para" em profundidade. Este "para" é, repito pela milésima vez, um modo da realidade mesma; é a realidade em seu modo de "para". E, quando este "para" o é em profundidade, então a intelecção é razão. O caráter formal do objeto da razão é então o caráter formal do termo deste "para".

Naturalmente, por ser modo da realidade, o "para" mesmo tem um termo na própria realidade, pois não saímos dela. Mas isto não significa senão que o "para" termina em alguma *coisa* real. O termo enquanto termo é termo na realidade, e portanto pertence a ela, ainda que não seja por si mesmo real. Que é este pertencer a ela? Não é pertencer à realidade como um conteúdo determinado. A rigor, o termo poderia ser um termo vazio, isto é, o "para" seria um para nada. No entanto, sempre será "realmente" um nada; está portanto na realidade como um oco seu, por assim dizer. O pertencer à realidade não significa, pois, ser um conteúdo seu determinado, mas meramente ser "termo", algo para o que se vai. Este termo é termo na realidade, mas não é um conteúdo determinado seu. Ser na realidade sem ser formalmente conteúdo real é no que consiste justamente o ser algo possível. O termo do "para" é algo formalmente possível. Eis o caráter formal do objeto da razão: a possibilidade. Aquilo em que a razão se move é o real sempre e somente como possível. Que significa mais precisamente esta possibilidade?

Tomado por seu lado negativo, o possível é aquilo a que falta algo para ser plenamente real. Mas este não ser real se inscreve dentro da realidade. E esta inscrição constitui o aspecto positivo do possível. Pois bem, há diferentes modos segundo os quais o "não" se inscreve na realidade. Aqui nos interessam especialmente dois.

O primeiro nos apareceu ao tratarmos da intelecção do que algo real é em realidade entre outras coisas. A primeira coisa que a intelecção faz nestas condições não é abandonar a realidade, mas tomar nela distância do real; é um movimento de retração dentro da realidade. Esta intelecção em retração constitui a simples apreensão. Seu caráter formal, o caráter formal do termo da simples apreensão, é a realidade física mesma em seu modo de "seria". O real campal se atualiza em minha intelecção retraída como real que "seria". "Seria" não consiste em ser uma condição; nem sequer em ser uma possibilidade em sentido estrito. Os perceptos, os fictos e os conceitos não são formalmente possíveis: são o real em retração de conteúdo. É o que chamei de o irreal. Já vimos o que é o irreal. Irreal não significa não ter nada que ver com a realidade, mas ter que ver com ela liberando seu conteúdo. Desde a realidade, o irreal é realmente irreal; é a realidade atualizada em simples apreensão. Desde o conteúdo mesmo, o irreal é o que se realiza na realidade em modo de "seria". Em que consiste precisamente este modo? Um conteúdo é irreal em modo de "seria" quando o conteúdo irreal é inteligido como propriedade ou nota do real. Este papel seria vermelho considerando-se o conteúdo irreal do vermelho como se fosse uma nota cromática do papel. Mas o irreal pode ser de caráter diferente. Porque posso realizar na realidade o irreal não como nota, mas como fundamento. Então já não é o que a realidade "seria", mas é algo diferente: é o que a realidade "poderia ser". É a possibilidade do real. O termo do "para" [*hacia*] é por ora tão somente um termo possível. Como tal, está na realidade como um "poderia" da realidade mesma. É uma possibilidade real. *O "seria" é realidade em retração. O "poderia ser" é realidade em fundamentação.* A diferença entre o "seria" e o "poderia ser" não é uma diferença entre dois modos de ser possível, mas entre dois modos de realização. O "seria" não é possibilidade intrínseca; é modo de realizar-se algo como modo. Como modo, o "seria" é o *modo irreal* (entendo aqui por irreal a realidade em retração de conteúdo, e não o que gramaticalmente se entende por modo irreal). Em contrapartida, o "poderia ser" é *modo de possibilitação*, modo não de ser nota, mas de ser fundamento. A diferença entre o modo irreal e o modo de possibilitação não é uma diferença entre duas possibilidades, mas a diferença entre a irrealidade realizada como nota (modo irreal) e a irrealidade realizada como fundamento (possibilitação). O irreal realizado como fundamento: aí está o verdadeiramente possível da razão, o "poderia ser". Para evitar o equívoco de possibilidade e possibilitação, chamarei às vezes o possibilitante de "as possibilidades", no plural.

Minhas intelecções prévias são apoio, e neste apoio a inteligência atualiza o que a realidade campal poderia ser em sua realidade profunda. É o caráter formal do objeto da razão.

A razão é o momento intelectivo do pensar. Portanto, deve-se dizer que a atividade intelectiva, isto é, o pensar, pensa sempre no real, mas pensa somente nas possibilidades do real. Pensa-se sempre e somente em possibilidades. Se penso no passeio que vou dar, ou na viagem que vou fazer, ou no que é em realidade isso que chamamos de luz, aquilo em que penso formalmente é o passeio que posso dar, ou a viagem que posso fazer, ou as possibilidades reais para que se produza isso que chamamos de luz.

O objeto formal da atividade intelectiva é o que o real poderia realmente ser.

Como este "poderia ser" se inscreve positivamente no real, ou seja, como as possibilidades são inteligidas como possibilitantes no real?

§ 2. A unidade das possibilidades como determinante da intelecção do real

Naturalmente, trata-se apenas da ordem da intelecção. Não se trata de como a possibilidade está possibilitando a realidade em e por si mesma, mas de como a intelecção das possibilidades está determinando a intelecção do real em profundidade. Pois bem, esta unidade determinante das possibilidades na intelecção do real tem três aspectos essenciais.

A) No "para" [*hacia*], não vou "para além de" um ir pura e simplesmente, por assim dizer, senão que o "para" é um "para" já internamente qualificado por aquilo que me lança para além de. Isto que me lança é a intelecção da realidade campal. E esta realidade determina o próprio "para" como um "para" desde algo previamente inteligido. Determina-o em duplo aspecto. Primeiro, a realidade campal tem um conteúdo próprio, e são suas notas o que ao nos lançar "para" qualifica o modo de ir para a realidade profunda. O "para", com efeito, como modo de realidade recobre todos os demais modos, e estes por sua vez recobrem o "para". Disso resulta não só que cada um dos modos da realidade campal nos lança "para" o para além de, mas que esse mesmo "para" está internamente qualificado por aqueles outros modos. Não somente isso, senão que há nesta qualificação um segundo aspecto que é "fundamental". É que a realidade campal não só nos lança "para", mas constitui o princípio canônico de intelecção neste lançamento. Estes dois aspectos não são senão isto, aspectos da interna qualificação do "para". Pois bem, seu termo formal é o que a realidade profunda poderia ser; ou seja, este termo formal é possibilidade. E, como o lançamento em "para" está intrinsecamente qualificado, sucede que a própria possibilidade em questão também já está de alguma maneira intrinsecamente qualificada. Não é possibilidade oca, mas possibilidade realmente qualificada enquanto possibilidade. E aqui não só "realmente" significa que esta possibilidade pertence à realidade, senão que a realidade mesma qualifica possibilitantemente esta possibilidade. Em outras palavras, possibilitação é *possibilidade incoada*. O "para" é incoativo. Incoação: aí está o primeiro aspecto segundo o qual a possibilitação determina a intelecção da realidade em profundidade. É determinação intelectiva incoada. A razão não se move no infinito de possíveis, mas num elenco de possibilidades já incoadas, ou seja, que vão apontando não só terminalmente mas intrinsecamente para o que a possibilidade vai possibilitar.

B) Este "para" [*hacia*] tem rotas múltiplas precisamente porque está recobrindo, como acabo de dizer, todo o conteúdo do campal. Como este conteúdo é múltiplo, são também múltiplas as rotas incoadas. Isto é, a intelecção campal nunca lança "para" uma só possibilidade, mas "para" múltiplas possibilidades. Cada uma delas é uma incoação. Donde resulta que não só a razão se move em possibilidade, mas se move entre múltiplas possibilidades. A razão tem de tomá-las todas juntas; tem de tomar cada uma "com" (*cum*) todas as demais. Por isso, o termo do "para", mais que mera possibilidade, é co-possibilidade. E esta intelecção do possível em "com" é justamente o que constitui o "co-ligir". A multiplicidade de possibilidades "para" as quais nos vemos lançados determina esse modo de intelecção que é o *coligir*. Coligir em seu sentido etimológico é muito próximo de colecionar. Eis o segundo aspecto segundo o qual a possibilidade determina a intelecção do real em profundidade: o coligir. Coligir não significa aqui "deduzir"; consiste em determinar do modo que for a ou as possibilidades realizáveis, talvez incoativamente. A dedução não é senão um modo entre outros de coligir. O coligir não designa senão um modo de intelecção: o de inteligir uma ou várias possibilidades co-inteligindo as demais. É o *cum* como modo de intelecção. A razão intelige a realidade profunda de modo constitutivamente coligente. Colige diversas possibilidades incoadas, diversas incoações. E, por este *cum* co-ligente, as diversas possibilidades podem ser inteligidas como mais que meras incoações; podem ser inteligidas como possibilitação fundamental real. Que significa isto?

C) O *cum* do mero coligir tem, como indiquei, um sentido muito próximo do de colecionar. Mas é muito mais que um mero colecionar. É que cada uma das diversas possibilidades é possibilidade do real, e portanto são possibilidades abertas porque a realidade mesma é constitutivamente aberta. Daí que o *cum* das diferentes possibilidades constitua um âmbito em que cada possibilidade, por estar aberta a outras, pode incorporá-las. Então o *cum* nos mostra sua verdadeira índole: é "im-plicação" mútua, ou melhor, é "com-plicação". E por esta sua implicação as possibilidades não só são múltiplas, mas constituem sistema. Pois bem, a determinação da realidade profunda como realização de um sistema de possibilidades implicadas ou complicadas entre si é justamente *explicação*. É o terceiro aspecto da determinação intelectiva da realidade profunda. Inteligir racionalmente a realidade profunda é inteligi-la em explicação. Reciprocamente, explicar é inteligir a realidade profunda como realização de um sistema de possibilidades.

Em suma: a intelecção racional se move em possibilidades reais, que intelectivamente determinam a realidade profunda de modo incoativo, coligente e explicativo. Mas devemos dar mais um passo: averiguar como o real mesmo conduz à possibilidade.

§ 3. Função determinante do real na razão

A realidade previamente inteligida no campo nos lança para a realidade profunda. Deste lançamento, estudamos o termo para o qual nos lança e o modo como nos lança. Agora, perguntamo-nos pelo ponto de partida do lançamento mesmo. Somos lançados pela realidade campal. Este lançamento "para" [*hacia*] a possibilidade acontece, como vimos, em um "para" internamente qualificado. Esta qualificação é uma incoação da possibilidade como intelecção da realidade profunda, da intelecção do que esta realidade poderia ser. Mas então é *eo ipso* uma possibilidade incoativamente presente como tal possibilidade na intelecção campal mesma. Esta intelecção campal é senciente, como o é a razão mesma. Portanto, aquela possibilidade *está* presente – se bem que incoativamente – na inteligência senciente. Pois bem, este estar presente *senciente* da possibilidade enquanto possibilidade, isto é, a presença *senciente* do que a realidade profunda "poderia ser" enquanto "poderia", é formalmente o que constitui a *sugestão*. O âmbito real da copossibilidade é âmbito de sugestão, é âmbito de sugestões cossugeridas. A inteligência tem então de optar entre as diversas sugestões e empreender sua marcha intelectiva. O "para" do lançamento é, pois, concretamente sugestão. Em seguida o explicarei mais detidamente. A sugestão não é um fenômeno psíquico nem nada parecido; é um momento estrutural da razão mesma enquanto razão. Não só na intelecção campal estão presentes as coisas que se inteligem, mas nelas mesmas está presente a sugestão do que poderiam ser em profundidade.

Eu dizia que a razão tem de optar entre as diversas sugestões. Mas ela também pode optar por não se ater formalmente a nenhuma delas. Então a razão inventa possibilidades novas. Mas esta invenção, enquanto ruptura das linhas de sugestão, não teria sido possível senão pela sugestão mesma. Se se quiser, dito um pouco paradoxalmente, entre as possíveis sugestões está a de não se ater a nenhuma sugestão. A intelecção campal nos dá o princípio canônico da intelecção da realidade profunda, e a sugestão em que pode ser inteligida. Mas o que a razão intelige pode ser oposto a seu princípio canônico e a toda e qualquer sugestão positiva.

Em virtude disso, princípio canônico e sistema de sugestões: aí está a figura concreta estrutural dessa busca enquanto busca que é a intelecção racional.

Esta figura concreta é essencial para a razão. A razão não é um modo de intelecção especificado tão somente por seu termo formal em abstrato. O modo racional de intelecção tem, ao contrário, uma precisa estrutura modal: sua concreção. A concreção não é a individuação, por assim dizer, de uma estrutura geral, mas é um momento que intrínseca e formalmente concerne à estrutura mesma da razão. Certamente não é essencial para a razão ter *esta* ou *aquela* figura concreta; mas lhe é estruturalmente essencial *ter concreção*. A razão não é algo que "se concretiza"; é algo que "é concreto" em e por si mesmo. E não me refiro com isso à razão como movimento de uma nota real de cada uma das realidades humanas; neste sentido, a razão não excetua nenhuma delas: todo o real é neste sentido individual em e por si mesmo. Refiro-me aqui à razão não como nota estrutural, mas a seu próprio modo de inteligir o real. Esta concreção estrutural tem uma raiz formal nos dois momentos que constituem a busca. Um, é o momento de principialidade: o princípio canônico não é "a" realidade campal em abstrato, mas o que a intelecção campal em toda a sua concreção (realidade e princípio canônico) decantou no lançamento. Outro é o lançamento na concreção da direção da busca intelectiva: a sugestão. Principialidade canônica e sugestão são em sua intrínseca concreção momentos estruturais da intelecção racional. Qual é esta concreção?

Esta concreção estrutural tem um preciso caráter formal: é o que constitui a *forma mentis*. A razão tem uma estrita e rigorosa figura estrutural em seu modo mesmo de inteligir. Que é esta *forma mentis*? Expliquemos a expressão.

Em primeiro lugar, trata-se de "mente". Que é esta *mens*? Mente não é formalmente idêntico a inteligência. Etimologicamente, procede de uma raiz indo-europeia, *men-*, que significava entre outras coisas o ímpeto, o ardor, a paixão, etc.; definitivamente, expressa movimento anímico. Mas, a meu ver, não é só isso, porque não é um movimento, como, por exemplo, o movimento passional; enquanto simples movimento, esta paixão não é pura e simplesmente algo mental. O movimento mesmo é mental tão somente se traz como momento seu alguma maneira de intelecção da trajetória e do termo desse movimento. Ou seja, o movimento que *mens* significa é sempre e somente o movimento enquanto tem um momento intrinsecamente intelectivo. A força da *mens* tem como caráter formal próprio o momento intelectivo: é a força segundo a qual é entendido e determinado intelectivamente o movimento mesmo. Reciprocamente, a intelecção é *mens* somente quando é moção intelectiva. Pois bem, este movimento é justamente o lançamento. Portanto, *mens* é inteligência em lançamento. Bem entendido, é um lançamento como modo mesmo de intelecção. Não se trata do que nos move a intelligir, mas do movimento intelectivo mesmo. E, como o movimento intelectivo em lançamento é justamente a razão, sucede que há uma interna implicação entre razão e *mens*. Pois bém, "mente" expressa o caráter concreto da razão.

Em segundo lugar, esta *mens* tem uma forma ou figura: *forma mentis*. Em que consiste? Não consiste apenas na trajetória determinada da intelecção e de seu princípio, isto é, não consiste na forma do decurso mesmo da intelecção. É algo mais. É esta forma como que decantada, como que incrustada, por assim dizer, na intelecção mesma enquanto "lançável", valha a expressão. A forma em questão não é somente a figura de um ato, mas a figura de um modo de nos havermos com o inteligível. Havermo-nos é o que "habitude" significa. A figura que buscamos não é senão a habitude da intelecção em lançamento. Para a razão é essencial uma figura ou forma como habitude intelectiva de lançamento.

Em terceiro lugar, esta habitude há de estar formalmente determinada pelo "para" [*hacia*] mesmo enquanto tal. A intelecção, com efeito, pode ter muitas habitudes ou modos de haver-se com as coisas. Aqui nos interessam dois tipos de habitude. Algumas, por exemplo, podem ser devidas a diferenças tanto individuais como sociais. São modos ou habitudes determinados pelo modo de ser do homem. Constituem a figura ou forma do lançamento por ser figura ou forma do homem lançado. Daí resulta que a habitude fica certamente qualificada, tem qualidades, mas estas qualidades têm uma origem extrínseca ao que a razão formalmente é; têm sua origem, por exemplo, em ser grego ou em ser semita. Mas há outros tipos de lançamento, cuja diferença se funda na índole intrínseca do próprio "para" enquanto "para". A razão também fica então qualificada, mas suas qualidades têm sua origem na índole intrínseca da razão mesma: por exemplo, a diferença no lançamento "para" o real de um modo poético e de um modo científico. Não são modos que a intelecção "tem", mas modos do que a intelecção "é". Os dois tipos de qualidades (chamemo-las de extrínsecas e intrínsecas) da habitude não são idênticos. Dentro de um mesmo modo intrínseco do "para", como, por exemplo, dentro do "para" poético, cabem muitos modos de fazer o que chamamos de poesia; o que entendem por poesia os primitivos sumérios e o que entendem por poesia os poetas do helenismo não são a mesma coisa. Igualmente dentro do intrínseco "para" próprio da ciência, há modos diversos; o que um primitivo sumério ou acádio entendeu por explicar o mundo e o que um grego entendeu um grego por explicar o mundo não são a mesma coisa, assim como o que um grego entendeu por explicar o mundo não é idêntico ao que nós entendemos. Pois bem, a *forma mentis* é constituída pelo modo intrínseco e formal do enfrentamento ou lançamento para o real, pelo modo do "para" enquanto "para", e não pelas modalidades que este lançamento ou busca possa ter em função extrínseca das modalidades daquele que busca. É a diferença, insisto no exemplo, entre figura ou razão poética do real e figura ou razão teorética do real (não passa de um exemplo entre outros). É uma diferença de ordem diferente da que existe entre os modos de fazer ciência entre si e os modos de fazer poesia entre si, segundo caracteres antropológicos. A *forma mentis* consiste neste caso na diferença entre fazer ciência e fazer poesia.

Estes três aspectos, o ser ação intelectiva, o ser habitude de moção e o ser habitude intrínseca e formal desta moção, constituem "a uma só vez" o que entendo por *forma mentis*: a figura concreta que a intelecção adota em seu modo formal de estar lançada ao real, no modo de lançamento enquanto tal.

Pois bem, este conceito tem um nome muito preciso: é *mentalidade*. Não é primariamente um conceito psicológico, social ou étnico, mas um conceito estrutural. Estou-me referindo, bem entendido, ao que a mentalidade formalmente é. Mentalidade é o modo intrínseco e formal de habitude de lançamento para as coisas reais; por exemplo, a mentalidade teorética. Não me refiro, pois, às qualidades que a mentalidade pode ter, e tem com efeito por determinados fatores externos de origem psicológica, social, etc. E isto é importante sublinhar porque correntemente se chama de mentalidade tanto a mentalidade teorética como, por exemplo, a mentalidade semítica ou a mentalidade feudal. E isto a meu ver não é exato. O semítico, o feudal são algo que certamente qualifica a mentalidade, mas o faz conferindo determinada qualidade a algo que já é uma mentalidade, isto é, à mentalidade como modo de haver-se intelectivamente com as coisas reais. Ser semita não é uma mentalidade, mas uma qualidade que qualifica algo que é já uma mentalidade, por exemplo, o "fazer ciência", etc. Mas o fato de ser científica não "qualifica" a mentalidade já dada, senão que é o momento que intrínseca e formalmente a "constitui". Àquele conceito corrente falta o terceiro aspecto, e o mais radical, da *forma mentis*: é modo formalmente constitutivo da habitude de ir para o real. A chamada mentalidade semítica é semítica por ser mentalidade própria "do" semita, mas não é mentalidade "em si mesma" semítica, o que formalmente não tem sentido, ainda que todos empreguemos a expressão. Os modos de conceber as coisas que tem um semita não são momentos conceptivos formalmente semíticos. O ser semita afeta certamente os conceitos e lhes confere qualidades que lhes são próprias; mas não são qualidades formais daqueles. Porque estas qualidades não dependem da estrutura do conceber mesmo, mas do modo de ser do semita. Por isso a chamada mentalidade do semita não é semítica enquanto mentalidade; é somente mentalidade do semita. Por sua vez, a mentalidade teorética é teorética "em si mesma" enquanto mentalidade; não é mentalidade "de" um cientista, mas modo de intelecção do real, um modo intrínseco da razão. A diferença entre intelecção científica e intelecção poética constitui duas mentalidades, a científica e a poética. Estas duas são mentalidades estritas. O semita ou o heleno, por outro lado, qualificam estas duas mentalidades com qualidades de origem extraintelectiva; sua origem está no modo de ser do semita e do heleno. É por isso que não constituem mentalidades propriamente ditas. Este é o conceito estrito e formal de mentalidade. Isso não obsta, repito, a que as locuções correntes – mentalidade semítica, mentalidade helênica, etc. – continuem a ser empregadas. O importante é dissipar o equívoco do conceito de mentalidade latente nestas expressões. Não é a mesma coisa falar de mentalidade referindo-se a mentalidade semítica que falar de mentalidade referindo-se a mentalidade científica. O primeiro é próprio de uma sociologia do conhecimento; só o segundo pertence a uma filosofia da inteligência.

E desta mentalidade estritamente entendida digo que é estruturalmente essencial para a razão: é sua intrínseca e formal concreção. A razão é concreta, e sua concreção enquanto razão é mentalidade. Não há nem pode haver razão sem mentalidade; o que existisse sem mentalidade não seria razão. Tal acontece na intelecção campal do real. Ver este papel e afirmar que é verde não é questão de mentalidade. A mentalidade aparece apenas quando se vai em profundidade para além do campo para saber qual é o fundamento do verdor. Só a intelecção em profundidade tem a concreção da mentalidade. À determinação concreta do termo formal da intelecção em profundidade, isto é, à determinação concreta da razão formal do inteligido, corresponde a determinação concreta da razão enquanto lançamento inteligente, isto é, a mentalidade.

Como a mentalidade é a concreção do lançamento enquanto tal, suas raízes intrínsecas e radicais são o princípio canônico e a sugestão. Nem estes momentos, nem portanto a mentalidade mesma, estão limitados ao domínio do teorético. Já o venho dizendo. A sugestão, por exemplo, não só sugere qual é a índole teorética do inteligido em profundidade, mas recai antes de tudo sobre a linha mesma da intelecção: pode sugerir a criação de conceitos, mas pode sugerir também a profundidade metafórica, poética ou de qualquer outra índole. E o mesmo se deve dizer do princípio canônico. A unidade – às vezes inefável – da metáfora tem como princípio as qualidades já apreendidas em intelecção campal, mas sua linha principial pode ser muito diferente. Esta linha de intelecção é justamente a linha do "para" [*hacia*] enquanto tal. As diferenças não estão somente naquilo desde o qual estamos lançados e naquilo para o qual somos lançados; estão também no tipo mesmo de trajetória que se vai seguir, isto é, na linha do "para" da intelecção. Com toda esta amplitude que abarca não só o conteúdo, mas as linhas mesmas de intelecção, é que se deve entender a mentalidade. A mentalidade do cientista não é a mesma que a do poeta, nem que a do teólogo, nem que a do filósofo, etc. E isto, repito, não só pelo "conteúdo" de sua razão, mas também e sobretudo pela "linha", pela habitude em que a razão marcha lançada em busca. Mentalidade é justamente a formal habitude concreta da busca racional, é a concreção do "para" enquanto tal.

***

Em definitivo, já examinamos nesta Seção o que é marchar (Cap. 1): marcha é busca. Vimos depois qual é sua estrutura intelectiva (Cap. 2). A marcha é uma atividade pensante, cujo momento intelectivo constitui a razão, isto é, a intelecção principial do real em profundidade. O objeto formal desta atividade intelectiva é possibilidade, isto é, o que a realidade profunda poderia ser. Esta possibilidade determina a intelecção da realidade profunda de forma incoativa, coligente e explicativa. E isso é possível precisamente porque a realidade campal, previamente inteligida, nos dá um princípio canônico e um sistema de sugestões. É a raiz última da concreção estrutural da razão: de sua constitutiva mentalidade.

Suposto isso, a inteligência racional intelige a realidade profunda. Qual é a estrutura mesma desta intelecção? É isso o que finalmente examinaremos na Seção II.

SEÇÃO II
Estrutura da intelecção racional:
O conhecer

A intelecção inquirente, a razão, é um modo especial de intelecção. Intelecção, já o sabemos, é a apreensão de algo real meramente atualizado como real nessa apreensão. A intelecção inquirente é um modo de intelecção do real atualizado segundo um modo especial. Este modo de intelecção é o que chamamos de *conhecimento*. A estrutura da marcha intelectiva, isto é, a estrutura da intelecção racional, é conhecer. Nem toda intelecção é conhecimento. Mais ainda, não é nada óbvio que a forma suprema de nossa intelecção seja conhecimento. Esta identificação de intelecção e conhecimento pôde parecer óbvia na filosofia moderna: foi tomada sem discussão por Kant. Mas, como veremos, essa identificação não se sustenta. A diferença entre intelecção e conhecimento é um grave problema em que Kant escorregou. Por isso, a Crítica de Kant padece de uma radical insuficiência. Antes de uma crítica do conhecimento, devia ter-se elaborado uma crítica ou ao menos uma filosofia da intelecção enquanto tal. Daqui decorre em última instância a insuficiência da Crítica kantiana. Kant entende que intelecção é conhecimento. No fundo, Kant não faz senão recolher uma identificação que corria desde havia muitos séculos antes dele. Mas Kant entende, ademais, também sem questioná-lo, que no fundo conhecimento é sinônimo de ciência. Esta dupla equação (intelecção = conhecimento; e conhecimento = ciência) determina a marcha da Crítica kantiana. Mas essa dupla equação não é exata. Nem intelecção é conhecimento, nem a estrutura do conhecimento é ciência. Portanto, para conceituarmos com rigor a índole da intelecção racional, temos de nos formular duas questões:

I. O que é conhecer.
II. Qual é a estrutura formal do conhecer.

5. O QUE É CONHECER

Nas páginas anteriores já viemos dizendo o que é a intelecção racional. Pois bem, conhecimento é o que formalmente constitui a intelecção racional. Para conceituar o conhecimento, não será ocioso recolher brevemente o que já foi dito para incardinar adequadamente a questão.

Antes de tudo, é preciso eliminar uma ideia falsa conquanto muito corrente: conhecimento seria substituir as representações sensíveis por conceitos da realidade. As impressões sensíveis seriam meras representações vazias de realidade, e a intelecção da realidade estaria apenas no conhecimento, sobretudo no conhecimento científico. Mas isso não é assim. Porque as impressões sensíveis não são representações, mas apresentações. Representação é o conhecimento científico; mas representação não no sentido de substituição das impressões por outras intelecções (*vor-stellen*), mas no sentido de re-expor o já apresentado (*dar-stellen*). Neste sentido (e apenas neste), o conhecimento é re-presentação, isto é, re-atualização racional.

Eliminado este equívoco, continuemos com nosso problema.

A intelecção racional é antes de tudo intelecção. Enquanto tal, é a apreensão de algo como real, uma apreensão em que o real mesmo está meramente atualizado. Esta intelecção tem dois momentos. Todo o real, com efeito, tem um momento individual e um momento campal. Ao se apreender algo como real, apreende-se sua realidade segundo ambos os momentos, mas de modo diferente. Se se atende mais ao momento individual, então a intelecção é apreensão da coisa como real. No entanto, se se atende a que a coisa real está num campo, a coisa real fica apreendida como campalmente atualizada entre outras. E então a apreensão não intelige só que a coisa é real, mas intelige o que é em realidade esta coisa real. São os dois momentos da intelecção: inteligir algo como real, e inteligi-lo como sendo campalmente algo "em realidade". São dois momentos de pura e simples intelecção.

Mas pode suceder que a coisa real, "juntamente" com o campo que ela determina, nos lance para além desta realidade campal, para "a" realidade para além do campo, isto é, para o mundo. Este "para além de" não é "para além de" de uma coisa para outra; isto seria um "para além de" intracampal. Trata-se de um "para além de" de uma coisa real e de seu campo todo para a realidade mesma como realidade, ou seja, trata-se de um para além do campo para o mundo. Este "para além de" tampouco é um para além do "sujeito" (como se poderia dizer), porque, neste sentido, na intelecção campal já estamos instalados para além do que esta interpretação entenderia por sujeito, e continuamos a estar assim em toda e qualquer intelecção. Este "para além de", o campo todo, pode sê-lo em diferentes direções: para dentro das coisas, para outras coisas extracampais, etc. Mas sempre se trata de ir para o mundo como fundamento do que é a coisa real campal. Então já não se considera uma coisa com respeito a outras do campo; considera-se cada coisa como modo de realidade fundada. Enquanto fundamento, chamei a realidade extracampal de realidade em profundidade ou realidade profunda. Pois bem, a intelecção do real em profundidade é certamente intelecção, mas não é mera intelecção: é um modo especial dela, o modo "fundamental". A realidade não está atualizada nesta intelecção como mais uma coisa que está aí; está atualizada de um modo que consiste formalmente em estar fundamentando. Fundamento – como eu já disse – é tomado aqui em seu sentido mais amplo. Não é idêntico a causa. Ser fundamento não é forçosamente ser causa; causa é somente um modo de fundamentar. Há outros, como, por exemplo, a lei, ou seja, o modo segundo o qual acontece e está sendo entendido o real desde a realidade, etc. Fundamento é tudo aquilo que determina desde si mesmo, mas em e por si mesmo, o fundado, de modo que este é uma realização do fundamento no fundado mesmo. O estar fundamentando faz da realidade profunda o princípio mesmo deste modo de intelecção. É o princípio que mensura não o que algo é em realidade com respeito a outras coisas campalmente sentidas; mensura seu fundamento na realidade. A intelecção do real em profundidade é intelecção principial e mensurante: é a intelecção racional. Pois bem, a intelecção de algo em sua realidade profunda, ou seja, a intelecção racional, é o que formalmente constitui o conhecimento.

Conhecimento é intelecção em razão. Conhecer o que uma coisa é, é inteligir sua realidade profunda, é inteligir como está atualizada em seu fundamento próprio, como está constituída "na realidade" como princípio mensurante. Conhecer o verde não consiste somente em vê-lo, nem em inteligir o que é em realidade uma cor muito bem determinada entre outras, mas é inteligir o fundamento mesmo do verdor na realidade, inteligir, por exemplo, o que é uma ondulação eletromagnética ou um fóton de determinada frequência. Só ao tê-lo inteligido assim é que conhecemos realmente o que é o verde real: temos intelecção do verdor, mas em razão. A razão do verde é seu fundamento real.

Daqui provém a diferença radical entre conhecimento e intelecção. O conhecimento é sem dúvida intelecção por ser apreensão do real como real. Mas é somente um modo especial de intelecção, porque nem toda intelecção é conhecimento. Inteligir sem inteligir a razão não é conhecer. A intelecção é sempre uma atualização do real, mas só há conhecimento quando esta atualização é fundamental. É intelecção em razão.

Isso pode fazer pensar que a mera intelecção é inferior ao conhecimento, de modo que haveria que inscrever a intelecção dentro do conhecimento: intelecção seria formalmente conhecimento rudimentar. Pois bem, a verdade é exatamente o contrário: há que inscrever o conhecimento dentro da intelecção. Assim, a intelecção não consiste formalmente em conhecimento rudimentar, senão que o conhecimento recebe toda a sua riqueza e seu valor de ser uma intelecção. O conhecimento é só um esboço de intelecção ulterior, de intelecção sucedânea. E isso por vários motivos.

Em primeiro lugar, a intelecção não é conhecimento: é a intelecção que por sua própria deficiência senciente determina o conhecimento. Intelecção é uma atualização do real. Mas, se o real, como, por exemplo, esta cor verde, estivesse exaustivamente atualizado em minha intelecção, não haveria lugar para falar de conhecimento. A intelecção plenária da realidade, ou seja, sua plenária atualização, tornaria radicalmente desnecessário por improcedente o ser conhecimento. Teríamos então intelecção sem conhecimento. Em contrapartida, a recíproca é impossível: não pode haver conhecimento sem intelecção, sem atualização do real. Só há conhecimento quando a insuficiência da intelecção o exige. Esta insuficiência parte do momento senciente da intelecção. Sem intelecção senciente não há nem pode haver conhecimento.

Em segundo lugar, intelecção e conhecimento são diferentes, mas não independentes. Em que sentido? Já o indicamos: é a intelecção o que determina o conhecimento. A intelecção senciente exige o conhecimento. Para preencher a insuficiência da intelecção, a intelecção exige que se determine não outra intelecção, mas outro modo da mesma intelecção; isto é, o determinado é uma expansão da intelecção. Conhecer é uma expansão da intelecção. É intelecção, ou seja, atualização do real como real, mas uma intelecção que atualiza mais o que essa coisa já atualizada como real é realmente: é atualização em busca. E nisto consiste o ser expansão: expansão é atualização inquirente do já atual. Portanto, o conhecimento não só é diferente da mera intelecção, mas é uma expansão desta intelecção. Mas há mais.

Em terceiro lugar, com efeito, o conhecimento não é só expansão da intelecção e portanto algo apoiado nesta; ademais, o conhecimento consiste, em princípio, em levar-nos a uma melhor intelecção, a uma melhor atualização do conhecido. Intelecção é atualização do real, e portanto conhecer não é senão conduzir a uma atualização. O conhecimento não é somente uma atualização expandida, mas uma expansão que conduz a uma nova atualização do previamente atual. O conhecimento não repousa sobre si mesmo, mas sobre a intelecção de que procede e sobre a intelecção a que nos conduz. O termo ulterior de todo e qualquer conhecimento é um atualizar a mesma realidade previamente inteligida, é atualizá-la agora em sua realidade profunda. Se não fosse por isso, o conhecimento não seria senão um jogo mental. Daí que todo e qualquer conhecimento seja a transição de uma intelecção para outra intelecção. É uma atualização em marcha. O conhecimento é a intelecção buscando-se a si mesma.

Como *ancorado* na intelecção, como *expansão* da intelecção e como *transição* para uma intelecção, o conhecimento é um modo intelectivo que formalmente se inscreve na mera intelecção. Inteligir não é um rudimento de conhecer. A intelecção não é formalmente um conhecimento rudimentar, mas é o conhecimento que é esboço de uma intelecção inquirente enquanto intelecção. Conhecer não é um fenômeno intelectivo primário, como se a essência do inteligir fosse o conhecer. Ao contrário, a essência do conhecer é inteligir. O conhecer não é o *status possidens* da intelecção; só o é a mera intelecção. Por isso, toda e qualquer teoria do conhecimento tem de fundar-se numa prévia conceituação da intelecção, e não o contrário, como se inteligir fosse conhecer. Pensa-se que o conhecer é superior ao inteligir. E isso não é exato. O inteligido no conhecer é certamente mais que o inteligido na mera intelecção, tem um conteúdo mais rico. Mas conhecer não é somente elaborar um conteúdo inteligido: conhecer é inteligir que este conteúdo é real, ou seja, atualizar este conteúdo no real. Só a este preço temos conhecimento. E esta realidade é dada ao conhecimento pela mera intelecção, e é a ela que todo e qualquer conhecimento conduz para ser conhecimento. Todo e qualquer conhecimento é sempre e somente elaboração de uma intelecção. E esta elaboração é justamente a razão. Conhecimento é, pois, intelecção em razão, ou seja, intelecção do real em sua realidade profunda.

Donde ser necessário delimitar este conceito de conhecimento em face de outros que considero inexatos porque não têm um conceito adequado do que é ser fundamento.

Kant entende por conhecimento qualquer juízo objetivamente fundado. E isso já vimos que é inaceitável, porque inteligir afirmativamente não é pura e simplesmente conhecer. É preciso ao menos o fundamento. Para Kant este fundamento é o determinante objetivo da afirmação (e para o caso não importa que esta objetividade tenha para Kant idealidade transcendental). Mas não é isso o que formalmente constitui o fundamento no conhecimento. O fundamento é "realidade-fundamento" e não determinante objetivo do juízo. Kant lançou o problema do conhecimento pela linha do juízo e do julgar. E isso não é exato, ao menos por dois motivos. Primeiro, porque identificar o conhecimento com o juízo é uma enorme logificação da razão. Conhecer não é formalmente julgar. E, segundo, porque o fundamento em questão não é o determinante objetivo do juízo; é a realidade-fundamento. O conhecimento envolve naturalmente juízos, mas nem todo juízo é conhecimento. Só é conhecimento quando o juízo é juízo de realidade profunda. O juízo campal não é conhecimento.

Os gregos empregaram o verbo incoativo *gignóskein*, conhecer, em muitas acepções; a que aqui nos importa é a que abarca o conhecimento estrito e rigoroso, e que nos gregos culmina no que chamaram de *epistéme*: conhecer estrito, quase (somente quase) sinônimo de ciência.

Platão no *Theaitetos* critica a última das três definições de conhecimento estrito (*epistéme*) que o interlocutor propõe: opinião verdadeira com logos. Aqui logos significa razão. A razão seria, pois, o que nesta definição constitui formalmente o específico do conhecimento. Platão critica esta definição, mas entendendo por razão o que provavelmente seu interlocutor entendia: aquilo que seriam os elementos de que algo é composto. Depois de sua crítica, Platão deixou aberto e sem solução expressa o que é o logos num sentido mais radical. Não é em vão que o próprio Platão qualifica este diálogo como pertencente ao gênero *peirastikós*, isto é, como uma tentativa ou ensaio, como diríamos hoje. É que, no fundo, Platão quer em sua crítica apontar para outro sentido do logos, do qual se ocupará no *Sophistes*: o logos que enuncia não o ser "elementar", mas o ser "inteligível". Ou seja, o logos que Platão pede ao conhecimento é a intelecção do ser inteligível, da Ideia. O mais seria apenas "opinião verdadeira". Pois bem, não é isso o que em nossa análise descobrimos como razão. Razão não é juízo de "ser-inteligível", mas de "realidade em profundidade". Antes de tudo, não há dois seres, o ser do sensível e o ser do inteligível, mas um só ser, o ser do real. E ademais não se trata de ser, mas de realidade, e não de realidade inteligível, mas de realidade em profundidade. Por isso, seja qual for o sentido daquela "opinião verdadeira" a que Platão alude, tal opinião verdadeira não pode contrapor-se a uma verdade *simpliciter*, à verdade do inteligível, porque não há dualismo de sentir e inteligir: há apenas a unidade formal e estrutural do sentir e do inteligir na intelecção senciente. Daqui resulta que a razão mesma é senciente; e aquilo a que nos leva sencientemente é a realidade profunda.

Esta realidade profunda, esta realidade fundamento, tampouco é o que Aristóteles pensou: a causa. No começo de sua *Física*, diz-nos Aristóteles: cremos conhecer (*gignóskein*) algo quando conhecemos sua causa. O conhecer estaria especificado e constituído pela apreensão da causalidade. Mas esse conceito é, a meu ver, demasiado restrito. Toda causa é fundamento, mas nem todo fundamento é necessariamente uma causa. E não me refiro com isso a conhecimentos como os da matemática, cujos fundamentos não são causas em sentido estrito, mas antes princípios. Refiro-me a algo mais profundo: penso que, seja o que for um princípio, deve ser concebido desde o fundamento, e não ao contrário. Expus isso mais acima. Causas e princípios fundam; mas nem por isso são fundamentos. Fundamentar é um modo muito preciso de fundar. Fundamentar é certamente ser princípio, mas ser princípio é não só ser aquilo "desde o qual" (*hóthen*) algo provém, mas aquilo que *desde si mesmo e por si mesmo se realiza* no fundado. Então, e só então, é que o princípio é fundamento. Conhecer não é conhecer causas, nem conhecer princípios que fundam, mas conhecer fundamentos, conhecer "fundamentalmente". Aristóteles, porém, pensa no conhecimento estrito, na *epistéme*, na ciência. E, para ele, o objeto da ciência é o que sempre é como é, sem poder sê-lo de outra maneira. Pois bem, este conceito é ainda mais restritivo que o do conhecer causal. E nem a episteme nem o conhecer causal são formalmente conhecer: porque nem todo fundamento é causalidade. Conhecer profundamente um amigo não é questão de causalidade nem de necessidade científica. Conhecer a fundo um amigo não é possuir o relato detalhado de sua vida, nem saber, ademais, os móveis de suas ações e reações, mas inteligir estes móveis como manifestação, em sua forma e modo de realidade, de uma realidade profunda.

Acrescentemos finalmente que profundidade não é sinônimo de ultimidade. Tudo o que é último é naturalmente profundo, mas nem tudo o que é profundo é último. A profundidade tem graus; e esta gradação vai até o infinito. A profundidade tem profundidade insondável. Conhecer algo em profundidade não é conhecê-lo já em sua realidade última. Mais ainda, a intelecção em profundidade é um fato; mas o acesso à ultimidade é constitutivamente um problema sempre aberto até o infinito. Por isso é que intelecção em profundidade não é sinônimo de intelecção absoluta. Realidade-fundamento não é realidade absoluta. É um grave erro de Hegel. A marcha para a profundidade não é o desdobramento de um saber absoluto. A profundidade é sempre uma dimensão aberta, e por isso a razão não é saber absoluto, mas intelecção aberta em profundidade. Assim como o campo do real está constitutivamente aberto, assim também o "para" [*hacia*] profundo a que o campal nos remete é um "para" também constitutivamente aberto. Por isso Hegel parte de um falso suposto: pensar que o real (ele dizia a Ideia) é o encerro do absoluto, de modo que cada uma das realidades não seria senão momento deste seu encerro último. Isso é inaceitável: a realidade é "constitutivamente" (não só de fato) aberta. Além disso, porém, a intelecção mesma como mera atualização do real é também constitutivamente aberta. Não se pode pretender com Hegel que cada nível de consciência seja uma mera e progressiva manifestação (fenômeno) do absoluto como espírito, ou seja, um desdobramento para o saber absoluto. A marcha da intelecção não é, nem pode ser, uma "fenomenologia do espírito".

Em definitivo, aquilo que especifica a intelecção fazendo dela conhecimento é a realidade profunda. E esta realidade profunda não consiste em fundamento objetivo (Kant), nem em entidade inteligível (Platão), nem em causalidade, nem, menos ainda, em causalidade necessária (Aristóteles), nem no absoluto (Hegel). A profundidade é o mero "para além de" como "realidade-fundamento" em todos os múltiplos modos e formas que esse "para além de" possa assumir. A causalidade ou os princípios de um conhecimento dedutivo não ficam excluídos dela, nem ficam excluídos os possíveis passos para uma realidade absoluta. O que fica excluído é que nada disso constitui formalmente a realidade profunda em que a razão está instalada pelo lançamento da intelecção desde o campo para o para além de.

Resumamos o tantas vezes dito: a razão é: 1º intelecção inquirente de realidade; 2º intelecção em profundidade da realidade mundanal, isto é, intelecção d*a* realidade; 3º intelecção formalmente principial e canonicamente mensurante da realidade do real, segundo sugestões sentidas. As três fórmulas são idênticas. Expõem os três momentos cuja unidade intrínseca e formal é a essência mesma da razão. Pois bem, conhecer é inteligir o real segundo esses três momentos, ou seja, conhecimento é intelecção em razão. Esta razão é uma modalização da intelecção senciente, é portanto razão senciente. Conhecer é, pois, obra da razão senciente. Qual é a estrutura formal deste conhecimento?

6. Estrutura formal
do conhecer

Conhecimento é intelecção em razão. Explicado já o que esta fórmula significa, salta aos olhos que conhecimento não só não é idêntico a intelecção, mas tampouco é idêntico a ciência. Ciência não é senão um modo entre outros de conhecimento. Por isso, ao nos perguntarmos pela estrutura formal do conhecer, perguntamos por algo muito mais radical do que se nos perguntássemos o que é ciência. Perguntamo-nos qual é a estrutura formal da intelecção racional d*a* realidade.

Como se conhece? Esta é a questão que temos de abordar agora: a estrutura formal do conhecer.

Em primeiro lugar, o que se quer conhecer é algo já campalmente inteligido. E o que queremos inteligir é sua realidade profunda. Portanto, apoiados nos princípios canônicos, situamos, por assim dizer, o real campal sobre o fundo da realidade profunda. Este "sobre o fundo" é o que chamarei de momento de *objetualidade*. O que é objeto não é a realidade profunda, mas a coisa campal. De realidade campal a coisa fica convertida em objeto. A realidade profunda não é objeto, mas fundamento. Mas isso não é suficiente. Porque em segundo lugar, apoiados nos princípios canônicos, campalmente sugeridos, temos de estabelecer o modo de possível acesso ao profundo do real campal. A realidade profunda é fundamento, mas não no vazio: é um fundamento muito concreto em cada caso. Por isso é essencial estabelecer o modo como podemos ter acesso a este fundamento que vai ser fundamento da coisa campal determinada. Esta maneira é justamente a via de acesso, isto é, o *método*. Mas tampouco isso é suficiente. Porque em terceiro lugar é necessário que, avançando por esta via, tentemos encontrar o fundamento que buscamos. É o momento da *verdade racional*. Objetualidade, método e encontro verdadeiro: aí estão os três momentos cuja unidade constitui a estrutura formal do conhecer.

Esta estrutura não é idêntica a uma estrutura científica, porque não é forçoso que a unidade dos três momentos do conhecer tenha caráter "científico". Objetualidade não é forçosamente idêntico ao que um cientista entende por objeto: o fato. Fato científico não é o mesmo que objetualidade, mas ser fato científico não é senão um modo de objetualidade. Em segundo lugar, o método é via de acesso. Não é algo idêntico a um método científico. O método científico é "uma" via de acesso para a realidade profunda, mas nem toda via de acesso é método científico. Finalmente, encontro verdadeiro não é o mesmo que comprovação científica. E isso ao menos por dois motivos. Em primeiro lugar, porque há que entender esta suposta comprovação científica desde o encontro verdadeiro, não ao contrário. E, em segundo lugar, porque não é dito em lugar algum que efetivamente chegaremos a este encontro verdadeiro. Talvez isso nem sempre seja possível. A ciência não é, como pretendia Kant, um *Faktum*, mas uma pretensão não só no que tange a seu conteúdo, mas também e sobretudo no que tange às possibilidades mesmas de sua existência; coisa perfeitamente diferente das condições de possibilidade de uma ciência já alcançada como a ciência de que Kant nos fala. A ciência segundo os três momentos constitutivos da intelecção racional é essencialmente um conhecimento problemático: um conhecimento que quer assumir a forma de fatos experimentais, de método preciso de experimentação, ou de fundamentação de verdades comprováveis. Esta tripla intenção é característica da ciência. Por isso é que a ciência é, enquanto conhecimento, conhecimento problemático. E este problema da ciência se inscreve na estrutura formal do conhecer enquanto tal. Esta estrutura tem, pois, três momentos: objetualidade, método, encontro verdadeiro. Mas isso dito assim, sem mais precisões, não são senão vagas expressões. Em que consistem precisamente?

§ 1. A objetualidade

Como já indiquei, a intelecção da coisa real campal em sua realidade profunda situa tal coisa sobre esta realidade profunda como fundo seu.

Esta realidade profunda não é o que se conhece por si mesmo nesta intelecção. Estamos remetidos "para" [*hacia*] ela, e já instalados nela pela realidade campal mesma como realidade; a realidade profunda, assim, sem maiores precisões, não é o conhecido. O que se conhece é a coisa real campal. Para não repetir monotonamente o adjetivo "campal", falarei de coisa real ou simplesmente de coisa. A realidade profunda não é algo inteligido como se fosse uma magna coisa, senão que o modo de esta realidade profunda estar atualizada é, como vimos, "estar-fundamentando": é *realidade-fundamento*. Portanto, a realidade profunda é o real âmbito da fundamentalidade. Pois bem, a primeira coisa que fazemos para conhecer uma coisa real já dada é situá-la sobre esse âmbito como fundo. O "profundo" é por enquanto "fundo". E, ante este fundo, a coisa real que estava entre outras num campo *ressalta* como fundamentada em sua profunda realidade. A coisa sofre, portanto, uma espécie de transformação: de estar no campo em estar sobre o fundo, em estar fundamentada. Nesta nova condição, a coisa real enquanto fica assim ressaltada é o que chamamos de objeto. A coisa real ficou transformada em objeto real. É o primeiro momento da intelecção racional: a objetualidade. É preciso conceituar com alguma precisão o que é esta objetualidade e em que consiste a transformação mesma da coisa real em objeto real.

I. O que é objetualidade

Naturalmente, objetualidade não é objetividade. A objetividade é algo que concerne a uma afirmação. Mas a objetualidade concerne não a uma afirmação, e sim ao modo mesmo de atualização da coisa. Objetualidade é "um" modo de atualização da coisa. Objeto não é, pois, objetividade. Tampouco é mera coisa real atualizada. Objeto não é idêntico a coisa real. Nem toda coisa real inteligida como real tem por que ser objeto de um possível conhecimento. Objeto é a coisa real somente quando está atualizada "sobre o fundo" da realidade fundamental. A coisa inteligida segundo ela é em realidade no campo, é certamente coisa real, mas não é formalmente objeto. É formalmente objeto apenas quando está atualizada sobre o fundo da realidade fundamental. O ser objeto não é objetividade nem coisa real, senão que tem uma estrutura própria. E então nos perguntamos em que consiste esta atualização, em que consiste formalmente ser objeto.

O vocábulo "objeto" tem, como quase todos os vocábulos importantes, sentidos diversos que é preciso discernir cuidadosamente.

Em primeiro lugar, ser objeto não consiste em ser algo que vamos inteligir. Que objeto seja sinônimo do que vamos inteligir é o que ressoa na clássica ideia do objeto material e formal. E não é assim. Essa conceituação clássica se nutre em última instância da identidade de coisa real e objeto, acrescentando no máximo que a coisa real vai se termo de uma intelecção. E não é assim: ser objeto não é formalmente ser mero termo de intelecção. Haveria que acrescentar ao menos de que modo a coisa é termo de intelecção.

Então se poderia pensar, em segundo lugar, que objeto é aquilo que nos propomos a inteligir. Objeto seria realidade "proposta". Objeto seria "pro-pósito". É uma latíssima acepção que nos levaria para fora da intelecção. Cingindo-nos ao propósito intelectivo, objeto seria o que está proposto como inteligendo. Objeto seria a coisa real atualizada em forma de *pro*, cujo sentido etimológico é "diante de". Como modo de atualização, objeto consistiria em estar presente, em ser um *positum*. Mas posto diante de mim, isto é, em forma de *pro*, seria a coisa real diante de mim: um *pro-positum*. Isso, porém, não é assim. Antes de tudo, porque esse conceito não convém somente ao objeto da intelecção racional. Há também, como vimos, juízos proposicionais, e, ademais, juízos predicativos, nos quais a coisa é proposta para ulterior determinação. Assim, quando afirmamos que A é B, o A é proposto para ser afirmado como B. Mas nem por isso é formalmente "objeto". Certamente toda intelecção racional envolve, ou ao menos pode envolver, afirmações. Mas então é claro que inteligir A em sua realidade profunda não é o mesmo que inteligir A como sujeito de predicação de uma nota campal B. A A, em contrapartida, está atualizada na intelecção racional não como um *pro*, mas de maneira diferente. Todo objeto é *pro-positum*, mas nem todo *pro-positum* é objeto. Portanto, é preciso dar mais um passo.

Na intelecção racional a coisa não está atualizada entre outras no campo: está atualizada *sobre* o fundo da realidade profunda. Há, pois, dois momentos: estar *ante*-posto e estar *sobre* um fundo (o fundo do mundo) Nessas condições, a coisa real está certamente posta, é um *positum*, mas não o é em forma de *pro*.

A coisa real, por estar projetada sobre o fundo da realidade profunda, fica como que ressaltada sobre este fundo. Então a coisa adquire algo assim como um *volume próprio*, que inteligiremos não como algo acabado em si mesmo, mas justamente como algo cujo volume temos de salvar para inteligi-lo em profundidade. Ao ficar ressaltada, a coisa se apresenta como um *positum*, mas como um *positum* cujo perfil, por assim dizer, deve ser vencido para se ir a seu fundo. Esta atualização não é atualização em *pro*, mas atualização em *ob*. A coisa já não é algo *pro-posto*, mas algo *o-posto*: é um *ob-positum*. E isto é ser objeto: estar atualizado como *ob*. Para poder ficar agora proposto, o objeto começa por estar o-posto. Aqui oposto não é um obstáculo; objeto não é objeção. Oposto não é como uma montanha que separa e detém, mas antes como o alto de um porto que tem de ser salvo justamente para remeter pela outra vertente ao "para além de". O *ob* consiste num ressalto tal, que por sua própria índole nos está remetendo para algo para além de: para a realidade profunda. É um *ob* formalmente remetente "para" [*hacia*]. A realidade profunda própria da coisa é algo que está presente de certo modo a desafiar a razão e a remetê-la "para". *Ob* não é um simples estar diante, um estar diante alçando-se, opondo-se entre sua atualização na intelecção prévia e a atualidade do fundamentar, mas um alçar-se remetendo-nos formalmente para esta. O fundamento, que é a realidade profunda, deve salvar a suposta suficiência do volume da coisa. A realidade profunda está fundamentando em forma de salvar algo que está oposto e é remetente: é a atualização em *ob*.

Mas isso ainda não é suficiente. Porque, mesmo entendido corretamente o *ob*, pode-se porém entender mal o que é ser objeto. Objeto pode, com efeito, ter dois sentidos. Um, o que procede do próprio *ob*. Já o explicamos. Outro sentido é o que procede do segundo membro do vocábulo. Objeto seria o que está atualizado como *ob*, mas como algo que jaz, que é jacente: seria um *jectum*. Aqui o acento se dá não no *ob*, mas no *jectum*. O objeto seria algo que "está aí": é um *keímenon*, algo jacente, dizia Parmênides, um *hypo-keímenon*, um sub-jacente, dizia Aristóteles. O *ob-jectum* seria o correlato de um *sub-jectum*. A diferença estaria no *ob* e no *sub*, mas a realidade mesma seria em ambos os casos um *jectum*, algo jacente. Esta concepção do objeto tem corrido ao longo da história da filosofia desde Parmênides. Tem, por exemplo, sua expressão suprema em Kant, que conceitua o objeto justamente em termos da ciência da natureza. Pois bem, isso não é possível. Certamente há – ao menos não está excluído que possa haver – objetos jacentes. Mas há muitas realidades que estão atualizadas em forma de *ob* e que não são jacentes, que não são um *jectum*.

Por exemplo, as pessoas enquanto tais, a vida, a sociedade, a história não são algo *jectum*. Seu modo de realidade é diferente de ser realidade jacente. Tem ou podem ter atualidade intelectiva em *ob*, mas não são *jectum*. Neste sentido, pois, objeto seria o que hoje é chamdo de "coisa" no coisismo. Mas a atualidade em *ob* não é forçosamente atualidade de um *jectum*. Por isso, ainda que a palavra "objeto" seja linguisticamente inevitável, convém, para evitar o equívoco entre os dois sentidos da palavra "objeto", forjar algum vocábulo em que se expresse a atualidade em *ob*, mas não como um *jectum*. Para isso, seria preciso expressar a simples realidade, o simples ser real, sem *jectum* ainda que utilizando o verbo ser. Em latim o verbo "ser" tem como particípio *sens*, que não sobrevive senão nos compostos: *prae-sens*, o presente, *ab-sens*, o ausente, etc. Pois bem, seria preciso criar um vocábulo, algo assim como *ob-sens*, o obsente. Nem em latim nem nas línguas românicas existe tal vocábulo. O alemão tem o vocábulo *Gegenstand*, que significa o mesmo que nosso vocábulo "objeto". O *Gegen* expressa o *ob*, e o *stand* expressa o *sens*, objeto segundo o obstante. Isso seria perfeito se o alemão não entendesse *stehen* como um mero estar aí, isto é, como um *jectum*. Assim, a tradição kantiana identificou *Gegenstand* como *ob-jectum*. Seria preciso dizer, antes, *Gegenseiend*. Porque a realidade pode ser *ob* e não ser um *jectum*. Objeto seria assim não o *ob-jectum*, mas o *obsente*. O jazer seria somente um modo, entre outros, de *esse*. Não é o momento de insistir na diferença entre ser e realidade; logo veremos, no entanto, a importância desta distinção. Aqui se trata tão somente de precisar um pouco a noção de objeto. Para isso, recorri ao vocábulo *ob-sente*, não para seguir empregando-o, mas apenas para aclarar as ideias. Continuarei, pois, a usar a palavra *objeto*, mas somente no sentido de *obsente*.

Em definitivo, ser objeto envolve formalmente que a coisa real (seja ou não jacente) esteja atualizada em forma de *ob*. Este *ob* tem dois caracteres essenciais que é preciso destacar com rigor.

Em primeiro lugar, *ob* é um caráter categorial. Que significa isso? Categoria não designa "classe" de coisas. Trata-se não de classe de coisas, mas de "modos" (ou formas, aqui é o mesmo) da coisa inteligida. Em toda intelecção acusa-se o modo segundo o qual a coisa está presente. Acusar diz-se em grego *kategoréo*, e a acusação chama-se *kategoría*. Categoria é, pois, a meu ver, o modo de a coisa estar presente enquanto acusada na intelecção.

Pois bem, ser objeto, ou seja, objetualidade, é antes de tudo uma categoria de atualização: é o modo segundo o qual a realidade está atualizada como "ob", qualquer que seja seu conteúdo real. É o caráter essencialmente categorial do *ob*. Já vimos isso na Primeira Parte.

Mas o estar presente como "ob" tem ainda um segundo caráter essencial.

Em segundo lugar, "ob" tem um *caráter de positividade*. Que significa isso? Na intelecção, o real está presente como real qualquer que seja sua forma de atualização. Posso descrever este estar presente como o momento formal constitutivo do real inteligido: é a atualização do real. Mas posso descrever o estar presente como um momento próprio da intelecção mesma. E então direi que o presente está atualizado de forma tal, que, justamente por ser mera atualização, seu respeito ao ato intelectivo mesmo é estar "meramente" atualizado: o real na intelecção não só está atualizado, mas não está mais que atualizado. O presente determina sua atualização intelectiva desde si mesmo, e é desde si mesmo que está atualizado, e somente atualizado, em seu mero apresentar-se. Pois bem, é em estar "só atualizado" em seu apresentar-se que consiste o ser *positum*. É o caráter de positividade. *Positum* é o presente na medida em que sua atualização é, desde o presente mesmo, somente um estar atualizado em seu apresentar-se. Isto é, o ser *positum* tem três momentos: o estar presente, o estar somente presente, o estar somente presente em e por seu apresentar-se mesmo. Pelo primeiro momento, o *positum* é algo apreendido. Por seu segundo momento, o *positum* se opõe, se se me permite a expressão, ao que pode ser interpretação, elaboração intelectual, por exemplo, ao teórico, ao especulativo, etc.

Por seu terceiro momento, o *positum* é um simples observável na intelecção. Não se trata de ir atrás do presente, de uma coisa que se manifesta no presente; trata-se de tomar o presente em e por si mesmo em seu mero apresentar-se. É preciso tomar estes três momentos em sua formal e intrínseca pureza. Para compreendê-lo, não será ocioso delimitar este conceito de positividade em face de outras duas ideias afins a ele.

Antes de tudo, que o atualizado não faça senão estar presente pode dar lugar a pensar que este estar presente é, enquanto estar, um mero "estar aí". Isso é falso. Seria, uma vez mais, identificar o mero estar presente com um *jectum*. O estar a que nos estamos referindo não concerne ao presente, mas à apresentação. O presente pode ser de todo oposto ao "estar aí", de todo oposto a um *jectum*. O curso mais radical de uma vida pessoal ou uma realidade que consistisse somente em acontecer nem por isso deixam de estar presentes, e somente presentes, numa intelecção. Positividade não significa "estaticidade" – se se me permite a expressão.

Mas não é apenas que estar presente não significa estar jacente, ser um *jectum*, coisa afinal de contas fácil de compreender; senão que há outra dimensão, mais sutil, no conceito de positividade. Pode-se pensar, com efeito, que estar presente, estar somente presente e estar somente presente em seu apresentar-se equivale a dizer que o assim atualizado é justamente o que chamamos de *um fato*. Positividade seria um caráter idêntico a "facticidade". Mas isso é absolutamente inexato.

Para o vermos, perguntemo-nos o que é um fato. Certamente o fato é um *positum*. Mas a recíproca não é verdadeira: nem todo *positum* é fato. E a prova está em que, para qualificar com especial energia que algo é fato, se costuma chamá-lo de "fato positivo". Isso já indica que a positividade não pode ser entendida desde a facticidade: a facticidade, o ser fato, é que deve entender-se desde a positividade. Enquanto é um *positum*, o fato é algo que está presente, que somente está presente, e que o está em seu apresentar mesmo. Embora o vocábulo não diga respeito senão ao terceiro momento, o do *positum*, chamaremos o *positum*, para maior clareza, de um observável. Portanto, *positum* é um caráter do real atualizado como observável. Mas nem tudo o que é intelectivamente observável é forçosamente um fato. Para sê-lo, deve cumprir uma inexorável condição: é necessário que o *positum*, além de observável, seja por sua própria índole *observável para qualquer um*. Deve sê-lo "por sua própria índole". E isso requer atenção especial. "Observável para qualquer um" não significa que haja vários que o tenham observado. Ainda que não tenha havido mais de um que o observasse, este observável seria um fato se o observado tiver a índole de ser observável por qualquer um. Assim, pode ser que um fato histórico não tenha tido mais que uma só testemunha; se nos chega um documento fidedigno de que esse fato ocorreu, e se o assim atestado é por sua própria índole observável por quem quer que o tivesse apreendido, então o atestado por esse único observador é um fato, *in casu*, um fato histórico. Em contrapartida, se o observado é algo que por sua própria índole não é observável mais que por um só, então o observado é certamente algo real, é um *positum*, mas este real, apesar de ser real, não é propriamente um fato. Assim alguns momentos de minha intimidade pessoal. Não é que só eu os observe, e sim que não pode observá-los ninguém mais que eu. Então, estas realidades não são propriamente fatos. Foi precisamente esse, a meu ver, o verdadeiro motivo por que a nascente psicologia experimental de Wundt não admitiu como fato o puramente introspectivo. Deixo de lado que a expressão, por parte da pessoa, possa ser considerada como um fato; esta é outra questão, que os sucessores de Wundt resolveram de modo afirmativo. Reciprocamente, pode haver realidades positivas perfeitamente observadas por muitas pessoas, e no entanto estas realidades positivas não podem ser chamadas de fatos se por sua própria índole não são observáveis por qualquer um. Assim, por exemplo, as aparições de Cristo diante de quinhentas pessoas, segundo o testemunho de São Paulo. Ainda que quinhentas pessoas tivessem visto Cristo, e ainda que este testemunho seja verídico, tais aparições assim observadas nem por isso seriam um fato, porque sua suposta realidade não podia ser observada por qualquer outra pessoa que ali estivesse, mas tão somente por aquelas quinhentas. Seria *positum*, mas não fato. Essas aparições de Cristo, com efeito, *por sua própria índole* não puderam ser observadas por qualquer um, mas apenas pelos contemplados com elas. Fato não é, pois, sinônimo de realidade presente, senão que o *positum* real, insisto, só é fato se por sua própria índole pode ser observado por qualquer um. Todo fato, pois, há de ser *positum*, mas nem todo *positum* é um fato.

Certamente, desde as primeiras páginas do livro adverti repetidas vezes que quero ater-me aos fatos, por exemplo, ao fato de que apreendemos sencientemente o real. Mas isso não contradiz o que acabo de dizer. Porque o que é um fato é a apreensão senciente; o apreendido em seu caráter de real e *positum* não é forçosamente um fato. É um fato a cor verde sentida; isso não significa, sem maior precisão, que a cor verde seja um fato; para sê-lo, é preciso acrescentar que o apreendido pode ser apreendido por qualquer um. E neste caso o é. O verde apreendido é real, é um *positum*, mas, se não se diz mais nada, não é um fato; só é fato se se diz que por sua própria índole qualquer um pode apreendê-lo.

Mais ainda. Nem todo fato é forçosamente o que chamamos de *fato científico*. Este é um problema que desencadeou viva discussão no início do século.[1] O fato é somente um tipo de realidade "posta"; o fato científico é, por sua vez, somente um tipo de fato. Para que um fato seja fato científico, o observável por qualquer um há de estar de certo modo "fixado". Fato científico, penso, é o fato fixado. Fixação é sempre e somente o caráter de um fato não só por sua própria índole observável por qualquer um, mas um fato observado de forma especial: referido a um sistema de conceitos prévios. Estes conceitos podem ser ou conceitos da ciência natural, ou documentos

---

[1] No início do século XX. (N. T.)

históricos, etc. Sem esta fixação, teríamos um mero fato, o que no início do século se chamou de *fato bruto* à diferença do *fato científico*, que a meu ver é o fato conceituado e fixado. Se tomarmos uma bobina, fios de cobre, uma pilha elétrica e uma barra de ferro, veremos que em determinadas condições esta barra oscila e sua oscilação pode ser registrada numa escala. Neste caso, o fato científico é a medida da resistência elétrica de uma bobina. Mas isso não é fato bruto. O fato bruto seria, por exemplo, a observação das meras oscilações da barra de ferro. Dentro de uma tradição histórica, é muito possível que o *traditum* seja perfeitamente um fato, e que no entanto não haja fixação documental. Não seria então um fato científico. É toda a diferença que há entre o que poderíamos chamar de tradição viva e tradição em continuidade documental. A rigor, o fato científico é a constatação da realidade apreendida em função de conceitos prévios. Não entremos por ora neste problema, que nos tiraria de nossa questão.

Em definitivo, o *positum* é a atualização de algo em seu estar presente, em seu estar somente presente, e em estar assim somente presente em seu apresentar-se mesmo. Não é um caráter da realidade apreendida como *jectum*, nem como *fato*, nem como *fato científico*.

Pois bem, o "ob" tem não só caráter categorial, mas também caráter de um *positum*. Ser "ob", objetualidade, é positividade. Que algo seja objeto, no sentido de objetualidade, não é algo que seja determinado por mim; é algo determinado pelo real mesmo em seu apresentar-se. Eu disse certamente que o "ob" se constitui ao estar projetada uma coisa real sobre o fundo da realidade. Mas esta projeção não tem sua raiz em mim, mas no modo mesmo de apresentar-se a realidade: em seu "para" [*hacia*]. Não sou eu quem projeta a coisa real campal sobre o fundo da realidade: é essa realidade mesma a que, quando é sencientemente apreendida, tem o momento de um "para" o profundo. O real está projetado desde si mesmo em seu próprio apresentar-se; *está projetado*, insisto, e não sou eu quem o projeta. Por isso "ob" é um *positum*.

Não se trata, repito ainda, de que a objetualidade seja um fato, e menos ainda um fato científico; trata-se de que em seu caráter de real é a realidade mesma que remete para o profundo, qualquer que seja a índole de seu conteúdo.

Mas é preciso evitar aqui outro equívoco. Eu dizia, com efeito, que a intelecção racional intelige o real como objeto de uma busca, ou seja, trata-se de uma intelecção inquirente. E buscar não é buscar um *positum*, mas um *quaesitum*. Isso é verdade. No entanto, pensemos um pouco detidamente nisso. O que se busca na intelecção racional é qual é o fundamento da coisa real campal. Para isso, volta-se para essa projeção positiva que chamamos de "ob". Mas nem a realidade profunda como tal, isto é, o âmbito de fundamentalidade, nem o real como objeto real são termos buscados. O que se busca é o fundamento do objeto real na realidade profunda. O "ob" e o "por" são algo meramente *positum*. O buscado é o fundamento do "real-ob" no "por".

Resumindo, o real campal adquire na intelecção racional o caráter de objeto real. Sua objetualidade consiste no que chamei de ser *ob-sente*. E esta objetualidade tem dois caracteres essenciais: caráter categorial, o "ob" é categoria de atualização; e caráter positivo, o "ob" é um *positum* pelo real mesmo. As categorias de atualização são algo *positum*, e todo *positum* é *positum* antes de tudo categorialmente. No "ob" dá-se formalmente a unidade dos dois caracteres.

Mas isso já nos está levando para o segundo ponto: em que consiste precisamente a transformação de coisa real em objeto real.

Apêndice
O problema das categorias

Categoria não designa, como muitas vezes é corrente, "classe" de coisas. A lista das categorias não é a classificação suprema das coisas. Não se trata de "classes" de coisas, mas de "modos" da coisa inteligida. Recolhendo o já dito, repitamos que em toda e qualquer intelecção se acusa o modo segundo o qual a coisa está atualmente presente. Acusar diz-se em grego *kategoréo*, e por isso a acusação mesma foi chamada de *categoria*.

O problema das categorias provém de Aristóteles inspirado em Platão. Para Platão e Aristóteles, inteligir é declarar ou afirmar que o inteligido "é". É a velha tese de Parmênides. A intelecção é logos do ser, é *logos ousías*. No logos acusam-se os modos segundo os quais o inteligido "é", acusam-se os modos do ser. Como? O logos é complexão (*symploké*) da coisa de que se afirma (o *ón*), e do que dela se afirma ou predica. Os caracteres do ser acusados nesta complexão predicativa são as categorias. Para Aristóteles, pois, as categorias são os modos supremos do ente enquanto tal. (Não necessito advertir que aqui tomo a palavra "modo" em sua acepção mais geral e não como algo diferente de forma de realidade.) Assim, a rigor seria falso dizer que "verde" é uma qualidade. Verde é uma nota como o é sonoro, pesado, quente, etc. Mas a maneira como o verde determina este papel consiste em fazer deste um "qual". Qualidade não é o verde mesmo, mas a maneira como o verde determina o ser deste papel. Como esta determinação se declara em predicação, isto é, no predicado, sucede que a predicação, este modo de ser que predicamos como qualidade dos modos de ser, se acusa na predicação mesma. Pois bem, os diferentes tipos de acusação dos modos de ser nos predicados são as categorias. Qualidade não é uma nota, mas uma categoria. Certamente não são senão gêneros supremos do que pode ser predicado do ser. Não são *predicados*, no sentido de notas, nem são *predicáveis*, nem seriam o que os medievais chamaram de *predicamentos*. E isto foi decisivo: as categorias, diz-se-nos, fundam-se na estrutura do logos; constituem sua estrutura formal (lógica) e são a base de toda a nossa gramática (substantivo, adjetivo, preposição, etc.). Esta concepção correu por toda a filosofia europeia (Leibniz, Kant, Hegel, etc.).

Se bem se olha, toda esta concepção parte de dois supostos: intelecção é afirmação, é *logos*, e o inteligido é *ser*. É o que chamei de "logificação da intelecção", e "entificação da realidade". Inteligir é afirmar, e o inteligido é ente. A convergência unitária destes dois supostos determinou em boa medida, como eu já disse, o caráter da filosofia europeia.

Mas estes dois supostos são, a meu ver, insustentáveis.

A) Pensa-se que o inteligido é "ser". Mas não é assim. O inteligido não é ser, mas "realidade". Já o vimos em seu lugar: o ser é uma *atualidade* do real (no mundo), uma atualidade *ulterior* (à realidade), uma atualidade ulterior, mas *oblíqua*. Ser é atualidade ulterior e oblíqua do real como realidade. Era necessário repetir estas ideias neste momento.

B) O logos, a afirmação, não é mais que um modo da intelecção, e certamente não o único nem o mais radical. Tanto mais porque o logos predicativo mesmo não é o único tipo de logos: há antes o logos posicional, e o logos proposicional. Somente depois há um logos predicativo. A filosofia clássica logificou a intelecção, e com isso a teoria da intelecção se converteu em Lógica. Mas isso deixa de fora a essência do logos, que consiste apenas em ser um modo de intelecção, isto é, um modo de atualização. Não se pode "logificar" a intelecção; ao contrário, há que "inteligizar" o logos. Já o expus em seu lugar.

Por conseguinte, as categorias não são predicados, nem predicáveis, nem predicamentos do ser: são os modos da coisa real meramente atualizada na intelecção enquanto modos acusados nela. As categorias são primária e radicalmente modos da coisa real acusados em sua mera atualização, em sua mera intelecção; não são modos das coisas reais enquanto afirmadas num logos. Não são categorias de entidade nem de predicação, mas categorias de realidade meramente atualizada em intelecção. É outro conceito de categoria, diferente do clássico.

Mas o real atualizado na intelecção tem dois aspectos. Um é o aspecto que dá para o real atualizado enquanto real;

outro é o aspecto que dá para o real atualizado enquanto atualizado. Daí que o acusado na intelecção sejam, por um lado, os modos da realidade e, por outro, os modos mesmos de atualização. Segundo o primeiro aspecto, as categorias serão modos da realidade atualizada enquanto realidade. De acordo com o segundo aspecto, as categorias serão modos da realidade atualizada enquanto atualizada. Diferentemente da filosofia clássica, é preciso introduzir, a meu ver, dois sistemas de categorias: categorias de realidade e categorias de atualização. Estes dois sistemas de categorias, naturalmente, não são independentes, mas têm uma unidade intrínseca e radical. Examinemos rapidamente estes três pontos: 1º categorias de realidade; 2º categorias de atualização; 3º unidade intrínseca e radical das categorias.

I. *Categorias da realidade*. Em torno do logos, Aristóteles vê as categorias como maneiras da determinação do sujeito: no fundo é, portanto, uma visão que vai de fora para dentro. A essência do que não é o sujeito seria, com efeito, inerir, ou, como ele diz, ser acidente. O mesmo acontece com Kant e até com Hegel. A diferença estaria apenas em que para Aristóteles o logos não faz senão *declarar* um sujeito já determinado, enquanto para Kant e Hegel (se bem que de forma diferente, não entremos nisso) o que o logos faz é *constituir* afirmativamente o sujeito. Mas trata-se sempre de uma visão de fora para dentro. Pois bem, o real não é sujeito, mas sistema. É um sistema constructo: cada nota, por ser "nota-de", envolve o sistema inteiro de que é nota e consiste, portanto, na atualidade do sistema nessa nota. A essência de uma nota não é "in-erir", mas "co-erir". Em virtude disso, o sistema é uma *unidade* que está atualmente *presente em cada nota* fazendo desta "nota-de". Isto é essencial.

Pois bem, esta unidade do sistema é um "in", um "em". O real é um *intus*. As notas são apenas aquilo em que o sistema está projetado desde si mesmo, desde o *intus*. O *intus* também tem, assim, um momento de "ex": é justamente o "desde si mesmo". Donde resulta que o real não só é *intus*, mas também é um *ektós*, um *extra*. É uma visão de dentro para fora. E então o que se costumou de chamar categorias não é a maneira como um sujeito é determinado por notas que dele se predicam; são os respeitos formais segundo os quais o "in" está projetado num "ex". E este respeito formal é o que chamo de *dimensão*. As categorias não são a acusação dos caracteres do ser no logos; são acusações do real na intelecção. Chamo-as de dimensões porque em cada uma delas está de certo modo o sistema num respeito formal próprio, ou seja, é medida sua realidade enquanto realidade. Estas dimensões não são apenas numericamente diferentes (como acontece, por exemplo, em geometria), mas são qualitativamente diferentes. E, ademais, implicam-se mutuamente. É uma observação essencial. Por serem respeitos formais de atualização, estas dimensões se inscrevem por assim dizer num respeito formal primário, o respeito segundo o qual as coisas ficam "de seu" na apreensão. As dimensões se inscrevem, assim, nessa formalidade primária que é "realidade".

Mas esta atualização do real acontece em intelecção.

II. *As categorias de atualização*. Nela a realidade tem *modos de atualização* que não se identificam com os caracteres da realidade, ou seja, com suas dimensões. Por isso, deve-se falar de categorias de atualização ou de intelecção. Naturalmente, pouco importa o nome; o essencial é não confundir estas categorias com aquelas outras categorias que são as dimensões da realidade. Pois bem, enquanto atualização intelectiva as categorias tampouco são predicados nem predicáveis nem predicamentos: são simplesmente modos de atualização do real acusados na intelecção.

Quais são estas categorias de atualização? São, como viemos vendo, cinco, porque são cinco os modos segundo os quais a realidade está atualizada na intelecção.

A) A intelecção é antes de tudo uma mera atualização do real na inteligência. É a categoria radical de atualização: é a categoria do "em".

B) Há outro modo de estar presente, de o real estar atualizado intelectivamente. Não é que o real deixe de estar atualizado "em", senão que está reatualizado em intelecção afirmativa. Uma coisa já inteligida como real é inteligida, ademais, como real desde outras: é a afirmação. É, por conseguinte, uma atualização reduplicativa. O A já atualizado como real volta a ser inteligido como sendo realmente B. É a categoria do "re". Esta categoria é de certo modo geral, porque há diferentes formas e modos de "re".

a) Intelige-se uma coisa real desde outras "entre" as quais está. A coisa real está então atualizada na intelecção destas outras coisas. Já o vimos: o "entre" tem, além de outros aspectos, um aspecto próprio da coisa atualizada enquanto tal. É um "re", mas "entre". É a categoria do "entre".

b) Intelige-se neste "entre" que a coisa fica atualizada, mas em função de outras. Segundo esta funcionalidade, a coisa real fica atualizada nesse modo que chamamos de "por". "Por" é a funcionalidade do real enquanto real. É um "re", mas "por". É a categoria do "por".

c) Finalmente, há outro modo de atualizar o inteligido como "entre" e como "por": consiste em que a coisa esteja presente "entre" e "por", mas agora não com respeito a outras coisas, e sim como projeção do real apenas como momento do mundo. Esta projeção atualiza o real em forma de "ob". O "ob" é uma categoria.

"Em", e "re", e por sua vez o "re" como "entre", como "por" e como "ob": aí estão as cinco categorias, os cinco modos de atualização intelectiva do real enquanto inteligido. Estas categorias, como são modos de apresentação, convêm, por conseguinte, tanto ao campo como ao mundo, embora de forma diferente. O "entre" campal não é idêntico ao "entre" mundanal, nem o "por" campal é idêntico ao "por" mundanal (por quê). Mas esta é outra questão.

Cada uma destas categorias compreende modificações categoriais diversas. Assim, a atualização como "em" compreende todos os modos segundo os quais o sentido nos está presente. Já vimos na Primeira Parte desta obra que a diferença essencial dos sentidos não está nas qualidades que se sentem, mas no modo mesmo segundo o qual as qualidades sentidas nos estão presentes como reais. Igualmente, o "re", como modo de "entre", compreende formas diferentes: os modos da intencionalidade do "re", etc. Finalmente, "por" e "ob" podem assumir formas diferentes. Estas cinco categorias de atualização não são independentes das categorias de realidade: constituem a unidade categorial da intelecção do real.

III. *Unidade das categorias de realidade e de atualização.* Esta unidade tem dois aspectos.

A) Antes de tudo, tanto as categorias de realidade como as categorias de atualização constituem "sistema": é o *sistema das categorias*. Isso é obvio em se tratando das categorias de realidade. As categorias de realidade constituem sistema. Mas é menos óbvio que as categorias de atualização também constituam sistema. Por isso é preciso sublinhá-lo expressamente. Toda atualização "re" se apoia essencialmente na atualização "em"; do contrário, não seria re-atualização. Só "em" pode atualizar-se uma coisa "entre" outras. Por sua vez, esta unidade do "em" e do "re" é o que remete à realidade como um "por". Finalmente, só projetando o "em" sobre a realidade profunda é que o real fica atualizado como "ob". Transparece aqui o caráter sistemático das categorias de atualização.

B) Mas, tomadas "ao mesmo tempo", as categorias de atualização e as categorias de realidade manifestam uma intrínseca e radical unidade: uma unidade de atualização. Não se trata de atuidade, mas de atualização. Esta unidade, por ser de atualidade, é determinada pela realidade porque toda e qualquer atualidade é sempre e somente atualidade de realidade. Os modos de atualização, pois, são determinados intelectivamente pelo real mesmo. Certamente, a inteligência tem sua índole própria. Mas já vimos que esta índole está atualizada na e pela atualidade mesma da coisa real intelectivamente atualizada.

Portanto, esta atualidade é certamente comum à coisa real e à intelecção mesma, mas esta comunidade é modalmente determinada pelo real mesmo; em virtude disso, não só a atualização é uma *atualidade comum* ao real e à intelecção, mas esta comunidade tem, ademais, um intrínseco e formal caráter: é comunidade em que o real mesmo é fundante dela. Consiste em ser uma comunidade determinada pelo real de que é atualidade. A intelecção é certamente uma atualidade, mas enquanto intelecção é mera atualidade *do* real. E por isso a atualidade comum da coisa real e da intelecção é determinada pelo modo mesmo como o "de" está presente para a inteligência. E, como o real enquanto real é transcendental, sucede que a *atualidade comum* da intelecção e do inteligido é uma comunidade de índole *transcendental*. Kant dizia que a estrutura mesma do entendimento confere conteúdo transcendental (*transzendentaler Inhalt*) ao entendido. Não é assim. A transcendentalidade não é um caráter do entendimento, mas da intelecção enquanto determinada pelo real mesmo em atualidade comum pelo real. Esta atualidade é, pois, não só comum, mas transcendental. É, se se quiser, atualidade comum transcendental. Ou seja, a atualidade é uma comunidade em que a intelecção está respectivamente aberta ao real inteligido. E é por isso que a intelecção mesma é transcendental. Esta comunidade de atualidade não é transcendental como momento conceptivo, mas tampouco é transcendental porque constitua o real como objeto. É transcendental, antes de tudo, porque por ser comum a intelecção fica aberta à realidade na mesma abertura segundo a qual o real está aberto à sua atualidade na intelecção. Por isso há comunidade transcendental. Em virtude disso, a transcendentalidade como abertura respectiva da realidade do real é determinante pela abertura respectiva da intelecção enquanto tal. E por isso é que a intelecção mesma é transcendental. A intelecção está transcendentalmente aberta a outras intelecções. As diversas intelecções não constituem um "edifício" por acoplamento mútuo delas, ou seja, porque a uma intelecção se "acrescentam" outras que a rematam, organizam ou ampliam;

ao contrário, tudo isso tem lugar, e tem lugar necessariamente, pela índole transcendentalmente aberta de cada intelecção. A transcendentalidade como abertura respectiva da intelecção é o fundamento radical de toda "lógica" da intelecção.

As categorias de realidade e de atualização têm, pois, uma intrínseca unidade segundo dois caracteres: unidade sistemática e unidade de comunidade transcendental.

IV. *Consideração especial da categoria do "ob"*. O "ob" tem um caráter formalmente categorial. Ser objeto é um modo categorial de atualidade. Detenhamos um pouco nossa reflexão sobre esta ideia de objeto que é essencial para o problema do conhecer.

É preciso evitar antes de tudo o equívoco de confundir objeto e objetualidade. O categorial da atualização é o estar atualizado "como objeto"; não é o caráter segundo o qual o que está presente como objeto possa constituir um ou vários objetos. Objeto e objetualidade não são a mesma coisa.

As célebres categorias de Kant são modos de ser dos objetos: os diversos momentos que constituem isso que chamamos de "um objeto". Portanto, são, como as categorias de Aristóteles, categorias de conteúdo, muito diferentes das categorias de atualidade. Orientado como Aristóteles para o logos predicativo, Kant recolhe a ideia das categorias como modos de unidade de predicado com seu sujeito. A novidade de Kant está em afirmar que essa unidade não é uma unidade afirmativamente consecutiva ao objeto, senão que, ao contrário, a unidade de predicado e sujeito é o que faz que o inteligível tenha uma unidade própria em virtude da qual é objeto; o objeto se constitui como tal objeto por uma função idêntica àquela por que se constitui a afirmação mesma, que é então fundamento da unidade objetual. E é nisto que consistem, para Kant, as categorias: são os modos como o que é diverso na intuição fica unificado como objeto de intelecção. As categorias seriam momentos transcendentais da representação. Mas isso não se sustenta por vários motivos. Em primeiro lugar, porque inteligir, e em especial o inteligir racional, não é representar. A função radical da razão não é ser representativa, mas ser fundamentante. É verdade que esta intelecção comportará, ou ao menos pode comportar na maioria dos casos, representações; mas a função formal da razão não é representar, e sim apresentar. As categorias não são modos de representar, mas modos de apresentar. E, em segundo lugar, é claro que a ideia kantiana do representado entraria nas diferentes categorias de "re". E isso não é suficiente para constituir o "ob".

Kant formulou o problema da constituição dos objetos, mas escorregou no problema da objetualidade enquanto tal, no "ser-ob". É que Kant entende por objeto o conteúdo dos objetos. Não importa para este problema que este conteúdo seja meramente formal; sempre se tratará de conteúdo. Pois bem, a objetualidade não é um conteúdo, mas um modo de atualização de um conteúdo. Não se trata de "um objeto", mas da "objetualidade".

E neste ponto Kant coincide com Aristóteles: conduz o problema das categorias pela linha das categorias de conteúdo da realidade. Neles é diferente o sentido das categorias de realidade, mas eles coincidem em alguns caracteres próprios que para ambos constituem o sistema das categorias de realidade: a aprioridade, o fechamento, a universalidade. Para Aristóteles e Kant, sobretudo para Kant, as categorias de realidade constituem o esboço *a priori* do categorizado. Não é este o lugar para discutir detidamente este grave problema. Mas desde já quero deixar assentado que as categorias de conteúdo não são um sistema *a priori*, mas modos do que costumei chamar de função transcendental do talitativo, do real talitativamente considerado. Portanto, dependem do real e não são condições *a priori* do real. Em segundo lugar, as categorias de realidade não são sistemas fechados, porque a função transcendental é em si mesma uma função essencialmente aberta. O real pode ir constituindo não só outras coisas reais, ou seja, não só talidades diversas, mas também outros modos de realidade enquanto realidade. Por isso, a ordem transcendental é uma ordem dinamicamente aberta. E finalmente, em terceiro lugar, o sistema das categorias de conteúdo não é universal. Aristóteles determinou suas categorias como modos das substâncias, mas sobretudo e em primeira linha das substâncias sensíveis. Kant plasmou suas categorias sobre as coisas que constituem o objeto da Física de Newton. E isto é uma patente unilateralidade, trate-se de Aristóteles ou de Kant. Não se podem estender as categorias de conteúdo das coisas físicas, sejam substâncias, sejam objetos sensíveis, a todo e qualquer outro tipo de realidade. Por isso, não se alcança a universalidade das categorias de conteúdo mudando o conceito de realidade, dizendo, por exemplo, que a realidade das coisas que estão aí formam a ordem de um movimento cósmico. É que em qualquer caso, e por mais rico que seja o elenco de nossos conceitos, o sistema das categorias de conteúdo não é, a meu ver, universal: cada tipo de conhecimento tem suas próprias categorias de conteúdo. É impossível reduzir as categorias do histórico e do pessoal ao natural, etc.

II. Transformação de coisa campal em objeto real

Depois do já dito, este ponto será tratado brevemente. O objeto, isto é, a realidade objetual, não é uma interpretação nem nada semelhante; é termo de apreensão. A coisa real é um *positum*, mas sobre o fundo da realidade profunda; portanto, a coisa real adquire um caráter de "ob". Essa transformação é, pois, de ordem categorial, de categorias de atualização. Não se trata de elaborar uma representação, mas de atualizar outro modo de apresentação. Por isso, repito, a transformação de coisa real em objeto real é categorial. A coisa real campal, atualizada já como real *na* apreensão primordial, e re-atualizada campalmente *entre* outras e *por* outras coisas em forma de afirmação, está projetada agora sobre o fundo da realidade profunda, sobre um âmbito atualizado por sua vez como *por*, isto é, sobre um âmbito de fundamentalidade. O campo da coisa real abre-se para um "mundo" em que está fundamentado. Então e somente então é que a coisa real campal adquire o caráter de objeto real. *O "ob" não é senão a atualização da coisa campal como coisa mundanal.* Só há "objeto" nesta atualização, ou seja, na intelecção racional, no conhecimento. O inteligido em apreensão primordial e o inteligido afirmativamente não são formalmente objetos. Só é objeto o inteligido racionalmente. Esta abertura de campo para mundo é uma abertura que leva não ao que é uma coisa campal já inteligida "para" [*hacia*] outras do campo, senão que aquilo a que nos leva é o que é essa coisa campal inteligida agora "para" o mundo, "para" a realidade fundamental.

Em virtude disso, a transformação de coisa real em realidade objetual tem caracteres precisos:

a) É uma transformação não no modo de representar o real, mas em seu modo de apresentar-se. A objetualidade é termo de uma transformação tão somente de atualidade categorial.

b) É uma transformação na linha do "para" [*hacia*]: o "para" campal transforma-se em "para" o profundo.

c) Esta transformação é determinada pelo real mesmo, porque o "para" [*hacia*] é modo de realidade. O real campal em seu "para" é o que nos apresenta isso real em "para" o profundo.

Qual é o caráter desta transformação? Esta transformação concerne "ao mesmo tempo" à intelecção e à coisa real. No que concerne *à intelecção*, a transformação não consiste numa mudança no ato de intelecção enquanto ato. É uma transformação que determina na intelecção algo que é menos que ato mas é mais que a mera capacidade. Esta modalização é justamente o que constitui a *atitude*. Objeto não é termo de representação, mas termo de atitude intelectiva. A transformação consiste, pois, intelectivamente, na mudança de ato em atitude. O "ob" constitui-se intelectivamente como termo de uma atitude.

Esta transferência também *concerne ao real*. O "ob" é remetente. O "ob" é um modo de atualidade, e, portanto, como toda e qualquer atualidade, é sempre e somente atualidade do real.

O "ob" categorial nos apresenta não "um" objeto; apresenta-nos uma *res objecta*, uma *res* em "ob". Em virtude disso, o que nesta nova atitude está atualizado, ou seja, o que se vai inteligir racionalmente, não é a *res objecta* enquanto *objecta*, mas a *res objecta* enquanto *res*. O "ob" tem apenas caráter remetente, e remete à realidade de que é atualidade. Na atitude intelectiva está atualizado o real mesmo em "ob"; mas é sempre atualização do real. A transformação recai, pois, formalmente apenas sobre a atualização em atitude. O conhecimento, repito, não é uma representação das coisas, mas uma atualização delas nessa nova atitude do "para" [*hacia*].

Nessa atitude, o real fica objetualmente projetado sobre o fundo profundo; isto é, fica atualizado como realidade mundanal. Esta projeção e, portanto, o conhecimento mesmo podem ser de índole muito diversa. Eu já o disse. Conhecimento não é só ciência, mas tampouco é principalmente ciência. Há outros modos de conhecimento, como, por exemplo, o conhecimento poético, o conhecimento religioso, etc., como há também outras realidades conhecidas que não são coisas, como, por exemplo, a realidade pessoal própria ou alheia. Pois bem, o conhecimento não é principalmente teórico, e não o é porque não é radicalmente teórico. O radical do conhecimento está na atitude do "para" [*hacia*] determinado pelo real mesmo, uma atitude em que o real fica atualizado em "ob". Tudo o mais não são senão modalizações desta estrutura radical.

Aí está, portanto, o que é objetualidade e o que é a atitude que determina a transformação de coisa real em objeto real.

Esta objetualidade é somente correlato categorial de uma atitude em que o real fica atualizado em "ob" projetando-o – tão só projetando-o – sobre o mundo como âmbito de fundamentalidade. Isto real já está previamente atualizado como "em" e como "re". Portanto, sua projeção sobre o âmbito de fundamentalidade deixa aberta a intelecção do fundamento dessa realidade objetual como momento do mundo. Ou seja, o conhecimento é sempre intrínseca e formalmente problema aberto. Não basta que o real campal se atualize para nós como objeto. O real campal se atualiza para nós como objeto precisamente para buscar intelectivamente sua índole profunda. Para isso é necessário que esta índole seja acessível à intelecção. Como? É o segundo ponto da estrutura formal do conhecer: depois da constituição da objetualidade, o acesso ao fundamento do real.

§ 2. O método

Com o real campal projetado sobre o fundo da realidade profunda, sobre o mundo, é como buscamos a intelecção racional do campal, isto é, seu conhecimento. O conhecimento é busca. Repito que não se trata da busca de uma intelecção; trata-se de uma intelecção que é inquirente enquanto intelecção; é o inquirir mesmo como modo de intelecção. Como ser intelecção é ser mera atualização do real, sucede que a busca é uma atualização levada a efeito nesse modo de atualizar que é a inquirência. Embora eu já o tenha dito, repito-o agora porque é algo essencial para o tema que vamos tratar.

Onde buscar aquela atualização? Já o vimos: no mundo. Mundo é a respectividade do real enquanto real. E neste sentido é que algo é para além do campo: o campo é respectividade, mas é justamente a respectividade sentida, o mundo sentido. Ir para além do campo é ir do "campo" para o "mundo". Este mundo não é formalmente algo buscado, mas algo dado. O mundo está dado não como algo que está aí "defronte de" mim, mas nesse modo de realidade que é o "para" [*hacia*]. Por isso é que o mundo é formalmente um "para além do" campo. No mundo assim atualizado é que se busca o que racionalmente queremos inteligir, o que queremos conhecer.

Que é o que se busca no mundo? Busca-se o real mundanalmente considerado. A realidade mundanal está atualizada precisamente como um "estar-fundamentando". O mundo é, assim, âmbito de fundamentalidade. E justamente por isso é que o mundo, o para além do campo, é realidade profunda. Profundidade não consiste em não sei que misteriosa raiz, mas em ser o "por" do campal mesmo enquanto mundanal. Portanto, o que nesta marcha do campal para o mundanal se busca é o fundamento do campal. Fundamento, já o disse várias vezes, não é forçosamente causa, mas o modo segundo o qual aquilo que é fundamento funda desde si mesmo o fundado e transcorre formalmente no fundado. Causa é apenas um modo de fundamento. O fundamento é por isso, em última instância, o mundo na coisa real. O que se busca é, pois, este fundamento. *Não se busca o mundo, mas o fundamento do real no mundo, transformando a realidade campal em realidade objetual*. Tampouco se busca o objeto. Mundo e objeto não são o problemático. O problemático é sempre e somente a realidade objetual enquanto realidade no mundo. Isto problemático é o que se busca: o fundamento desta coisa campal determinada.

Em virtude disso, surge a pergunta: *como* se busca o buscado, isto é, o fundamento no mundo? Este "como" é estrita e formalmente um modo intelectivo. Pois bem, o "como" da busca do fundamento no mundo é o que constitui o *método*. Método é um abrir caminho no mundo, um abrir caminho para o fundamento. Método é, portanto, *via* do conhecer enquanto tal. A necessidade e a índole do método não são apenas uma espécie de necessidade humana. Naturalmente, são-no. Mas esta necessidade se funda num momento essencial da realidade, na abertura constitutiva do real, justamente em sua respectividade. Como âmbito de respectividade, o mundo é aberto; portanto, como momento de respectividade de cada coisa real, a realidade é aberta em cada coisa. E justamente esta abertura é aquilo em que se inscreve o "como" da busca do fundamento, é aquilo que transforma o movimento intelectivo numa marcha no real. Método é uma via. Nem o mundo nem o objeto real são problema, dizia eu; problema é a via do objeto real para seu fundamento.

Então é forçoso perguntarmo-nos: que é mais precisamente método? E qual é sua estrutura intrínseca e formal? São os dois pontos que temos de examinar.

Aqui nos perguntamos em que consiste ser método. Não nos perguntamos ainda o que é um método determinado; isto veremos mais tarde. O que agora nos perguntamos é em que consiste ser método como momento da intelecção racional, isto é, em que consiste o momento metódico da razão.

I. O que é método

Método não é sinônimo do que se costuma chamar de método científico. O ser científico não é senão uma possível modalização do que é ser método. Método é algo mais radical: é via de acesso. O conceito de via, *hodós*, provavelmente foi introduzido em filosofia por Parmênides. Mas para o método não é suficiente o ser via. É preciso que seja uma via "entre, através das" formas de realidade. É preciso que seja uma via em *metá*. Só então teremos o que constitui o método. O método é problema porque não está univocamente determinado. Justamente porque não o está é que há um *metá*, isto é, um abrir caminho.

Que é este método enquanto intelectivo? É a questão essencial. A coisa não está resolvida com somente dizer que método é uma via de acesso. É preciso esclarecer em que consiste o caráter intelectivo do método mesmo.

Para isso recordemos o que é o abrir caminho, o que é a via que a inteligência abre para ir desde a coisa real campal para seu fundamento mundanal. A via é traçada entre dois pontos: a coisa real campal e seu fundamento mundanal. Trata-se evidentemente da coisa real e de seu fundamento real, mas inteligidos, atualizados em intelecção. Portanto, o método é a via de acesso de uma atualização do real para outra. Como dissemos, conhecimento é a intelecção buscando-se a si mesma. E o que se busca é uma nova atualização intelectiva da própria coisa real campal.

É bem possível que o conteúdo do fundamento seja outra coisa de alguma maneira numericamente diferente da coisa campal; mas é inteligida sempre e somente como fundamento da coisa campal. Portanto, trata-se a rigor de uma nova atualização da coisa campal: ela fica atualizada não como campal, mas como mundanal. Ficar atualizada como mundanal não é a mesma coisa que ficar atualizada como um estar no mundo. Isto seria "ser". Aqui se trata tão somente da realidade enquanto respectiva nessa respectividade que constitui o mundo. E, como toda atualização é atualização de realidade, sucede que em última instância o que se faz é inteligir mais profundamente o real. Ou seja, método é uma via na realidade. O momento de realidade é decisivo. Certamente se trata de realidade atualizada, mas atualizada como realidade. O método é um abrir caminho na realidade mesma para sua mais profunda realidade. Aqui, intelecção é tomada em seu sentido mais radical, em seu sentido primário: é a mera atualização do real. Portanto, não se trata de nenhuma atualização especial, como, por exemplo, a do juízo, mas de mera atualização seja qual for o seu modo. A mera atualização não exclui nenhum, mas não se identifica com nenhum. O método é a via desde uma atualização do real (a atualização campal) para outra atualização dele, a atualização mundanal, e consiste formalmente em ir atualizando o real desde a sua primeira atualização para a segunda. E este ir atualizando é a intelecção inquirente enquanto intelecção: é um ir inteligindo. Antecipando uma ideia que exporei ainda nesta mesma seção, direi que o conhecimento parte de uma atualização do real em apreensão primordial senciente, e termina numa atualização em provação física, isto é, também senciente, de realidade. O caminho que vai da primeira para a segunda é justamente a razão inquirente, e esta, enquanto caminho, é o método. Método, repito, é uma atualização inquirente da realidade.

Apesar da insistência, era essencial repeti-lo porque a ideia de método se presta a graves confusões. Correntemente se entende por método a via que conduz de uma verdade a outra, entendendo por verdade um juízo verdadeiro; portanto, o método seria um raciocínio que leva de um juízo verdadeiro a outro. Mas isso me parece insustentável por três motivos.

a) Em primeiro lugar, o método não é via de uma verdade para outra, mas de uma realidade inteligida, atualizada, para outra atualização dela. O método não é via de verdade, mas via de realidade. Certamente, trata-se de realidade atualizada, mas é sempre realidade. Portanto, o método como via é uma via não na verdade do conhecimento, mas na realidade.

b) Em segundo lugar, a intelecção que aqui entra em jogo não é um juízo. Certamente a realidade atualizada é uma verdade. Mas não é verdade de um juízo. A intelecção em que o método se constitui é a intelecção do real como *verdade real*, não como verdade lógica. No método há juízos, evidentemente; todavia, não é o juízo, mas a verdade real, o que determina o caráter metódico da intelecção.

c) Em terceiro lugar, a via mesma, o método mesmo, não consiste em ser um raciocínio. Não é o acesso de um juízo verdadeiro para outro juízo verdadeiro, porque o que se busca não é outro juízo, mas outra atualização. A identificação de método com raciocínio, que correu há séculos por todos os livros de lógica, é a meu ver insustentável. Caiu-se nela precisamente em razão do que várias vezes chamei neste estudo de "logificação da intelecção". Isso é impossível. Certamente o método é via, e como tal é uma via que há de ser percorrida; é um discorrer. Mas é um discorrer em sentido etimológico, é um "dis-correr", não é um "discurso" lógico. O discurso lógico, o discurso do raciocínio, é tão somente um tipo de "discorrer". Mais ainda, o raciocínio enquanto tal não é método. O raciocínio tem suas leis próprias, como as tem a estrutura do juízo. Mas essas leis estruturais não são método. O método certamente há de se conformar com as leis estruturais da intelecção lógica. Mas essa conformidade não é nem pode ser método que conduz a um conhecimento, isto é, a uma nova atualização do real. As leis lógicas, a lógica inteira, é *órganon* do conhecimento, mas não é *método*. E para compreendê-lo basta-me citar dois casos em que a lógica corrente costuma identificar método e raciocínio: a dedução e a indução.

A dedução, diz-se-nos, é o método de algumas ciências, como, por exemplo, a matemática. Pois bem, a meu ver isso não se sustenta. E isso não só porque há um tipo especial de indução matemática, senão porque a dedução concerne à estrutura lógica do *pensar matemático*, mas não concerne à *atualização do real matemático*. Para isto não bastam deduções rigorosas; é preciso "fazer" a dedução operando, transformando, construindo, etc., "na realidade matemática". Só isto é método matemático; não o é a dedução lógica. Portanto, a dedução por si mesma não é método, mas estrutura lógica, e ademais não é método matemático. Não há método dedutivo. Só há estruturas dedutivas dos juízos; no nosso caso, dos juízos matemáticos. O raciocínio matemático, a dedução, é uma estrutura lógica, mas não é um método matemático.

O outro caso típico de confusão entre método e raciocínio é de signo inverso: consiste em fazer da indução um raciocínio indutivo. E isso é impossível, não só em princípio, mas também de fato. Nunca se conseguiu estruturar um raciocínio indutivo. Para isso, seria preciso pelo menos que se enunciasse o que se costuma chamar de o princípio de indução. E isto, com efeito, não nunca foi conseguido satisfatoriamente, nem sequer recorrendo-se ao cálculo de probabilidades para excluir os erros ocasionais da experimentação. Portanto, de fato não existe um raciocínio indutivo. Em contrapartida, a indução existe como método estrito e rigoroso. Parte-se do real atualizado em fatos e vai-se por repetição (conforme a lei dos grandes números) dos resultados experimentais para um enunciado geral. Este enunciado enuncia a atualização do fundamento. Deixo de lado que esta enunciação seja ou não verdadeira. Disso nos ocuparemos depois. Só me importa sublinhar aqui que o método indutivo é método, mas não um raciocínio.

Na matemática temos um raciocínio dedutivo que por si mesmo não é método; na indução temos um método que por si mesmo não é raciocínio.

Isso não significa que na intelecção racional não haja raciocínios. Há-os e tem de havê-los forçosamente, assim como há juízos. Pretender o contrário seria, mais que uma impossibilidade, uma estupidez. Mas nem os juízos nem os raciocínios são o que formalmente constitui método. O raciocínio é uma estrutura lógica que o método tem de respeitar. Mas isto é questão de lógica. E a lógica por si mesma nunca é, nem pretende ser, fonte de verdade. Em contrapartida, o método é essencialmente, ou ao menos pretende sê-lo, fonte de verdade, dado que se move na realidade. Por isso uma filosofia da inteligência não é um tratado de lógica. Só a lógica se ocupa do raciocínio. A filosofia da inteligência não se ocupa do raciocínio, mas essencialmente se ocupa do método.

O método como via é um momento intrínseco e formal da intelecção racional. Enquanto tal, é sempre e somente uma via na realidade, seja na realidade dada, seja na realidade postulada.

Eis assim esclarecido, de alguma maneira, o nosso primeiro ponto: ser método é ser a atualização inquirente enquanto inquirente, é a atualização vial do fundamento do real campal. É uma marcha intelectiva na realidade, não é uma marcha lógica na verdade. Qual é a estrutura deste método? É o segundo ponto que anunciei.

II. Estrutura do método

Não se trata de discutir um método, mas de estudar a estrutura do momento metódico da intelecção racional. Este momento metódico é constituído por três passos essenciais.

1. Sistema de referência

Antes de tudo, para que haja um conhecimento não é suficiente que haja um objeto real que se vai conhecer e um cognoscente que o intelija. Nenhum conhecimento seria possível somente com isso. É absolutamente necessário que a intelecção seja levada a efeito inteligindo o objeto real em função de outras coisas reais previamente inteligidas no campo, isto é, referindo-se aquele objeto a estas coisas reais. Isso é inexorável, e é necessário sublinhá-lo porque é um ponto pelo qual se costuma passar por alto. Nenhum conhecimento existe sem se inteligir previamente um sistema de referência. Eis o primeiro passo de todo e qualquer método: o estabelecimento do *sistema de referência*. É algo necessário não somente de fato, mas por ser algo formalmente constitutivo do método.

Já deparamos com algo parecido ao estudar a intelecção campal. Inteligir o que uma coisa real é em realidade não pode ser feito sem se inteligir a coisa real "desde" outras coisas do campo. Mas o "desde" campal não é idêntico ao que chamei aqui de sistema de referência. Em ambos os casos, trata-se certamente de um "para" [*hacia*]. E nisto consiste a similitude dos dois "desde". Mas o caráter dos dois é radicalmente diferente. Na intelecção campal, o "para" é um "para" entre as coisas do campo, e portanto inteligimos o que uma dessas coisas reais é em realidade desde outras que existem no campo. Na intelecção campal, intelige-se o que algo "é em realidade"; portanto, é, no fundo, uma intelecção de constatação. O "desde" é um elenco de constatações do que a coisa real "seria". E, se há construção, é sempre uma construção do que seria constatável. Em contrapartida, na intelecção racional não se intelige o que algo "é em realidade", mas aquilo "por que algo é realmente na realidade, no mundo". Então, as coisas desde as quais se intelige este "por" não são um elenco de "serias" constatáveis; são apenas um sistema de referência desde o qual ir para o que "poderia ser". O duplo sentido do "para" estatui assim um duplo modo da intelecção: a intelecção do que algo é em realidade campal e a intelecção daquilo por que algo é real no mundo, do que algo é na realidade universal. O primeiro, inteligimo-lo "desde" um elenco de coisas constatáveis; o segundo, "desde um mero sistema de referência".

O que é este sistema de referência? E qual é seu caráter?

Antes de tudo, o que é este sistema de referência. Vimos que a intelecção racional se apoia no previamente inteligido, e que este apoio é justamente princípio canônico de intelecção. Pois bem, este princípio canônico é o que constitui o sistema de referência.

Naturalmente, este princípio canônico não está por si mesmo univocamente determinado. Mas sempre tem de haver algum, e algum determinado pelo campo. E isto é agora o essencial. O princípio pode ser e é muito variado; vê-lo-emos em seguida. Mas esta sua principialidade tem um preciso caráter formal: estar determinada campalmente. Portanto, em última instância é o campo mesmo em sua totalidade campal o que constitui o sistema de referência para a intelecção mundanal. Pois bem, o campo é princípio por seu momento de realidade. A realidade campal é sistema de referência para a realidade mundanal na medida em que essa realidade campal é realidade. E isto é óbvio, porque campo e mundo não são dois estratos numericamente independentes: o campo, dizia eu, é o mundo sentido. Pois bem, o campo, o sentido do mundo, é o sistema de referência para a ativa intelecção do mundo. Por isso todas as "ingenuidades" da razão se reduzem sempre a uma mesma coisa: a pensar que o mundo é formalmente idêntico ao sentido dele, ao campo. O campo seria, então, a estrutura formal do mundo. E é nisto que reside a ingenuidade. O campo não é de per si estrutura do mundo, mas mero sistema de referência. E o é porque o campo é real. O que sucede é que é tão só campalmente real. E por seu momento de realidade é que esta realidade campal constitui princípio de intelecção racional. Este campo como sistema de referência tem, pois, um momento em que quero insistir ainda. Não se trata, com efeito, de que o real campal nos dê somente "ideia" do que é realidade. Ele no-la dá, certamente, mas isso é algo secundário (por ser derivado) para nosso problema. Não se trata somente de um "conceito" de realidade. Porque o campo como sistema de referência não é formalmente um conceito da realidade: é a "realidade" campal mesma em sua própria e formal índole física de realidade. É a realidade física do campo o que, conquanto física, constitui o sistema de referência para a intelecção dessa mesma realidade mundanalmente inteligenda. Esta intelecção é, portanto, uma atividade que intelectivamente se move na realidade mesma.

Suposto isso, qual é o caráter deste sistema de referência? Naturalmente, não tem caráter representativo. Envolve certamente um sistema de representações porque as coisas campais já estão "presentes" e é desde elas que tentamos apresentar o fundamento; neste caso, e somente neste, são "re-presentação" deste fundamento. Mas sua função formal enquanto sistema de referência não é representativa, porque essas representações não apresentam o fundamento por ser representação: apresentam-no apenas "por" fundarem a coisa sentida, ainda que seja derrogando, para isso, todo o conteúdo da representação. A representação tem assim uma dupla função: a função representativa e a função direcional. Só esta segunda faz dela um sistema de referência. O sistema de referência fornece representações, mas a referência mesma não é representatividade. Esta função direcional é de índole precisa. É o que antes chamei de função fundamentante. A função fundamental, a função do "por" tem caráter direcional e, além disso, não tem mais que caráter direcional. As representações, com efeito, podem conduzir a um "por" que derrogue a representação ou que até deixe em suspenso todo e qualquer possível conteúdo representativo do fundamento. *Conhecer nunca é representar.*

Que é esta direcionalidade? E qual é seu estatuto cognoscitivo?

a) A intelecção racional é, como vimos, uma atividade; ativada pelo real, mas atividade. Portanto, o "para" [*hacia*] da intelecção racional é um "para" ativo, que vai ativamente para o profundo. O sistema de referência consiste apenas no traçado da direção concreta do "para" da atividade. Antes chamei o previamente inteligido de "apoio". Agora vemos que ser apoio consiste em ser referência direcional. Direcionalidade é concreção do "para" mundanal da atividade.

E isto é essencial. Conhecimento é antes de tudo precisão e exatidão, mas é uma linha direcional. Não se trata formalmente de precisão e exatidão na linha dos conceitos e das expressões. É bem possível que com conceitos e expressões não univocamente realizadas representativamente marquemos, no entanto, uma direção extremamente precisa. Neste caso, aqueles conceitos e expressões são apenas indicações parcelares da realidade profunda, mas segundo uma direção muito precisa em si mesma. Tal acontece, por exemplo, na física quântica. Os conceitos de corpúsculo e onda não são senão representações parciais de algum aspecto do real profundo. Sua função reside em que esta parcialidade se inscreve numa direção precisa *que a supera*. Não é tão só "complementaridade", como queria Bohr; é "superação". O mesmo se deve dizer de outros conhecimentos, como, por exemplo, o conhecimento das realidades pessoais e das realidades vivas em geral. Os conceitos e expressões de que nos servimos não são senão aspectos dentro de uma direção muito precisamente determinada não somente para o que queremos inteligir; trata-se também de direção do que já estamos inteligindo.

b) Daí o estatuto cognoscitivo, por assim dizer, da intelecção racional. O conhecimento não é um sistema de conceitos, proposições e expressões. Isso seria um absurdo conceptismo, ou melhor, um logicismo, no fundo, meramente formal. E, ademais, seria intelecção campal, mas não conhecimento. O conhecimento não é somente o que concebemos e o que dizemos; é também, e em primeira linha, o que queremos dizer. A linguagem mesma não é, para os fins da intelecção, algo meramente representativo. E não me refiro com isso a que a linguagem tenha uma dimensão diferente daquela por que é expressão do inteligido. Isso é óbvio, e é uma trivialidade. O que estou dizendo é que precisamente como expressão da intelecção racional, e dentro desta intelecção, a linguagem tem, além de uma possível função representativa, uma função diferente da meramente representativa. Por isso o estatuto cognoscitivo do sistema de referência não é servir para uma intelecção constatativa, mas é algo diferente. Antecipando ideias que exporei imediatamente, direi que na intelecção racional e em sua expressão não se trata de *constatar* a realização de representações, mas de *experienciar* uma direção, para saber se a direção empreendida é de precisão conveniente ou não. O que o sistema de referência determina não é uma constatação, mas uma experiência. Se assim não fosse, o conhecimento jamais teria seu mais apreciado caráter: ser descobridor, ser criador.

Daí o erro em que, a meu ver, está radicalmente viciado o positivismo lógico.

Em primeiro lugar, o conhecimento, ou seja, a intelecção racional, não é um sistema de proposições logicamente determinado. Isso seria no máximo – e nem sempre – a estrutura da intelecção campal, mas de modo algum a estrutura da intelecção racional. A intelecção racional, o conhecimento, não é formalmente intelecção campal, mas intelecção mundanal. O positivismo é apenas uma conceituação – e incompleta – da intelecção campal, mas é cego para a intelecção mundanal, cujo caráter estrutural essencial é a direcionalidade. O conhecimento é uma intelecção dirigida para o mundo desde um sistema de referência. A estrutura formal do conhecimento não se reduz à estrutura formal dos *lógoi*, mas envolve o momento essencial de uma referência direcional. Não bastam enunciados de sentido unívoco. Deixo de lado, por hora, o que o positivismo lógico entende por sentido verificável.

Em segundo lugar, esta direção é direção de uma marcha. À essência do conhecimento compete a inquirência. Não se trata de uma marcha para o conhecimento; trata-se de que o conhecimento mesmo é marcha intelectiva: a marcha é justamente seu modo de intelecção próprio. O positivismo limita-se aos enunciados lógicos desta intelecção. Mas esses enunciados são apenas sua expressão lógica; não constituem a estrutura formal do conhecimento que é marcha intelectiva.

Em terceiro lugar, esta marcha é criadora. O positivismo lógico é cego para esta dimensão criadora do conhecimento. Porque criar não é enunciar novas proposições, mas descobrir novas direções de marcha intelectiva. Por isso é que o estatuto cognoscitivo da intelecção racional não é ser constatação "unívoca", mas direção "fecunda" para o real mundanal. A fecundidade não é uma consequência da intelecção racional, mas um momento formalmente estrutural dela.

Certamente, creio que hoje a filosofia necessita, talvez mais que nunca, de precisão conceitual e de rigor formal. A filosofia moderna é, neste aspecto, fonte de inumeráveis confusões que ensejam falsas interpretações. Sempre o sublinhei muito energicamente: é preciso a reconquista da exatidão e da precisão nos conceitos e nas expressões. Mas isso não significa nem remotamente que esta analítica da função lógica, precisa e exata, seja a estrutura do conhecimento. Porque o mundo não tem uma estrutura lógica, mas uma respectividade real. E só por isso o conhecimento é o que é: a marcha para o sistema da realidade.

É dentro deste sistema que a atividade inquirente do pensar racional dá seu segundo passo essencial.

2. Seu termo formal

Qual é o termo formal desta atividade metódica? Já o vimos: é o que a coisa campal "poderia ser" mundanalmente. O termo formal da atividade cognoscente é o fundamento do real como possibilidade. Para os fins da intelecção racional, o âmbito da fundamentalidade, o mundo, é por enquanto âmbito das possibilidades de fundamento. O mundo certamente é realidade; é a respectividade mesma do real como real. Mas esta realidade, para os fins do conhecimento, é somente âmbito de intelecção do fundamento. E como intelecção é atualização, sucede que a atualidade do mundo na intelecção é atualização de todas as possibilidades de fundamento. Mas isso necessita de algumas precisões maiores.

Trata-se de possibilidades. São possibilidades reais, isto é, possibilidades que se constituem atualizadamente como tais na intelecção do mundo real (valha o pleonasmo). Que são estas possibilidades reais? Antes de tudo, são possibilidades no sentido de que são aquilo que o real talvez "poderia ser" mundanalmente. Já vimos isto. Não se trata de um mero "seria", mas de um "poderia ser", isto é, de um positivo modo de possibilitação do real. O real não é somente o que é, mas é algo real modalmente constituído desde o seu próprio fundamento, desde as suas próprias, intrínsecas e formais possibilidades reais. Enquanto possibilidades, são em si mesmas algo irreal; mas o irreal, realizado como fundamento da realidade, é a possibilidade mesma do real, o que intrínseca e formalmente o está possibilitando. O real é algo essencialmente possibilitado. Não é que a possibilidade seja anterior à realidade, senão que o modo de realidade do mundanal é ser real possibilitado: possibilidade é apenas modo de realidade. Por quê? Por sua própria inserção mundanal. Neste sentido, possibilidade não é anterior ao real, mas um momento modal de sua respectividade mundanal. Por isso, mais que de possibilidade, falo de possibilitação.

Mas esta possibilitação tem também outro aspecto essencial. Toda atualização intelectiva o é de realidade, mas é ao mesmo tempo intelectiva. Pois bem, tratando-se de uma intelecção racional, a intelecção mesma é atividade. Disso resulta que a possibilidade do "poderia ser" é "ao mesmo tempo" possibilidade do "poderia ser" da coisa real e do "poderia ser" da intelecção. Esta intelecção é atividade inquirente. Portanto, neste segundo aspecto, as possibilidades adquirem o caráter daquilo que chamamos de as possibilidades de minha atividade, coisa perfeitamente diferente de minhas potências e faculdades. O sistema de referência, dizia eu, é o traçado concreto do "para" [*hacia*]. A atividade apropria-se provisoriamente de algumas possibilidades como possibilidades do que a coisa poderia ser; e, ao apropriar-se delas, aceita um traçado concreto de sua marcha inquirente como momento de sua própria atividade. No curso de sua história, o homem não só descobre o que as coisas são e poderiam ser mundanalmente, mas descobre também as possibilidades de que minha intelecção possa adquirir nova forma de intelecção racional. Nós temos possibilidades intelectivas que os gregos não tinham. Não é só que não tenham sabido muitas das coisas que nós sabemos; tampouco puderam sabê-las como nós podemos sabê-las e as sabemos. Os dois momentos são diferentes. Com as mesmas intelecções, inteligimos diferentes fundamentos possíveis da coisa real. Reciprocamente, há fundamentos possíveis que não podem ser inteligidos sem que se iluminem novas possibilidades de intelecção. Possível, como momento formal da intelecção racional, do conhecimento, é "ao mesmo tempo" o que a coisa poderia ser (o que é seu próprio fundamento) e o que é uma possibilidade minha de conhecer, não no sentido de ser termo de uma atividade, mas no sentido de serem possibilidades que esta ação tem formalmente em si mesma como ação. Possível é unitariamente "o possível" e "as possibilidades".

Como está atualizado isto possível? A unidade dos dois aspectos está atualizada nesse momento estrutural da atividade intelectiva que é o esboço. A intelecção racional intelige o que é possível (em seus dois aspectos) referido ao sistema de referência. E é esta referência o que constitui o *esboço*. Dito mais radicalmente, esboço é a conversão do campo em sistema de referência para a intelecção da possibilidade do fundamento. A possibilidade sentida, enquanto sentida, é, como vimos, sugestão. A possibilidade sentida como sistema de referência é esboço. Naturalmente, todo e qualquer esboço se funda numa sugestão. No entanto, sugestão e esboço não se identificam. A intelecção senciente enquanto tal sugere. Mas só há esboço na sugestão se a intelecção senciente estiver em atividade. É o momento de atividade o que distingue o esboço da sugestão. Só uma inteligência senciente conhece em esboço; o esboço só é esboço para o conhecimento. Reciprocamente, uma inteligência senciente só pode conhecer esboçando. No nosso problema, esboçar é um ato pura e formalmente intelectivo. Esboçar, com efeito, é próprio da atividade intelectiva, e esta atividade é um modo da intelecção: é a intelecção ativada pelo real mesmo. Por conseguinte, não se trata aqui de uma atividade humana "aplicada" à intelecção nem nada similar. A atividade é intelecção ativada pelo real, e o esboço como ato desta atividade é algo formalmente intelectivo. É a intelecção mesma do possível fundamento. O fundamento só nos é cognoscível esboçando. Porque o esboço é a forma concreta de iluminação de possibilidades (reais e de intelecção). É só numa atividade esboçante que a realidade pode atualizar-se como possibilidade tanto real como de intelecção. Esboçar é uma forma de inteligir.

Como se esboça a atualidade do real em sua possibilidade? As possibilidades não se esboçam senão enfrentando-se com o real campal em atividade intelectiva, isto é, inteligindo o campal como objeto real mundanal. Este enfrentamento é o que de um lado converte o real em fundamentável; ou seja, é o que constitui o real contra o fundo de sua possibilidade. Mas há algo mais. A possibilidade assim iluminada tem conteúdo próprio. Este conteúdo enquanto possibilidade é sempre algo construído: é *construção*. (Não falo da construção no sentido da teoria de conjuntos.) O esboço das possibilidades é sempre e somente um esboço construído. Nenhuma possibilidade intelectiva enquanto tal está pura e simplesmente dada. Pode ser recebida se nos for entregue; é o problema da história como transmissão tradente. Mas esta é outra questão. Porque o que aqui nos importa é que o próprio entregue seja uma construção. Pode ser, igualmente, que a construção consista apenas em aceitar como possibilidade o real encontrado. Mas, ainda neste caso, evidentemente o encontrado é convertido em possibilidade, ou seja, é algo construído; construção imediata se se quiser, mas construção. Nesta construção, cada um de seus momentos é uma possibilidade. Portanto, a construção é propriamente construção de um sistema de possibilidades.

O sistema de referência o é para a construção de um sistema de possibilidades. Cada possibilidade só é possibilitante em sistema com as demais. Já o vimos ao tratar da possibilidade como termo formal da intelecção racional. As possibilidades não se adicionam, mas se "co-possibilitam". E este "com" é o sistema. Por isso toda e qualquer alteração de uma possibilidade implica, em princípio, se não a alteração, a reconsideração de todas as demais. A crise de uma possibilidade põe em crise o sistema inteiro.

Este sistema de possibilidades não é univocamente determinado. Por isso sua constituição é uma *construção livre*. Daí todas as suas intrínsecas limitações. Limitações quanto à sua capacidade de conduzir ao fundamento buscado. Esta capacidade é a "fecundidade". O sistema de possibilidades, por ser livremente construído, é de fecundidade limitada. Mas tem, ademais, outra limitação: é um sistema escolhido entre outros. Em virtude disso, o sistema é de "amplitude" limitada. Conhecido o fundamento por um sistema de possibilidades, este conhecimento é limitado em fecundidade e amplitude. Daí sua constitutiva abertura.

Todo e qualquer conhecimento, por ser uma intelecção com um sistema de possibilidades livremente construído desde um sistema de referência, é um conhecimento aberto, não só de fato e por limitações humanas, sociais e históricas; é aberto enquanto conhecimento por necessidade intrínseca, a saber, por ser intelecção em esboço. E este é um momento formalmente constitutivo da intelecção racional enquanto tal.

O esboço deste sistema de possibilidades desde um sistema escolhido como referência é o segundo passo do método. Mas o método, como via que é, pretende conduzir a um termo: a intelecção do fundamento do real. É o terceiro passo do método, o passo final. O primeiro é o estabelecimento do sistema de referência. O segundo é o esboço de possibilidades. O terceiro é a intelecção do fundamento possibilitante do real.

3. O método como experiência

Como se intelige o fundamento possibilitante do real como realidade mundanal? Quando se intelige este fundamento, o conhecimento chegou a seu termo. É o problema do acesso ao que se quer conhecer. O método não é nada se não conduz a um acesso real e efetivo. Pois bem, com a ressalva de explicá-lo em seguida mais detidamente, direi que o acesso é formalmente *experiência*. O conhecer começa com um sistema de referência desde o qual se esboça um sistema de possibilidades que permite experienciar o que a coisa é como realidade mundanal. Para esclarecê-lo, necessitamos conceituar aqui o que é experiência, o que é que se encontra em experiência (o experienciado), e qual é o modo de encontrá-lo. Ou seja: conceito de experiência, objeto de experiência e modo de experiência.

A) *O que é experiência.* Experiência não é um conceito unívoco. Ao se falar de experiência, geralmente se pensa no que é chamado de experiência sensível. E isso é extremamente equívoco, porque o vocábulo tem diferentes significações, todas aceitáveis para a linguagem, mas não idênticas como conceituação, nem no que diz respeito a "sensível", nem no que diz respeito a "experiência", como vamos ver. Que se entende por sensível? Mas, sobretudo, que se entende por experiência?

Em um primeiro sentido, costuma entender-se, e muito geralmente, por experiência a percepção, a *aísthesis*, isto é, o sentir, e portanto as qualidades sentidas. Neste sentido, experiência se opõe ao que seria apreensão intelectiva. O chamado sensualismo, assim, entende filosoficamente que experiência é percepção (externa ou interna, pouco importa). Fazer a experiência de algo seria percebê-lo. Mas isso é absolutamente inadmissível. Se se me permite o vocábulo, direi que "experienciar" não é sentir. E isto de um modo radical. Em primeiro lugar, o sentir não sente somente as qualidades; sente também que estas qualidades são reais. Temos não só impressão do verde (a rigor, é impossível ter somente impressão de verde), mas temos impressão de verde real. O sensualismo escorregou gravemente neste ponto. O sentido na experiência não é apenas a qualidade, mas também sua formalidade de realidade. Portanto, o sentir humano é intelectivo, dado que apreender algo como real é o formalmente constitutivo da intelecção. Pois bem, em segundo lugar, nem sequer entendendo o sentir como sentir intelectivo é admissível identificar experienciar e sentir. Certamente, sem sentir não há experiência, mas sentir não é formalmente experienciar. No sentir, o sentido é algo formalmente dado. Pois bem, o experienciado não é algo dado, mas conseguido. O sensível não é senão experienciável, mas não é formalmente experienciado. O momento de conseguimento é essencial à experiência. Que significa este momento?

Pode-se pensar que experiência consiste em experiência de "uma coisa", e não simplesmente de uma qualidade. Pode ser que esta coisa seja uma qualidade, mas, como quer que seja, seria termo de experiência somente na medida em que essa qualidade seja considerada como uma coisa. Pois bem, todo o real, considerado como coisa, é, ainda no mais estável dos casos, sempre algo variável e fugaz. A experiência não seria o mero sentir, mas essa habitude do sentir segundo a qual sentimos a mesmidade de uma coisa através de suas inumeráveis variações, isto é, a habitude de sentir algo como fixo e estável. O sentir sente qualidade (eu acrescento: qualidade real), mas a experiência seria um modo de sentir uma coisa "mesma". É o conceito de experiência que Aristóteles plasmou e que chamou de *empeiría*. Aristóteles pensou que o momento constitutivo da experiência é a *mnéme*, a retentiva: a reiteração da percepção, a percepção retinente, seria a experiência. Mas isso é insuficiente. Experiência não é forçosamente isso que Aristóteles chamou de *empeiría*. Porque o percebido e retido não é apenas a qualidade, mas, como venho repetindo monotonamente, a formalidade de realidade. Aristóteles separou totalmente o sensível e o inteligível, e portanto jamais conceituou esse sentir intelectivo, cujo momento formal chamei de impressão de realidade. Experiência não é somente mesmidade empírica. A *empeiría* é apenas um modo de experiência. E a prova está em que falamos de pessoas que têm muita ou pouca experiência de uma coisa ou de uma situação. A mesmidade em questão não é, portanto, uma mera retenção empírica de qualidades nem de qualidade real, senão que o retido há de ser justamente uma coisa real inteligida (retentivamente, se se quiser) como real, não em cada uma de suas fases perceptivas, mas como real mundanalmente. O momento experiencial não é, pois, retentividade empírica, mas algo diferente. O quê? É o terceiro conceito de experiência.

Quando falamos de não ter experiência ou de ter muita ou pouca experiência de algo, não nos estamos referindo à diversidade de atos perceptivos de uma mesma coisa, ainda que seja percebida como real, mas a esse modo de apreendê-la (inclusive perceptivamente) que consiste em inteligi-la em profundidade. O conseguimento que constitui a experiência é um conseguimento de aprofundamento, não é o momento de mesmidade retentiva. Neste aprofundamento, a coisa fica atualizada como realidade mundanal. Portanto, para saber o que é experiência, temos de dizer em que consiste o aprofundamento como modo de atualização intelectiva.

Naturalmente, trata-se de uma atualização, mas não como mera atualização. Isso seria mera intelecção senciente, mas não seria experiência. É preciso algo mais que a nua realidade: é o real que atualiza o que "realmente" é. Portanto, atualizamos sua realidade referida a outras coisas que abrem um âmbito dentro do qual a coisa adquire seu possível respeito a outras coisas. Estas outras coisas também são reais em si mesmas. E, para inteligirmos o que queremos inteligir, tais coisas são as que perfilam na intelecção os traços desta coisa real. Enquanto tal, este perfil é, pois, algo em si mesmo irreal. Pois bem, por enquanto, isto irreal há de ser inteligido como inserido na coisa real; só assim será perfil dela. E esta inserção pode ter duas modalidades diferentes.

a) O irreal pode inserir-se no real atualizando-se no real como realização. É a realização do irreal no real. A intelecção consiste então em inteligir o que a coisa real é em realidade. Realizar é inteligir a realidade do "seria". É nesta realização que consiste o ser *constatação*. É a intelecção do real campalmente.

b) Mas o irreal pode inserir-se e atualizar-se no real de um modo diferente: provando se se insere. Não é constatação, ou seja, não é mera realização, mas *provação*. Inteligimos então por provação o que a coisa real é em profundidade. O que é esta provação? Sem dúvida, não é formalmente mero ensaio. É outra coisa.

Em primeiro lugar, é provação de *realidade*. Esta realidade não é a nua realidade nem é a realização, mas a realidade da coisa como momento do mundo. A realidade não é aqui campal, mas mundanal. Não é realização de um "seria", mas realização de um "poderia ser". Por isso, como veremos, esta realização é *provação*. A provação recai sobre o "para além de". É algo essencialmente diferente de uma constatação. Constata-se o que é em realidade. Prova-se o que poderia ser.

Em segundo lugar, é uma provação *física*. Não se trata de um pensamento nem de nada semelhante. Trata-se de uma provação "física". É algo não pensado, mas exercitado. É "fazer" a provação. E este exercício tem caráter essencial. É algo exercitado, mas o exercício mesmo é modo de intelecção do real em seu caráter mundanal. Enquanto exercitado é algo físico, e enquanto intelectivo é a intelecção num abrir caminho exercitando-se. Este abrir caminho é esse momento intelectivo que chamamos de *discernimento*. Provação física é, pois, exercitação discernente.

Em terceiro lugar, física e de realidade, a provação é justamente isto: provação. A coisa real converteu-se em objeto real, atualizou-se em "ob". Ou seja, é algo que está como que alçado no caminho para o mundo. O método consiste justamente em percorrer esse caminho atravessando o "ob". E isto é a provação: atravessar o "ob" para desembocar no mundo mesmo, na realidade mundanal do objeto real. O "ob" é como um porto que há que salvar, e que, uma vez salvo, nos situa na vertente propriamente mundanal. Atravessar diz-se em grego *peiráo*, em latim *perior* (que só existe em compostos). Daqui deriva o vocábulo mesmo "porto". Este atravessar o porto em que consiste a provação é, por isso, *ex-perior*, "ex-perienciar". Como aquilo que se atravessa é o "ob" de algo campal, ou seja, o "ob" de algo originariamente sentido, sucede que a provação mesma enquanto tal é radicalmente uma *exercitação discernente senciente*. Só uma razão senciente pode fazer provação.

Este momento de experiência recolhe unitariamente os dois momentos que descrevemos anteriormente: o momento de recair sobre o real em profundidade, e o momento de ser algo físico. Em virtude disso, direi que experiência é *provação física de realidade*. Experiência não é mero sentir o real, mas sentir o real para o profundo. Experiência não é mera *empeiría*, nem é mera fixação retentiva de mesmidade, mas fixação esboçante e física de realidade profunda. Experiência como provação é a inserção de um esboço na realidade profunda.

Eis a essência do encontro metódico com o real: a experiência. É um resultado paradoxal. Partimos, com efeito, do campo que é o mundo sentido, a respectividade sentida. E agora terminamos com uma provação física de realidade, isto é, com um ato de razão senciente. Isto sentido é mundo ou é campo? A pergunta constitui o paradoxo a que aludi. Pois bem, como se trata de uma intelecção discernente, a questão não pode ser formulada assim. O campo não é a estrutura formal do mundo; isso seria uma "ingenuidade". Na intelecção racional, o mundo adquire o caráter de fundamentar a estrutura formal do campo. E isso é o contrário de uma ingenuidade. O campo é o mundo como sentido. Pois bem, o que conquistamos agora é o sentido como mundo. Na marcha inicial, fomos do campo para o mundo. Na direção final, viemos do mundo novamente para o campo. Para isso, demos o rodeio do irreal como esboço. Inteligir o sentido como momento do mundo através do "poderia ser" esboçado: aí está a essência da experiência.

Que é o que formalmente experienciamos na experiência?

B) *O experienciado enquanto tal*. A experiência recai sobre a coisa real segundo seu "poderia ser", e o experienciado é então o que provisoriamente chamei de inserção ou realização do "poderia ser", ou seja, de algo irreal, no real campal. Esta inserção tem um preciso caráter cognoscitivo. Porque não se trata apenas da experiência como atividade minha de ensaio; trata-se sobretudo – e em primeira linha – de que nesta inserção se atualiza o real. Pois bem, o que se atualiza do real é justamente o "poderia ser" como fundamento seu. E o "poderia ser" como fundamento do real é somente uma forma do que chamamos de "por". E este "por" em forma de "por quê" é o objeto formal do conhecimento. Já dissemos que este termo formal é o "poderia ser". Mas, dito agora com maior precisão, o objeto formal do conhecimento é o "poderia ser" inserido ou realizado no real, ou seja, o "poderia ser" como inserido num "por". Isto é o que com rigor formal constitui o termo da experiência, é o experienciado enquanto tal. Para conceituá-lo com este rigor esclareceremos dois pontos: o que é o "por" em si mesmo, e como o "por" é experienciado. Já expus isso no começo da Segunda Parte deste estudo. Recordemos algumas ideias.

a) *O que é o "por"*. Para o conceituarmos devidamente, recordemos uma vez mais que a intelecção racional se funda referencialmente no real campalmente inteligido. E o real campal é o que nos lança para além de si mesmo. Este lançamento é o que, certamente com exatidão, mas sem maior rigor, chamamos de "dar que pensar". Já vimos que o real não só se "dá" como real na intelecção senciente, senão que este "dado-do" real nos é dado também como "dado-para" o pensar; a unidade intrínseca destes dois "dar" é justamente o "dar que pensar". O real por ser real é o que nos dá que pensar. E nos dá que pensar, como dissemos, porque a realidade é intrinsecamente aberta, isto é, nos dá que pensar, nos lança porque é aberta. Portanto, o que é preciso conceituar antes de tudo é em que consiste esse momento de abertura do real, campalmente inteligido, segundo o qual inexoravelmente nos está dando que pensar. Que é no real campalmente inteligido o que formalmente nos dá que pensar?

Quando o real está apreendido sencientemente num campo, está entre outras coisas reais deste campo. E nesta apreensão apreendemos o que cada uma delas é em realidade desde outras. Ser "em realidade", dizíamos, é a unidade intrínseca e formal do momento individual e do momento campal da formalidade do real. Pois bem, esta unidade constitui o que chamei de *funcionalidade do real*. Sua expressão é o "por". Campalidade não é adição de coisas campais, senão que o campo mesmo é formalmente funcional antes de ser aditivo. A coisa é certamente real em e por si mesma, mas é "em realidade" o que é tão somente em função de outras. Naturalmente não me refiro com isso às notas que o real tem, mas à sua realidade. O real por ser realidade campal, digo, só é real em função das demais coisas campais. Aqui o termo funcionalidade é tomado em seu sentido mais lato, e portanto sem alusão nenhuma aos muito diversos tipos de funcionalidade que possam apresentar-se.

Toda e qualquer coisa real, digo, atualiza sua realidade campalmente em função de outras coisas reais. Nada é atualizado campalmente de modo, por assim dizer, monolítico: atualiza-se somente junto a outras coisas, depois de outras, fora de outras, na periferia do campo, etc. E todas estas determinações constituem outros tantos modos de funcionalidade. Que a coisa esteja num campo é, pois, justamente um radical caráter de sua funcionalidade. Reciprocamente, a funcionalidade é formalmente um modo de inclusão na campalidade. Pois bem, não é uma funcionalidade que concerne primariamente ao conteúdo das notas do real; ela concerne à sua própria atualização como real. É a funcionalidade do real campal enquanto real. A funcionalidade é a campalidade mesma como momento determinante do individual de cada realidade. O "entre" é a expressão da campalidade. Esta campalidade, por ser excedente, *abarca* sem dúvida várias coisas reais; mas, antes disso e para isso, o campo *inclui* cada uma delas, com o que cada uma delas tem um aspecto de constitutiva funcionalidade. Por determinar um campo, a própria coisa real determinante se inclui nele ao determiná-lo. A funcionalidade é, pois, a campalidade mesma não como abarcante, mas como includente.

Portanto, a funcionalidade não consiste em que uma coisa dependa de outras, senão que a funcionalidade é a estrutura do campo inteiro precisa e formalmente porque é um momento estrutural de cada uma das coisas. Em virtude disso, funcionalidade não consiste em que A dependa de B; o que é funcional é a unidade campal mesma de A e de B enquanto realidade. A realidade campal mesma é enquanto A realidade de caráter funcional.

Esta atualização campal funcional se dá na unidade de todos os modos de realidade sentida. Mas tal funcionalidade só é inteligida em e por si mesma nesse momento campal que é o "para" [*hacia*]. A funcionalidade por si mesma está atualizada como um "para", isto é, está atualizada em cada coisa em sua realidade "para". O campal é funcional em "para". A atualização deste aspecto funcional é o que chamo de "por".

b) *Este "por" é estritamente experiencial.* Para o vermos, bastar-nos-á recolher alguns pontos do que foi dito.

aa) O sentir humano é um sentir intelectivo, e portanto o que nós, homens, sentimos são todas as qualidades sensíveis, mas em sua formalidade de realidade. O sentir, para os fins de uma filosofia da inteligência, é antes de tudo *impressão de realidade*. Realidade, pois, não é algo concebido ou inferido, etc., mas algo impressivamente dado em estrita formalidade, é o "de seu", é o dado. Está dado "fisicamente". Toda e qualquer intelecção ulterior fisicamente dada se move fisicamente nesta física realidade.

bb) Pois bem, quando esta realidade se atualiza campalmente, então o real apresenta esse momento que é a funcionalidade. A funcionalidade, repito, não consiste em que uma coisa real remeta a outra, senão que é um momento intrínseco da impressão mesma de realidade. A funcionalidade, com efeito, é a inclusão do real em seu campo impressivamente determinado. E este campo é "seu", ou seja, pertence ao real "de seu" em sua própria formalidade. A funcionalidade é, assim, um momento campal dado na impressão de realidade. Este dado está dado justamente como momento formal seu. Não se trata, pois, de uma inferência nem nada similar (já o adverti), mas é um dado imediato e formalmente dado na impressão mesma de realidade.

cc) A esta impressão de realidade compete esse modo de presença do real que é o "para" [*hacia*]. O "para" não é uma relação, mas um modo de apresentar-se o real como real. A impressão de realidade é impressão da realidade em todos os seus modos, incluindo, por conseguinte, o modo de "para". Por isso a intelecção de algo em "para" não é um juízo analítico (Leibniz) nem sintético (Hume, Kant), porque o "para" não é um momento conceitual, mas um "para" sentido. É um momento estrutural da impressão mesma de realidade. Pois bem, o "por" é a estrutura formal mesma da campalidade e compete ao campo (como eu já disse) não em razão do conteúdo das coisas que este abarca, senão que compete ao campo precisa e formalmente pela formalidade de realidade: à estrutura do campo de realidade enquanto realidade. Daí que o "por" remeta não só para outras coisas campais, mas para a realidade mesma enquanto realidade, isto é, remete para o mundo. Sua remissão para o mundo é, pois, algo dado em impressão de realidade em seu modo de "para".

Para evitar uma possível falsa interpretação, devo acrescentar algumas palavras. Eu dizia que o "para" é antes de tudo um modo do real intracampal, mas que "ao mesmo tempo" é um modo do campo inteiro enquanto campo. Poder-se-ia pensar que este segundo modo consiste em que toda impressão remete para algo que a produz. Mas isso está a duzentas léguas de tudo o que venho expondo. Porque esta (suposta) remissão não é remissão para algo que produza a impressão, mas é o *momento formal de alteridade* intrinsecamente constituinte da impressão mesma enquanto tal. E é esta alteridade que também é intrínseca e formalmente uma alteridade intracampal e uma alteridade mundanal. O mundo não é sentido como causa de minhas impressões, mas como mundanalidade da alteridade impressiva do real como real.

dd) Pois bem, a funcionalidade em "para" [*hacia*], dizia eu, é precisa e formalmente o "por". O "por" enquanto tal é algo formalmente sentido. Não é, já o disse e logo voltarei a isso, um juízo, mas algo prévio a todo e qualquer juízo. Mais ainda, todo e qualquer juízo sobre o real em "para" só é possível por estar inscrito no "para" mesmo.

Esta apreensão do "por" não é um raciocínio formal nem transcendental. É uma mera análise da intelecção senciente mesma. Em virtude disso, dizemos, o "por" é experiencialmente acessível porque é formalmente a via impressiva mesma do "para".

ee) O que sucede é que o sentir sem mais precisões não é experiência. O sentido é por sua própria índole experienciável. Em que consiste o experiencial deste "por" já sentido? O "por" está sentido; em outras palavras, não só é acessível, mas já está fisicamente acessado na intelecção. Mas este "por" tem uma estrutura complexa. Que o "por" esteja formalmente sentido não significa que seus diversos momentos estruturais estejam sentidos por igual. O "por", com efeito, é uma determinação daquilo que é campalmente real. O real campal é um "quê" sentido que nos lança para além do campo, isto é, para além de seu próprio "quê" campal, para um "quê" mundanal. Há, pois, dois "quês". O "quê" da coisa real campal, e o "quê" mundanal em si mesmo. O primeiro "quê" está campalmente sentido; mas o segundo "quê" não está por enquanto sentido; é um "quê" criado em construção livre, um "quê", portanto, justamente buscado no que "poderia ser". Estes dois "quês" têm uma unidade intrínseca: a unidade do "por". O segundo "quê" é aquilo pelo qual o primeiro é o que é, ou seja, é seu "por quê". A expressão "por quê" tem uma ambiguidade interna. É por um lado algo para o qual estamos lançados pelo "quê" campal; é por outro lado aquilo pelo qual o "quê" campal é o que é. Só este segundo aspecto é que devemos chamar de "por quê". Desse modo, o "por" é algo inexoravelmente dado em sua forma de "para" [*hacia*]. Por outro lado, é um "por" que se move inexoravelmente na realidade mundanal. Nascido da realidade enquanto campal, impondo-nos sua realidade enquanto mundanal, o "por quê" racional é determinado, enquanto "por", pela força coercitiva da realidade profunda. A realidade impõe coercitivamente que haja um "por", cujo termo mundanal ou profundo, o "quê" mundanal, seja livremente inteligido. A atualização desta força de imposição em liberdade é justamente o que chamei tantas vezes de inserção do irreal, do "poderia ser", no real. O "por" leva da realidade campal à realidade mundanal, e faz-nos reverter para a realidade campal num livre "quê": é justamente a "experiência". O "por" é sentido, mas nem por isso o quê mesmo é experiencial; o "quê" mundanal não é sentido, mas, como nos remete coercitivamente ao sentido, então é experienciado. Esta remissão é a provação do "por quê" mundanal no "quê" campal. A provação consiste em tentar fazer do mundo algo formalmente sentido, isto é, em inteligir o mundo como sentido. A necessidade de um "porquê" é algo sentido: é o "por". Mas o "quê" é nesse "porquê" algo criado. A reversão coercitiva desde a realidade profunda para a realidade campal é a experiência, é a provação.

Daí que o "por quê" seja estritamente experienciável. O "quê" mundanal surge do "por" sentido, e inscreve-se nisto sentido na linha mesma do "por". O que não está dado é qual é este "por quê". Que haja um "por quê" não é uma necessidade lógica: é algo real dado sencientemente. E neste dado do "por" joga a livre criação da intelecção racional em forma de experiência, de provação física de realidade. É, como eu dizia, experiência da inserção do "quê" mundanal no "por". Provação é provar como se insere o mundo no campo. A provação é provação da realidade campal a partir da realidade profunda ou mundanal.

Esta experiência do "por quê" tem, pois, uma complexa estrutura em virtude da distinção de seus dois momentos: o momento do "por" e o momento do "quê". Portanto, quando se afirma que o objeto do conhecimento é o "por quê", enuncia-se algo não unívoco, mas ambíguo. Isso tem causado conceituações filosóficas, a meu ver, insuficientes, ou mesmo falsas. É o que sumariamente é preciso esclarecer agora.

B) *O "por quê" experienciado como objeto do conhecimento*. Conhecer algo, dizíamos, é ter intelecção de por que este algo é o que é e como é. Que é este por quê? Já o dissemos nas páginas anteriores. Mas se voltamos a formular esta pergunta é porque a filosofia conceituou o "por quê", objeto de conhecimento, de maneira a meu ver inexata, mas que teve profundas repercussões. Para precisar o que penso sobre este ponto, bastar-me-á recolher muito rapidamente o que foi explicado nestas mesmas páginas para contrapô-lo a estas outras concepções.

Para Aristóteles, o "por quê" de algo é sua causa. Conhecer algo, diz-nos ele, é por isso conhecer sua ou suas causas. O "por quê" é, pois, formalmente causalidade. Causa é tudo aquilo que exerce um influxo produtor ou originante do chamado efeito, não só como eficiente, mas também como material, formal e final, ou, visto desde o efeito, é um caráter segundo o qual este é algo produzido realmente por sua causa. Causalidade é, pois, produção originante. Esta ordem causal é para Aristóteles algo dado em nossas apreensões sensoriais. O objeto do conhecimento consistiria em remontar desde as causas dadas até causas superiores mediante um raciocínio.

A filosofia moderna iniciou com Hume uma profunda crítica desta concepção. A causalidade, diz-nos Hume, jamais está dada; nunca está dado o influxo segundo o qual o puxão da corrente produz o tanger do sino. Não está dada a causalidade, mas a mera sucessão. Portanto, toda e qualquer tentativa de estrito conhecimento se move no vazio. Isso, como dirá Kant, é ceticismo. Kant aceita esta crítica, mas contrapõe a ela o *Faktum* da ciência, que vive de causas. E, como a causalidade não está dada, sucede que para Kant causalidade é apenas o nosso modo de constituir um objeto como termo de juízos universais necessários. Causalidade não é algo dado, mas produzido pelo entendimento na ordem do conhecer, para poder conhecer. A causalidade não é um modo de produzir coisas, mas um modo de julgá-las objetivamente. Foi o orto de todo o idealismo transcendental.

A meu ver, toda essa discussão repousa sobre duas ideias fundamentais, a saber: a de que o "por quê" é causalidade, e de que a causalidade não está dada em nossas apreensões sencientes. Pois bem, ambas as ideias são, com último rigor, falsas.

Antes de tudo, o "por quê" não é causalidade; é funcionalidade. E a funcionalidade, já o vimos, não é dependência de uma coisa com respeito a outra, mas é a estrutura do campo mesmo de realidade. O "por quê" não é um influxo originante ou produtor. É apenas o modo segundo o qual algo é realmente o que é. A causalidade seria no máximo um modo de funcionalidade; não é o nosso problema. Mas não é o único modo nem forçosamente é o modo primário. Porque a funcionalidade não é dependência causal. Se digo que num gás o produto de seu volume por sua pressão é igual à temperatura multiplicada por uma constante, isso não significa que o volume, a pressão e a temperatura estejam vinculadas como causas. Quais seriam, com efeito, aqui as causas? Isso não tem sentido. O que se afirma aqui é apenas a funcionalidade dos três termos. E esta funcionalidade inclui "ao mesmo tempo" os três. Não se trata de que só um termo dependa de outro, mas da funcionalidade como estrutura campal. E as leis físicas não são, ao menos primariamente, senão leis da funcionalidade. No exemplo apresentado, trata-se da lei de Gay-Lussac. A ciência não tem como objeto causas, mas "por quês" funcionais. O "por quê" não é, pois, forçosamente causalidade. É formalmente funcionalidade mundanal, isto é, a funcionalidade do real enquanto real. A meu ver, é preciso substituir neste problema a noção de causa pela noção mais ampla de funcionalidade do real enquanto real.

Tanto mais porque a noção aristotélica de causa é unilateral. Explico-me. Aristóteles entendeu por causa aquilo que produz uma entidade diferente. Quando quer explicar a causalidade da causa, ele introduz a distinção já clássica das quatro causas: eficiente, final, material e formal. Pois bem, se consideramos deste ponto de vista, por exemplo, o conselho que uma pessoa dá a outra, não se vê com clareza em qual dos quatro tipos entra este fato. Parece-nos claro que um empurrão, por mais leve que se queira, cai dentro da causalidade eficiente. Em contrapartida, se tentamos aplicar a ideia das quatro causas a um ato de complacência com um amigo, assaltam-nos graves dúvidas sobre o tipo de possível causalidade da complacência. Isso já nos adverte de que a célebre teoria aristotélica da causalidade é rigorosamente plasmada sobre as realidades "naturais". A teoria aristotélica da causalidade é uma teoria da *causalidade natural*. A meu ver, junto a ela deve introduzir-se tematicamente, com todo o rigor, uma teoria da *causalidade pessoal*. Insisti neste ponto, ultimamente, no meu curso ministrado na Universidade Gregoriana – 1973. A causalidade pessoal é de tipo muito diferente do da causalidade natural. Por isso, os dois tipos de causalidade não são unívocos, mas no máximo análogos. Em virtude disso, é preciso introduzir a teoria da causalidade, tanto a natural quanto a pessoal, dentro de uma concepção mais ampla, a funcionalidade do real enquanto real. Por isso, já disse na Segunda Parte que não se pode refutar metafisicamente o ocasionalismo, mas que deixava de lado as ações humanas. É que o tipo de causalidade pessoal, mesmo sendo muito profundo, não entra na causalidade natural. A distinção entre agente, ator e autor das ações humanas não entra na teoria aristotélica da causalidade. Ser autor de uma ação não é somente produzi-la, assim sem maiores precisões. É mais, muitíssimo mais que uma funcionalidade ocasional, mas nem por isso é estrita causa em sentido aristotélico: a rigor, é algo muito superior a toda a causalidade aristotélica.

Além disso, porém, é verdade que o "por quê" não está dado nesta apreensão sensível? É a segunda das duas ideias fundamentais que é preciso examinar neste problema. A partir de Aristóteles, a filosofia entendeu que o sentir, como modo de apreensão das coisas, é constituído por impressões em que o apreendido são somente as chamadas qualidades sensíveis. Pois bem, a meu ver isso não é exato. Os sentidos sentem as qualidades, mas as sentem como reais, e portanto como funcionais em impressão de realidade.

Suposto isso, as concepções de Hume e Kant já se mostram falsas de início.

Hume pensa que o "por quê" é causalidade, e que a causalidade nunca está dada em apreensão sensível. Mas isso é sumamente equívoco. Porque a apreensão sensível não é só apreensão de qualidade, mas apreensão de modo de realidade, de formalidade, isto é, um ato de intelecção senciente. E um destes modos dados em impressão é o modo de realidade em "para" [*hacia*]. Pois bem, neste modo nos é dada, como vimos, a funcionalidade. Em virtude disso, a funcionalidade do real campal está dada no sentir intelectivo. A "sucessão" para a qual Hume apela não é a sucessão de duas impressões, mas uma impressão de realidade sucessiva. Por conseguinte, a sucessão já é um modo de funcionalidade. Pois bem, a funcionalidade em seu "para" mundanal é justamente o "por". O "por" é, pois, algo dado. O que jamais está dado, e haverá que buscá-lo, quase sempre com pouco sucesso, é qual é o "quê" daquilo pelo qual o campal é como é. Mas o "por" enquanto tal está dado no sentido humano, na impressão de realidade. Toda a crítica de Hume, repito, se baseia na ideia do sentir como mera apreensão dc qualidade. E isso é falso: o sentir "também" é impressão de realidade. Em virtude disso, não há sentir "e" inteligência, mas apenas inteligência senciente. Por isso a crítica de Hume é radicalmente falsa, tão falsa como a concepção mesma de Aristóteles. A causalidade aristotélica não está dada; jamais está dada a influência originante. Mas o está, e formalmente, a funcionalidade do real enquanto real. Em uma palavra: 1º o objeto do conhecimento não são causas, mas "por quês"; 2º são "por quês" enquanto são "por"; e 3º este "por" não concerne ao conhecimento, mas à realidade sentida enquanto atualizada em intelecção senciente.

Esta mesma ideia constitui o exórdio da *Crítica da Razão Pura*, de Kant. A causalidade, diz-nos, não está dada em nenhuma impressão sensorial; em virtude disso, é antes de tudo uma síntese de impressões. Mas é uma síntese cuja função é tornar possível o conhecimento objetivo, o juízo universal e necessário, e neste sentido a causalidade constitui um *a priori* do conhecer: é, como diz Kant, um juízo sintético *a priori*. Pois bem, isso é inaceitável pela mesma razão por que o é a crítica de Hume: no fundo, é a ausência da ideia de inteligência senciente. O que é sentido nunca é a mera qualidade sensível, mas a qualidade sensível em sua realidade em impressão; e a esta impressão de realidade pertence intrínseca e formalmente sua funcionalidade. Um destes modos da impressão de realidade é o "para" [*hacia*]. O "para" é um modo sentido. E este modo não é, portanto, uma síntese, mas pertence à estrutura mesma da formalidade de realidade em impressão. É um momento de sentir mesmo, em cada qualidade. Em virtude disso, a funcionalidade é um momento sentido e dado em cada impressão. Cada qualidade real sentida é sentida em e por si mesma como algo funcional. A funcionalidade sentida não é síntese, mas respectividade estrutural de cada qualidade por ser real. Por conseguinte, a funcionalidade não é algo que concerne primariamente ao juízo objetivo, senão que pertence ao sentir mesmo, à impressão de realidade. Como tal, não é algo *a priori* da apreensão lógica de objetos, mas é um momento dado na impressão senciente de realidade. A causalidade não é o objeto formal do conhecimento; só a funcionalidade o é. E, enquanto tal, não é um juízo sintético *a priori*, porque não é juízo (mas o "para" sentido), nem é sintético (o "para" não é síntese, mas "modo" de realidade), nem é *a priori* (mas "dado" em impressão de realidade). É a funcionalidade do real, enquanto real, dada em impressão de realidade.

Em suma, o objeto do conhecimento é o "por quê" experienciado como "por", isto é, a funcionalidade mundanal. E este "por" é algo sencientemente dado na impressão de realidade enquanto "por". O buscado é qual é o "quê" deste "por". E este é justamente o problema da ciência. A ciência não consiste num sistema de juízos, mas na experiência do "quê" mundanal enquanto tal.

Examinamos assim o que é experiência, e qual é seu objeto experienciado. Entremos agora na terceira questão que anunciei: os modos da experiência.

C) *Modos de experiência*. Vimos que a experiência não é um mero sentir, nem como percepção sensível nem como *empeiría*; é esse mesmo sentir, mas enquanto nele se leva a efeito a provação do "poderia ser" livremente construído. É em última instância provação de um "poderia ser" num "por". E esta experiência assim concebida é que pode ter diferentes modos: são modos de provação. Não se trata agora de averiguar quais sejam estes modos; trata-se de conceituar em que consiste esta modalização da experiência enquanto tal.

Pois bem, a experiência é o momento terminal do método. O método, como vimos, tem três fases: estabelecimento de um sistema de referência, esboço de possibilidades e experiência. Esta experiência tem modos diversos, isto é, há diversos modos de provação física de realidade. E, como a provação é sempre função do sistema de referência e das possibilidades do "poderia ser" que esboçamos, sucede que os modos de experiência, enquanto modos de provação, constituem a diversidade de métodos enquanto tal. Por conseguinte, tratarei dos *modos de experiência como modalizações* do método, ou seja, como modalizações da via de acesso desde a realidade campal enquanto realidade até a realidade profunda.

O primeiro momento do método é o estabelecimento do sistema de referência. Este sistema de referência é o campo mesmo de realidade. E este campo, já o vimos, não é apenas um campo de qualidades reais percebidas, mas de realidades percebidas em toda a sua amplitude, sejam qualidades elementares ou não. Estas realidades são de diferente índole categorial tanto no concernente às categorias de realidade como no concernente às categorias de sua atualização intelectiva. A intelecção campal não só inteligé a realidade atualizada "em" na intelecção senciente, mas também a "re"-atualização em forma de juízo. Por seu lado, o real atualizado nestas duas formas tem suas categorias próprias de realidade. Não são idênticas, como eu disse, as categorias de coisa, de pessoa, de vida, de convivência, de decurso histórico, etc. A índole categorial do campo de realidade é muito rica. Não é constituída por uma categoria única, mas por uma grande diversidade categorial dentro tanto de sua atualização como de sua realidade. E, segundo cada categoria, as coisas estão presentes em toda a sua imensa variedade.

A realidade atualizada categorialmente segundo um "em" e segundo um "re" está projetada sobre o fundo do fundamento mundanal, e adquire então o caráter de um "ob". O "ob" não é separação, mas, ao contrário, uma remissão para o fundamento. E, como as categorias de realidade do campal são muito variadas, sucede que é igualmente muito variado o caráter formal do "ob". A objetualidade de uma coisa não é a mesma da de uma pessoa, da de uma vida, etc. Há muitos modos de ser objeto porque há muitos modos de atualização do real em "ob". Portanto, para onde quer que se olhe, o campo de realidade é multiforme. E, como este campo é justamente o sistema de referência do atualizado em "ob", sucede que por sua própria índole o sistema de referência não é unívoco, mas constitutivamente plural. O sistema de referência é determinado em última instância pela índole do "ob", pelo modo segundo o qual o real campal é objeto. E este modo é o que faz da realidade campal princípio canônico. A determinação de um princípio canônico é constitutivamente modal. Daí que inexoravelmente o estabelecimento do sistema de referência esteja modalizado. Cada tipo de realidade e de atualização constitui um possível modo de sistema referencial. Em sua raiz mesma, pois, o método está formalmente modalizado. E estas diferentes modalidades constituem um âmbito de livre opção. Segundo se adote um ou outro sistema referencial, o caminho empreendido, o *metá* do *méthodos*, será sempre "via", um abrir caminho, mas sempre de diferente "modo". E isto é essencial. Não é a mesma coisa ter como sistema de referência as "coisas" e ter como sistema de referência as "pessoas" ou outros tipos de realidade campal. O conhecimento de todo o campal como momento mundanal será então absolutamente diferente. No fundo, cada tipo de conhecimento, como já dissemos, tem suas categorias próprias e suas vias próprias. Esta diversidade de modos de atualização, digo, é termo de uma opção livre. Só por uma opção livre algumas coisas campais adquirem o caráter de princípio canônico. A modalização da objetualidade funda por opção livre a modalização do princípio canônico constitutivo do sistema de referência.

Mas a modalização afeta também os outros dois momentos do método: o esboço de possibilidades e a provação física de realidade.

O segundo momento do método, com efeito, é o esboço de possibilidades. Esboço é, já o vimos, a conversão do campo do real em sistema de referência para se inteligir sencientemente e ativamente o "poderia ser" do fundamento do campal. Evidentemente, todo e qualquer esboço se apoia na intelecção senciente da possibilidade, isto é, se apoia numa sugestão. Mas a sugestão só é esboço quando é sugestão de atividade da intelecção senciente. E esta atividade de esboço é construção livre de possibilidades reais, dos "poderia ser". Só como sistema de possibilidades esboçado desde um sistema de referência é que podemos inteligir o real campal como momento do mundo. Pois bem, o sistema de referência é apenas isto: sistema de referência. O esboço construído nesta referência, por ser construção livre, pode ter portanto caracteres modais muito diferentes. Pode ser antes de tudo um esboço de possibilidades *conforme* com aquilo que por seu próprio conteúdo representativo já está determinado na intelecção campal; por exemplo, o ser um sistema de corpúsculos vinculados pelas leis da mecânica de Newton, ou um sistema de forças vitais, ou um sistema de agentes pessoais, etc. Mas não é forçoso que seja sempre este o caráter do esboço. Posso, com efeito, esboçar um sistema de possibilidades não conformes à realidade campal, mas antes contrárias a ela, como, por exemplo, um sistema de corpúsculos mecanicamente indeterminados, ou um sistema pessoal "fatalmente" determinado. Então o esboço não tem caráter de conformidade, mas caráter de *contrariedade* com respeito ao sistema de referência. Entre os dois modos, acha-se a riquíssima gama de esboços não contrários à realidade campal, mas meramente *diversos* dela. Esta diversidade, por sua vez, pode ter o caráter de *mera diferença* dentro do plano das possibilidades oferecidas no sistema de referência, como, por exemplo, quando se pensou inicialmente que na mecânica ondulatória se tratava de uma equação clássica de ondas. Mas pode ter também o caráter se *superação* das possibilidades do sistema de referência, como, por exemplo, quando Einstein definiu sua lei pela proporcionalidade do tensor de Ricci e do de massa-energia, que supera a diferença entre a gravitação clássica e a inércia. No fundo, é o que acontece na mecânica quântica, cujas equações superam a diferença entre corpúsculo e onda. Trate-se de conformidade, de contrariedade ou de diversidade (diferencial ou de superação), o esboço adquiriu com isso um caráter essencialmente modal. A modalização da objetualização implica inexoravelmente esta modalização do esboço de possibilidades. Cada modo de objetualização abre diferentes modalidades de esboço. E, como a objetualização é em si mesma algo modal, sucede que o método adquire em sua segunda fase uma modalização de segundo grau, por assim dizer.

Daí se segue que o terceiro momento do método, a provação física de realidade, ou seja, a experiência do "por", é essencialmente modal. É uma modalização de terceiro grau. Não se trata das diferentes maneiras de fazer experiências dentro do categorial; trata-se dos diferentes modos de intelecção experiencial do real em seu esboço. Estes modos dependem das duas modalidades que examinamos: da modalização da objetualidade (os diferentes modos do "ob") e da modalização do esboço mesmo (dos diferentes modos do "poderia").

A provação física de realidade, isto é, a experiência, tem antes de tudo uma grande diferença modal. Há esboços de possibilidades que de certo modo nos caem nas mãos. E então a provação física de realidade tem um caráter modal muito preciso. Todo e qualquer método é a "via" desde o campal em "ob" para o que mundanalmente "poderia ser". Pois bem, quando dizemos que este "poderia ser" nos cai nas mãos, é algo que nos surge quando objetualizamos o campo em "ob": é o *ob-vio*. Muitas das grandes intelecções racionais foram conseguidas com este caráter modal de ser óbvias. Assim, era óbvio que a realidade campal fosse mundanal e obedecesse às leis de Newton. Óbvio significa que é algo que nos surge. Portanto, não deixa pressentir seu próprio caráter de obviedade. Era tão óbvio que os átomos se regem pela mecânica de Newton, que nem sequer se pôde pensar que fosse óbvio. Só poderia aparecer como óbvio se alguém o pusesse em dúvida. E até a década de 1930 ninguém pensara nisso. Só nesse momento apareceu que aquilo era óbvio, mas nada mais que óbvio.

Obviedade é um modo de experienciação. Mas há outras modalidades, muito diferentes. Todas elas têm o caráter comum de não ser óbvias. O "ob" não nos leva sempre, pura e simplesmente, ao termo da via, mas em geral nos abre unicamente um dificultoso caminho para ele. O "ob" se apresenta como cada vez mais difícil de transitar: não é o óbvio, mas o dificultoso. O dificultoso não é óbvio; é somente viável. E justamente para provar esta viabilidade é que se recorre a uma experiência, a uma provação física de realidade muito rica e complexa. A *viabilidade* é, em face da obviedade, a segunda grande diferença modal da experiência.

Esta experiência do viável pode assumir ao mesmo tempo diferentes modos:

a) Antes de tudo, o real campal pode ser fisicamente provado de um modo que consiste em forçá-lo a mostrar sua índole profunda diante do experienciador. A provação física de realidade consiste então no que chamamos de *experimento*. Nem toda experiência é experimento, mas experimento é sempre o primeiro modo (primeiro em minha exposição) de experiência. Que é experimento? O experimento recai em princípio sobre todo o real campal. Esta realidade campal compreende não só "coisas" (no sentido de coisas inanimadas), mas também os seres vivos (qualquer que seja sua índole real) e até os homens. Posso experimentar com todo o campal, isto é, posso forçar todo o campal a mostrar-me sua realidade. O experimento tem três momentos essenciais. É em primeiro lugar uma provocação da realidade. É em segundo lugar uma provocação desde um esboço de possibilidades. É, finalmente, uma provocação esboçada, mas como modo de intelecção. Por mais natural que pareça esse terceiro momento, é mister sublinhá-lo. Porque os dois primeiros momentos fariam pensar que um experimento consiste numa manipulação da realidade. Esta manipulação existe, mas não é nela que consiste o experimento. O experimento consiste em inteligir manipuladamente o real. Esta intelecção não está agregada à manipulação, senão que a manipulação mesma é um modo de intelecção. Daí que os conceitos que se elaboram nesta intelecção sejam, como eu já disse algumas vezes, conceitos formalmente experimentais ou experimentos formalmente conceituais. Por isso a experimentação não consiste propriamente num manejo, mas num modo de inteligir manejadamente o real. É intelecção em manejo, e não intelecção do manejado. Por isso, a meu ver, desvanece-se a diferença tantas vezes sublinhada entre observação e experimentação. Certamente, não posso manejar os astros, mas posso estudá-los experiencialmente a partir de um esboço de possibilidades de intelecção. E, neste sentido formalmente intelectivo, toda observação é experimento. A observação não é um registro passivo de acontecimentos. Por isso, e neste sentido meramente intelectivo, o experimentado no experimento é algo "feito inteligível". É um "feito" em duplo sentido: em sentido participial (de ser algo que é termo de um fazer), e em sentido nominal (de ser um feito como atuação do real). O objeto formal deste elemento é por isso "fato".[2] Não há nenhum fato experimental (valha o pleonasmo) que seja alheio à intervenção do experimentador: todo experimento é uma provocação do real. O que sucede é que esta intervenção pode assumir ao mesmo tempo diferentes caracteres modais. Pode ser uma intervenção que força a realidade a mostrar-se tal como ela é com inteira independência de nossa intervenção: é o "fato" da física clássica. Mas pode suceder que a própria intervenção do experimentador pertença ao conteúdo mesmo do fato. Neste caso o fato é real, não há a menor dúvida disso, mas não é totalmente independente do experimento mesmo: é o caso, por exemplo, dos experimentos da mecânica quântica. Não se trata de uma intervenção do sujeito *cognoscente* (enquanto cognoscente) na realidade conhecida, como pensava o próprio Heisenberg, mas de uma intervenção da "manipulação" experimental no conteúdo do experimentado; é uma intervenção manipulante. O fato está atualizado em intelecção senciente ainda que o fato não seja independente da manipulação. Em todo o caso, o experimento é uma experiência da realidade como fato no sentido já explicado. E estes fatos podem ser não somente físicos, mas também biológicos ou humanos: eu posso experimentar com os homens ou com os seres vivos.

b) Há outro modo de experiência, que consiste não em fazer que a coisa nos mostre sua índole própria por uma provocação nossa, mas na tentativa de assistir, por assim dizer, à visão do real conseguida *desde a sua própria interioridade*. Certamente não é viável nesta forma a realidade meramente material de

---

[2] Em espanhol, tanto o nosso particípio passado "feito" como o nosso substantivo "fato" se dizem *hecho*. É bem verdade que também em português se pode chamar "feito" a "fato", como de fato fizemos no parêntese (no sentido nominal de ser atuação do real). Mantê-lo, porém, neste último caso e doravante pareceu-nos que tornaria demasiado ambíguo o texto. (N. T.)

um átomo ou de uma molécula; mas é algo possível e real em se tratando de realidades vivas e sobretudo de realidades humanas. Este assistir se funda numa instalação do experienciador no experiencial: é o que chamo de *compenetração*. A vida em geral, e sobretudo a vida humana, submete-se à provação física de realidade não só como fato experimental, mas também como realidade em compenetração. Naturalmente não se trata de uma penetração física, mas sim de estar compenetrado com aquilo de que se faz experiência. É o que se expressa quando se diz, por exemplo, que uma pessoa vê pelos olhos de outra. É uma espécie de *perikhóresis*, não de realidade, mas de modos de atuar, e de conduzir-se. Difícil operação: sempre se corre o risco de projetar sobre o experienciado a índole mesma do experienciador. Mas, como quer que seja, é um autêntico modo de intelecção racional, um autêntico modo de provação física de realidade. A compenetração é um rigoroso modo de experiência. Não é certamente experimento, mas, sem excluir o experimento, a compenetração atualiza mundanalmente o real na intelecção do experienciador. Não há melhor conhecimento de uma pessoa que o que se consegue estando compenetrado com ela. E isto se estende a todas as dimensões da vida humana. Mais ainda, estende-se à vida meramente animal e, de certo modo, vegetal; ao fim e ao cabo, descrevemos a vida de um animal realizando dificultosamente a experiência de nos compenetrarmos com ele dentro dos limites de sua constituição biológica. Eu dizia que se estende a todas as dimensões da vida humana. Assim, por exemplo, deixando de lado o problema de sua verdade, há como modo de provação física de realidade uma estrita experiência histórica. Para um israelita do século I antes de Cristo, tudo o que ocorreu com seu povo não é senão uma série de episódios de uma experiência histórica da aliança de Yahveh com Israel, a ponto de, como se sabe, ter sido a única via que conduziu Israel à ideia de um Yahveh criador do mundo: é o Pentateuco. A compenetração adota aqui a forma de uma grande experiência histórica. Nela, certamente, não se experimenta a Yahveh em si mesmo, mas se conhece o que é Yahveh em seu povo compenetrando-se com Ele. Israel não é somente o povo em cuja história aconteceram ações prodigiosas de Yahveh, mas é um povo cuja história inteira, mesmo no mais corrente e comum dela, consiste formalmente em ser experiência histórica de Yahveh. O mesmo se deve dizer do conhecimento do social.

c) Há ainda outro tipo de provação física de realidade. Há, com efeito, realidades postuladas. Estas realidades não foram postuladas por uma simples ocorrência; foram postuladas por sugestão da realidade campal. A realidade matemática não é uma parte ou momento da realidade campal; nada tem que ver com esta em razão de seu conteúdo. Mas esta nova realidade, enquanto realidade, não seria postulada se a razão já não se movesse na realidade campal enquanto realidade. É esta realidade física mesma enquanto realidade o que constitui aquilo cujo conteúdo se postula. Por isso o postulado não é postulado de verdade, mas de conteúdo de realidade em postulação. Aqui, a realidade campal enquanto realidade é um sistema de referência segundo o qual a realidade mesma tem um conteúdo formalmente independente de todo o seu conteúdo campal. E esta independência é justamente um modo referencial, o modo de referir-me à realidade campal "independentemente". Esta independência nos força a esboçar um livre sistema de postulados ou axiomas (não necessito entrar agora nesta distinção). Estes postulados são, pois, a determinação postulada do conteúdo da realidade, uma realidade numericamente idêntica à realidade campal enquanto realidade. Constituem por postulação o esboço do conteúdo da nova realidade. Não se trata de verdades que eu livremente enuncio, mas de caracteres reais que eu livremente esboço. A postulação é um modo de realização do conteúdo, não é um modo de afirmação. Em virtude disso, quando logicamente deduzo consequências necessárias (incluindo consequências necessárias e suficientes) destes postulados, a conclusão tem dois momentos essencialmente diferentes. Certamente são inseparáveis até certo ponto (em seguida direi qual é este ponto), mas jamais são formalmente idênticos. O primeiro momento é o único que se costumou consignar claramente porque é o de maior volume aparente: é o momento segundo o qual a afirmação é uma conclusão necessária dos axiomas, do postulado. Mas não é o momento único; há outro. E é-me essencial destacar energicamente este momento. Quando digo na conclusão que A é B, não enuncio simplesmente a verdade de minha afirmação: enuncio uma propriedade real do objeto matemático. Se se quer falar de "ver", na conclusão não só vejo que tenho de afirmar necessariamente que A é B, mas vejo que o A "é realmente" B com necessidade. Este momento não é simplesmente um momento de intelecção verdadeira, mas de intelecção apreensiva da realidade matemática como tal. O que sucede é que vejo esta realidade como algo que necessariamente tem de ser visto assim. É a necessidade física o que me leva a ver a realidade em sua necessidade lógica; mas a necessidade lógica em e por si mesma não é a realidade. Se uma inteligência inteligisse exaustivamente a lei da gravitação, não se limitaria a ver no movimento de um corpo algo que tem de ocorrer assim em verdade, senão que, além desta necessidade, e justamente por ela, veria o movimento real mesmo do corpo. E isto mesmo sucede com a realidade matemática. Não só consigo determinar dedutivamente que o entendido como A tem de ser B, mas consigo ver que *a realidade* mesma de A está necessariamente sendo B. Se não fosse assim, a matemática seria uma pura lógica de verdades. E isso é impossível porque a matemática é ciência de realidade. Tanto é assim, que Gödel demonstrou (como repetidamente recordei) que o postulado tem propriedades que não são dedutíveis dos postulados nem *podem* ser logicamente refutadas por eles; é que a meu ver são propriedades reais da realidade matemática, e sua apreensão independente dos postulados é um ponto em que a apreensão da realidade não coincide com a intelecção lógica. Em todo e qualquer método matemático há, pois, um duplo momento: o momento de verdade necessária de uma afirmação, e o momento de apreensão de realidade. Que eu tenha de afirmar necessariamente que a realidade é assim não se opõe a que o momento de realidade seja formalmente diferente da necessidade lógica de minha afirmação. Certamente, são dois momentos de um mesmo ato, de um ato único; mas como momentos são diferentes. E neles o momento de necessidade lógica não é o primário porque os postulados, por sua vez, não consistem em afirmações lógicas, mas em postulações de conteúdo de realidade. É a realidade, pois, que tem a primeira e a última palavra em toda e qualquer intelecção matemática.

Estes dois momentos, o momento de verdade e o momento de apreensão da realidade, têm porém uma unidade intrínseca: é o que chamo de *com-provação*. A meu ver, a comprovação não consiste em comprovar se minha afirmação se verifica; isto não precisa ser comprovado em matemática. O comprovado não é a verdade de minha afirmação: é a presença mesma da realidade apreendida em torno da verdade deduzida; é a provação da realidade em torno do "cum" da verdade. Não se comprova a verdade; comprova-se a realidade em sua verdade: apreendemos a "realidade em verdade". Isso poderia fazer parecer que o método consistiu no raciocínio. Mas não é assim, porque todos os raciocínios dependem de algo anterior ao raciocínio mesmo: dependem da postulação do conteúdo de realidade. O método é via na realidade postulada, uma via orientada segundo o rigor lógico. Mas, se este rigor demonstrativo, por impossível, não chegasse a nos fazer apreender a realidade de A como "sendo" B, não teríamos matemática. A unidade dos dois momentos da intelecção de realidade postulada é, pois, o que chamamos de com-provação. A provação física de realidade é agora com-provação. Aí está o próprio do que paradoxalmente, mas muito exatamente, devemos chamar de experiência do que é matemático. O matemático é termo de uma provação física de realidade, é termo de experiência.

Certamente há realidades postuladas que não são matemáticas: constituem o âmbito da realidade de ficção. Mas não necessito insistir nelas porque evidentemente elas têm os dois momentos de coerência interna do fingido e de apreensão de sua realidade em ficção. São, neste sentido, termo de com-provação, da forma explicada.

Toda e qualquer realidade postulada tem, pois, um modo de experiência própria: a com-provação.

d) Mas há ainda outro modo de experiência: é o modo que concerne à experienciação de minha própria realidade. É a experiência de mim mesmo.

Antes de tudo, que significa aqui experiência de si mesmo? Não se trata certamente da mera apreensão de minha realidade; isto já acontece, como vimos, desde a intelecção senciente de caráter cenestésico. Tampouco se trata de uma mera afirmação do que sou ou não sou em realidade, isto é, não se trata de um mero juízo de intelecção campal. Dizer que o que realmente sou no campo de minhas reações violentas reações é talvez ser um tímido não é uma intelecção racional do que eu sou como realidade mundanal. Trata-se, pois, não de uma mera apreensão de minha realidade nem de um juízo do que sou em realidade, mas de uma intelecção do que é minha realidade como forma de realidade, ou seja, trata-se de uma intelecção racional, de um conhecimento. Esta forma de realidade tem os dois momentos de ser um modo de realidade próprio enquanto realidade: é o momento pelo qual intelijo que sou pessoa. Mas tem também um segundo momento, que constitui não tanto um modo de realidade, mas antes uma modulação, um modo deste modo de realidade; é o que chamo de personalidade, à diferença do mero ser pessoa, que chamo de personeidade. Assim, por exemplo, posso dizer que uma pessoa é uma boa ou má pessoa, porque tem realmente estas ou as outras qualidades que modalizam sua personalidade. Para inteligi-lo assim, não basta constatar que agora agiu bem, ou que agora não cede a uma tendência sentida. É preciso transcender a ordem das ações e até das tendências sentidas, para ir ao modo segundo o qual realmente é, no fundo, esta pessoa.

Isso é algo que necessito averiguar. Como dizia Santo Agostinho, *quaestio mihi factus sum*, tornei-me questão para mim mesmo. Para este conhecimento necessito de um método, uma via que na realidade em que já estou me leve à minha própria e formal realidade profunda numa provação física de minha própria realidade. Trata-se de uma via pela qual consigo o discernimento em mim mesmo de certas modalidades de realidade à diferença de outras. Isto se consegue na provação física de minha própria realidade, numa experiência de mim mesmo. Como provação que é, esta experiência consiste numa inserção de um esboço (portanto, de algo irreal) de possibilidades do que sou, em minha própria realidade. A experiência de mim mesmo é um conhecimento de mim mesmo.

É quimérica a ideia de que a experiência de si mesmo como modo de realidade consiste simplesmente numa espécie de relato ou exame de si mesmo. Por necessidade intrínseca, todo e qualquer exame de si mesmo está orientado e inscrito num sistema de referência. Quando se fala de uma confissão de si mesmo, o conceito de confissão não é forçosamente unívoco. O que Santo Agostinho entendia por confissão e o que Rousseau entendia por confissão não são a mesma coisa. Para Santo Agostinho, confessar-se a si mesmo é conhecer, é ter experiência do que sou em minha realidade profunda com respeito a um sistema de referência muito preciso: a referência ao que Deus realizou em mim e eu em Deus. Por outro lado, em Rousseau, confissão é o conhecimento do que sou eu "naturalmente"; o sistema referencial é agora a natureza. Deus e a natureza são aqui dois sistemas de referência entre muitos outros, sem os quais jamais poderia haver confissão alguma.

Este sistema de referência conduz a um esboço do que eu sou no fundo. Por exemplo, o esboço de determinada vocação: tenho ou não tenho tal vocação?

Para isso necessito provar a inserção deste esboço (no exemplo citado, desta vocação) em minha própria realidade. Em última instância, não há mais que uma única provação física desta inserção: tentar conduzir-me intimamente conforme o esboçado. Esta inserção pode ser positiva ou negativa. A inserção é, pois, uma tentativa de conformação de mim mesmo segundo o esboço e possibilidades que levei a efeito. *Conformação*: aí está o modo radical de experiência de mim mesmo; é a radical provação física de minha própria realidade. Conhecer-se a si mesmo é provar-se em conformação. Não há um abstrato "conhece-te a ti mesmo". Só posso conhecer-me segundo tal ou qual esboço de minhas próprias possibilidades. Só o esboço do que eu "poderia ser" inserido em mim como conformação é o que constitui a forma de conhecer-se a si mesmo. Evidentemente, é uma conformação na ordem da atualização de minha própria realidade. Difícil operação este discernimento de si mesmo. É discernimento em provação e em conformação.

Em suma, pois, há quatro modos fundamentais de experiência: experimentação, compenetração, comprovação, conformação. Não são métodos como podem sê-lo "os métodos" físicos, psicológicos, sociológicos, históricos, etc., mas são modos de intelecção metódica, isto é, os modos segundo os quais inteligimos "vialmente" o real, sejam quais forem "os métodos" no sentido usual do vocábulo. Todo e qualquer "método" pode implicar vários destes "modos". A unidade destes modos não é, pois, a unidade de "um" método, mas algo mais radical e fundamental: a unidade da experiência. Em virtude disso, dizemos que os homens têm muita ou pouca experiência, isto é, que realizaram em diferentes graus a provação física do que a realidade é no fundo.

Com isso examinamos os dois primeiros momentos da estrutura do conhecer: a objetualização e o método. É preciso tratar agora o tema mais grave no nosso problema: a verdade do nosso conhecimento do fundo do real.

§ 3. A verdade racional

A intelecção racional, ou seja, o conhecimento, é uma busca para além do campal para seu fundamento, isto é, para o que "poderia ser" como realidade mundanal. Nesta busca o campal adquire caráter de objeto, e a busca mesma é uma via, um abrir caminho para descobrir o fundamento; é um método que se apoia na realidade campal como num sistema de referência, com respeito ao qual a inteligência esboça um sistema de possibilidades que finalmente tenta submeter a provação física de realidade nesse momento intelectivo que constitui a experiência. Nesta experiência, a intelecção racional encontra que a realidade coincide ou não coincide com aquele esboço de possibilidades. Este *encontro* é a verdade da intelecção racional. O contrário é o erro. Doravante, salvo indicação expressa em contrário, falarei só de verdade; o erro só pode ser entendido desde a verdade. A verdade como *encontro*: aí está a meta essencial da intelecção racional. Que é este encontro, quer dizer, que é a verdade da razão? Precisamos determinar, pois, qual é a essência do encontro. E isso nos levará a descobrir o caráter maior da intrínseca estrutura do conhecer. O problema da verdade da razão desdobra-se, assim, em três passos sucessivos:

1º O que é a verdade da razão como encontro.
2º Qual é sua essência formal.
3º Qual é seu intrínseco momento estrutural.

I. A verdade da razão

Demos alguns passos para trás, para o começo mesmo de nossa investigação. A intelecção, dizia eu, é a mera atualização do real na inteligência. Esta realidade pode ser considerada segundo dois aspectos. Posso considerar a realidade como uma formalidade própria da coisa mesma: é o problema da realidade. Mas posso considerar também a realidade enquanto atualizada na intelecção. Então o real atualizado é justamente verdade. A verdade é, pois, o real mesmo enquanto atualizado em intelecção. É o real mesmo o que confere sua verdade à intelecção. Este dar verdade é o que chamei de *verdadear*. E este verdadear tem, como vimos, diferentes modalidades. Antes de tudo, a realidade (salvo indicação contrária, empregarei realidade e real como equivalentes no nosso problema) pode estar atualizada em e por si mesma em sua nua realidade. O real verdadeia segundo a sua própria alteridade de realidade. Este modo de atualização é o que chamei em todo este estudo de *verdade real*. É a forma radical, primária e essencial da verdade enquanto tal: o mero *estar* presente do real na intelecção.

Mas há outras formas de verdadear. O real, com efeito, não se atualiza apenas em e por si mesmo; ele atualiza-se como real, mas com respeito a outras coisas reais. O real verdadeia então, mas dá verdade não só à intelecção do real mesmo, como àquela intelecção em que se inteligem a coisa real entre as outras coisas da realidade campal. A verdade real é uma verdade simples, não no sentido de singela ou elementar, mas no sentido de que há simplesmente "uma" realidade, por mais complexa como se queira, mas inteligida em e por si mesma *pro indiviso*. A outra forma de verdadear constitui uma *verdade dual*, porque há a coisa real e aquilo outro a respeito do qual a coisa real é inteligida. A própria atualização intelectiva da coisa real é agora dual. Nela, os dois momentos da intelecção do real coincidirão unitariamente na unidade da atualização da coisa. A coisa real verdadeia, pois, de forma coincidencial. Toda e qualquer verdade dual é essencialmente uma *verdade coincidencial*, uma coincidência entre a verdade real da coisa e a intelecção desta coisa "desde outras".

Esta verdade coincidencial pode ter, por sua vez, três caracteres essenciais. Pode ser, em primeiro lugar, uma coincidência do real e de uma simples apreensão. Então dizemos que o real é autenticamente isto ou aquilo, como, por exemplo, que é autêntico vinho, porque há coincidência entre o líquido que realmente estou apreendendo e a simples apreensão do vinho. O real verdadeia aqui nessa forma de dar verdade dual que é *autenticação*.

Mas pode tratar-se, em segundo lugar, de uma coincidência entre o real e o modo como o real há de ser campalmente inteligido, isto é, uma coincidência entre o real campal e sua intelecção afirmativa. O real verdadeia agora como algo que dita sua verdade. Seu verdadear é *veridictante*. A intelecção é então uma conformidade mais ou menos adequada do afirmado e do real campal.

Mas há ainda uma terceira forma de verdade coincidencial, que não se costumou distinguir das anteriores. Nela, o real campal está atualizado formalmente não num *ato* (nem apreensivo nem afirmativo), mas numa *atividade* de busca mundanal. A coincidência é então um *encontro* no real campal daquilo que se busca mundanalmente, a saber, de seu fundamento. A verdade coincidencial é agora verdade em encontro. O real está atualizado e verdadeia em forma de encontro. Esta verdade abarca certamente a autenticidade e a veridictância, assim como a veridictância abarca a autenticidade. Mas esta intelecção em encontro não é meramente autenticidade nem veridictância, senão que consiste formalmente em ser autenticidade e veridictância *em encontro*. E este encontro é um modo irredutível de verdade porque não é um momento extrínseco à intelecção, mas pertence a ela intrínseca e formalmente. Toda e qualquer verdade de afirmação tem, com efeito, um caráter intrínseco e formalmente dinâmico, como vimos. Mas o terceiro tipo de verdade que estamos estudando não é simples dinamismo, senão que este dinamismo tem um caráter formalmente próprio: é dinamismo de inquirência, é marcha. A inquirência e portanto o encontro pertencem, pois, intrínseca e formalmente à verdade em encontro. Santo Agostinho nos dizia (*De Trin.*, IX, 1): "Busquemos como buscam os que ainda não encontraram, e encontremos como encontram os que ainda hão de buscar, porque quando o homem terminou algo não fez senão começar." Pois bem, isto não expressa somente uma limitação que de fato o conhecimento humano possui. Expressa algo muito mais grave: expressa, a meu ver, o próprio caráter formal do conhecer. A limitação do conhecimento é certamente real, mas esta limitação é algo derivado da índole intrínseca e formal da intelecção racional, do conhecer enquanto tal: o ser intelecção inquirente. Só porque a intelecção racional é formalmente inquirente, só por isso é que sempre se há de buscar mais e encontrar o buscado como princípio de busca ulterior. O conhecimento é limitado por ser conhecimento. Um conhecimento exaustivo do real não seria conhecimento. Seria intelecção do real sem necessidade de conhecimento. Conhecimento é somente intelecção em busca. O não ter reparado no caráter intrínseco e formal da intelecção racional como inquirência é o que fez escorregar nesta terceira forma de verdade, e subsumir toda verdade na verdade da afirmação. Não é assim; a inquirência é um modo de intelecção, o modo da intelecção racional, e a verdade é então não só conformidade, mas encontro. Não é a mesma coisa afirmar algo sobre o que está no campo e encontrar o que isso que está no campo é mundanalmente. Não é o mesmo inteligir o que algo é "em realidade" e o que algo é "na realidade". É toda a diferença entre conformidade e encontro. E, como o que se encontra é ou não é o que se buscava, sucede que o real tem agora um modo de verdadear próprio, um modo próprio de atualização: é *verificação*. Verificação é a forma própria e exclusiva da verdade da intelecção racional.

Autenticação, veridictância, verificação: tais são as três formas da verdade dual, da verdade coincidencial. A verdade da razão, e só ela, é verificação.

Eis o primeiro passo de nossa investigação, determinar em que consiste a verdade da razão, a verdade do encontro: a verdade da razão é verificação. Mas isso nos leva a um segundo passo, isto é, a perguntar-nos mais detidamente qual é a essência formal do encontro, qual é a essência formal da verificação. Como este encontro acontece na experiência, a essência formal da verificação não é senão o problema da verdade da experiência.

II. A essência da verdade em encontro

A verdade da razão consiste, pois, em que o real verdadeia em forma de verificação. A verdade da razão é encontro, mas não é um encontro ocasional que fosse algo assim como um choque ou tropeção com o real, senão que é o encontro de algo que se busca. Esta busca não é um bracejar no vazio, por assim dizer: é a busca de algo que já se forjou intelectivamente. O encontro enquanto tal é verificação. Para determinar aquilo em que essencialmente consiste a verdade em encontro, temos de formular três questões: o que é verificação, qual é a estrutura formal da verificação e em que consiste a ordem da verdade racional.

1ª Questão: O que é verificação. A verificação é evidentemente o encontro de algo que já se buscava. Para sabermos o que é verificação, procederemos, como em tantos outros problemas, por passos.

Antes de tudo, recordemos o que se busca. Busca-se o fundamento do real campal como momento do mundo, quer dizer, da respectividade do real enquanto real. Este fundamento é inteligido num *esboço de possibilidades* do que o real "poderia ser" mundanalmente. O que se busca é, pois, formalmente o esboçado como real.

Este encontro acontece no real submetendo-o a uma provação física de realidade, submetendo-o a experiência. Como o que se busca é algo esboçado, então é claro que o encontro consiste não em ser mera constatação, mas em ser *cumprimento* do esboçado. Encontro é cumprimento de um esboço. Já não se trata de mera conformidade mais ou menos adequada com o real, mas da intelecção do real como realização de um esboço: cumprimento do que "poderia ser" no que "realmente é". O cumprimento é o modo próprio da intelecção inquirente.

Cumprimento é o modo como o real verdadeia na intelecção: cumprindo o esboçado. E é por isso que o cumprimento tem por essência própria a *verificação*. Verificação é um *verum facere*. E isto requer uma reflexão especial.

Em primeiro lugar, que é este *facere*, este fazer? O *facere* não é aqui uma *poíesis*, nem é uma *práxis*, um *agere*, porque o que o *facere* designa aqui não é uma atuação, mas uma atualização. Trata-se, com efeito, de um *facere* próprio de um fundamento.

Pois bem, fundamento, como vimos, é o que funda o real desde si mesmo, transcorrendo formalmente no fundamentado. Não se trata de um transcurso temporal, mas de um transcurso de índole meramente atual. Consiste portanto em estar-se constituindo a coisa real ela mesma, em atualidade, ou seja, é a constituição intrínseca e formal da atualidade da coisa mesma. É um transcorrer formalmente fundamental. É aqui um momento de *atualidade* intelectiva do real. O inteligir mesmo é agora atividade, e em última instância a atividade intelectiva é a atualidade do momento constituinte do real enquanto atualizado desde o fundo de si mesmo.

Em segundo lugar, o que neste fazer se faz é o *verum* em cumprimento. O que se faz é a atualidade intelectiva do cumprimento mesmo. Não é, repito, um fazer no sentido de um produzir nem nada similar, mas é *um fazer de atualidade*. E esta atualidade tem um caráter próprio: o ser, digamo-lo mais uma vez, atualidade em cumprimento. Se assim não fosse, teríamos simples conformidade. E a conformidade não é formalmente algo buscado, enquanto o cumprimento é por sua própria essência algo buscado. O real não só "está" atualizado, mas está atualizado como algo "fundamental".

Em terceiro lugar, este *facere* do *verum* não concerne somente ao inteligido, mas também, formalmente, à intelecção mesma enquanto racional. O *verum facere*, o verificar, é um "co-transcorrer" em atualidade, um "co-trancorrer" da constituição do real fundamentado e da intelecção fundamental. E este "com" é justamente a modalidade da coincidência na intelecção racional. A coincidencialidade é agora "co-transcurso" ou "co-constituição". A intelecção mesma fica fundada enquanto intelecção, a qual não só está conforme com o real, mas é uma conformidade fundada enquanto intelecção. A intelecção racional tem verdade fundada.

Em quarto lugar, é uma coincidência determinada pelo real mesmo. A coincidência é um modo de atualidade, e por sê-lo é atualidade do real. O aspecto intelectivo, pois, funda-se na formalidade real da coisa mesma. E esta unidade de atualidade, fundada no real, é o que constitui o fato de as coisas nos darem a razão. A forma segundo a qual o real verdadeia é esse *facere* que consiste em dar razão. Cumprimento, verificação, consiste formalmente em dar razão. Daí que o conhecimento consista em ser a intelecção das coisas na medida em que nos dão razão. A fórmula já apareceu no começo deste estudo da razão. Mas agora vemos em que consiste radicalmente este dar razão. O conhecimento, e em especial o conhecimento científico, não é um sistema de proposições, mas uma atividade intelectiva em que o real verdadeia em seu fundamento: consiste em que as coisas nos estejam dando a razão. E a ciência mesma como sistema é o sistema mais ou menos necessário dos "dar razão" das coisas que ela investiga. Na experiência, o real nos está dando (ou tirando, o que é o mesmo) a razão. A experiência tem como momento intrínseco e formal o ser verificante; e verificação não é senão dar a razão, ou seja, é constituição intelectiva do fundamento enquanto tal.

Como o real verifica a razão? Difícil problema. É a segunda questão que tínhamos formulado a propósito da verificação: a estrutura da verificação.

2ª Questão: A estrutura formal da verificação. A verificação tem um caráter complexo. Para o analisarmos, recolhamos o já explicado.

Antes de tudo, a verificação tem sempre *caráter de necessidade*: é necessário que o real esteja ou não esteja fundamentado em algo que "poderia ser". A necessidade é um caráter da verificação porque constitui o caráter de seu orto mesmo. Então pode-se propender a pensar que esta necessidade é independente da experiência, porque a experiência só nos mostra fatos. Mas isso, já o vimos, é falso. A experiência inscreve-se na impressão de realidade. E a impressão de realidade tem como momento estrutural seu o momento do "para" [*hacia*]. O inteligir em "para" é, pois, uma necessidade intelectiva, a necessidade segundo a qual o real nos está levando *ele mesmo* do campo para o mundo. É um dado do real mesmo enquanto tal. A necessidade de fundamentação acontece, pois, na necessidade mesma do real inteligido; não é só um fato. Isso certamente deixa de pé a questão sobre esta necessidade conduzir a um termo final positivo; vê-lo-emos logo. Mas aquela necessidade tampouco é uma necessidade meramente lógica. Não se trata de enunciar uma proposição, como, por exemplo, o princípio de causalidade ou o de razão suficiente, e tentar fazer ver que estas proposições são evidentes e portanto "têm de aplicar-se" ao real campal. Isso, a meu ver, é insustentável. Antes de tudo, porque nunca se conseguiu enunciar esses supostos princípios com fórmulas unívocas; nada de estranho, pois, que não se deem provas unívocas e rigorosas de sua evidência. Por conseguinte, não se trata de aplicar esses princípios à realidade campal. A necessidade de ir ao mundanal não é uma evidência, senão que está dada na intelecção do real campal mesmo. É a funcionalidade mesma do real campal como real. E esta funcionalidade, projetada sobre aquilo para o que nos impele em "para", é a atualidade mesma do "por": é um dado e não um juízo necessário. É um momento de uma razão senciente.

Mas a verificação não tem só este momento de radical necessidade. A verificação, por sua própria índole, há de ser algo possível em princípio: é o *caráter de possibilidade*. Isso pôde parecer algo claro. No entanto, não é algo claro nem sequer naquelas concepções para as quais a fundamentação é uma necessidade lógica, porque que seja necessário ir para um fundamento não significa, pura e simplesmente, que seja possível encontrá-lo positiva ou negativamente. É preciso, pois, determinar o ponto preciso e formal em que tal princípio acontece no real. E esta é a questão. A meu ver, este ponto não é outro senão aquele mesmo em que o real campal nos lançou do campo para o mundo: é justamente a identidade real e física do momento de realidade no campo e no mundo. Em virtude disso, se intelijo a realidade campal não como campalmente sentida, mas segundo a formalidade de realidade da coisa campal, então já estou no momento de realidade que constitui o mundo mesmo. A necessidade com que o real campal nos lança "para" [*hacia*] o mundo é justamente o que torna possível encontrar o mundo no que é sentido: é a possibilidade mesma da verificação. Verificar é trazer o mundo para o campo. E isso é possível graças ao fato de o momento de realidade ser numérica e fisicamente idêntico no campo e no mundo. O que torna necessária a marcha do campo para o mundo é, pois, o que torna possível a volta do mundo para o campo. E nisto consiste a verificação. O mundo não é forçosamente uma área de coisas reais para além da área das coisas reais do campo; é somente a plenitude da formalidade de realidade enquanto respectividade. Por conseguinte, a verificação tem não só um momento de necessidade inicial, mas também um intrínseco e formal caráter de possibilidade.

Necessária e possível, em que consiste a verificação em si mesma, isto é, a intelecção do mundanal no campal? O "por" é um âmbito aberto. Como se enche? É o terceiro caráter, ou, ou melhor, o terceiro grupo de caracteres da verificação.

Antes de tudo, é preciso fazer uma distinção essencial. Já a vimos, mas agora é preciso recordá-la porque é aqui que ela adquire todo o seu volume. O "por" é um "por quê". E o "por quê" tem dois momentos. Um é o momento do "por" mesmo. E isto é um dado da impressão de realidade. Outro é o momento do "quê": aquilo que forjamos ser o "quê" mundanal do campal. O primeiro momento não necessita de verificação; só a requer o segundo. Como se verifica, como se encontra na experiência do real o "quê" mundanal que esboçamos? Esta é a questão precisa.

Digamos já de saída que a pergunta que acabamos de formular não tem nem pode ter resposta unívoca. A verificação é um momento dinâmico da intelecção racional. De modo que não é uma qualidade que o esboço *tem* ou não tem, mas é a qualidade de uma marcha que nos *leva* a uma verificação. Verificação é qualidade essencialmente dinâmica: verificar é sempre e somente *ir verificando*. E este ir verificando é o que constitui a experiência. Não é a constatação de um fato. O *caráter dinâmico* é junto à necessidade e à possibilidade o terceiro grande caráter da verificação.

Este caráter tem muitos modos próprios.

Em primeiro lugar, o esboçado há de ser suficiente para ir fundamentando o campal. É o *momento de suficiência*. É o que de um ponto de vista meramente lógico se recolheu na ideia de razão suficiente, coisa impossível, como vimos.

Esta suficiência tem por sua vez caracteres complexos.

a) A verificação consiste em que o esboçado tenha ao menos *consequências* confirmáveis no campal. O "quê" esboçado não é verificado em e por si mesmo, mas apenas em suas consequências. A verificação, imediata se é que existe, é relativamente excepcional. Se as consequências não se verificassem no campal, o "quê" esboçado não seria verdade. Em contrapartida, se as qualidades do campal são as mesmas que as consequências do esboçado, diremos que o esboçado tem verificação. Em seguida porei um ponto de reflexão no que acabo de dizer.

b) Há vezes em que o esboçado não é algo cujas consequências sejam rigorosamente necessárias no campal. Mas pode suceder que ao menos haja uma *concordância* entre o esboço e a realidade campal. É uma verificação, mas de ordem diferente da das consequências.

c) Pode suceder que, no ir verificando, o "poderia ser" ofereça diferentes aspectos, cada um dos quais, considerado por si mesmo, não é suficiente em nenhum dos dois sentidos explicados; mas, se há muitos diferentes aspectos, a unidade de todos eles é, porém, convergente nos resultados. Há então uma verificação por *convergência*. Conquanto pareça estranho, quase todas as nossas intelecções racionais, até as mais solidamente estabelecidas, têm este caráter de verificação por convergência. Quanto maior a convergência, maior a verificação. É uma forma essencial de verificação. A convergência não é uma espécie de sucedâneo da verificação; é um modo próprio e autêntico de verificação: é verificação em convergência.

Consequência, concordância e convergência são três modalidades do que chamei de suficiência. Sem alguma suficiência não há verificação.

Mas, em segundo lugar, a verificação tem outra linha, que não se identifica pura e simplesmente com a da suficiência. O mundo, com efeito, é a respectividade do real enquanto real. Em contrapartida, o campo é só o sentido do mundo. Daí que a realidade enquanto mundanal seja algo muito mais rico que a realidade campal: é uma estrita *excedência* do mundo com respeito ao campo, e não só uma excedência do campo com respeito às coisas reais que há sentidas nele. Pois bem, a excedência é uma possível linha de verificação: é o *momento de excedência* da verificação. Porque o esboço do "quê" mundanal, precisamente por ser mundanal, excede o do campal. Isso significa que, em princípio, o esboço contém mais propriedades do real campal mesmo do que as que estavam estritamente sentidas em sua mera intelecção campal. Daí que o esboço contenha "novas" propriedades do real. Em geral, só uma intelecção racional que conduza à descoberta de novas propriedades verificáveis tem estrito valor científico. Assim, a teoria eletromagnética da luz levou a descobrir novas propriedades desta; a teoria relativista e ondulatória do elétron conduziu à descoberta da primeira forma de antimatéria, o pósitron, etc. A intelecção racional não fundamenta o campal senão excedendo-o. É a linha da excedência própria de verificação racional.

É claro que nem a linha da suficiência nem a linha da excedência são verificações absolutas, mas uma marcha para uma verificação ao longe. Cada momento dela por si mesmo não tem, portanto, valor absoluto, mas uma verificação provisória. Aqui provisório não significa que vá ser derrogado ou absorvido, porque nem a derrogação nem a absorção são caracteres formais da marcha verificante. O caráter estritamente formal da verificação não consiste em opor-se ao erro. O caráter formal que aqui nos preocupa é sumamente preciso: é a *adequação*. A provisoriedade não consiste senão em parcial inadequação. A possível derrogação ou superação ou diversificação na verificação inscreve-se formalmente na adequação. É um caráter que intrínseca e necessariamente é inerente à verificação, tanto no que diz respeito à suficiência como no que diz respeito à excedência. Verificação é um "ir verificando". Não é uma qualidade que somente se tem ou não se tem; é, antes, a qualidade que consiste em ir adequando-se ao real. É a dialética da adequação. A adequação como limite do dinamismo já apareceu no problema da verdade do juízo. Mas aqui se trata não de um mero dinamismo, mas desse dinamismo especial que consiste em marcha. E então a intelecção dinâmica adquire na marcha que constitui a razão um caráter próprio: é verificação em *tenteio*. Isso não nos pode estranhar. A razão humana é razão senciente. Sente que sua marcha transcorre na realidade. E aqui está a firmeza desta marcha intelectiva. Mas sente os diferentes estágios desta marcha como outros tantos tenteios. E o tenteio, já vimos, é um modo de intelecção do real: o tenteio da realidade nos dá a realidade mesma enquanto "realidade-tenteada", isto é, a realidade em modo do tenteável. A razão senciente é em última instância razão que se move em tenteio, e o que tenteia é formalmente a adequação da verificação. A dialética da adequação é tenteio progressivo da verificação.

Chegando a este ponto (suficiência, excedência, tenteio), é preciso deter nossa reflexão sobre três aspectos da verificação assim entendida.

a) Em primeiro lugar, a verificação da razão tem dois aspectos que é preciso distinguir muito cuidadosamente. É o ponto a que eu aludia antes, e do qual disse que necessitava de alguma reflexão. Porque o que é que se verifica? O esboçado é o verificado, algo que nos leva do mundo para o campal: é nisto precisamente que a verificação consiste. Esta verificação é experiência, algo muito diferente, como dissemos, tanto de percepção sensível como de experimento. Mas então salta aos olhos que o esboçado mesmo desempenha uma dupla função. Por um lado, a razão conduz a uma afirmação acerca do real campal, afirmação que pode verificar-se tanto nas diversas linhas da suficiência como na linha da excedência. Assim, eu posso verificar que a "razão" ondulatória da luz conduz a uma interferência, o que certamente é verificado na experiência; posso verificar que a "razão" gravitacional das massas conduz a certas qualidades do movimento dos astros, o que também é verificado pela observação. Mas o que é que se verifica? O que se verifica é a realidade das interferências e a realidade dos movimentos que a mecânica celeste registra. Mas a questão não termina aqui. Porque esses mesmos fenômenos talvez pudessem fundar-se em princípios diferentes de uma teoria ondulatória da luz, ou em leis gravitacionais diferentes das de Newton. E assim é, com efeito. A teoria fotônica da luz dá razão cumprida das interferências, e a lei de gravitação relativista também dá razão cumprida dos movimentos celestes. Sucede então que uma coisa é verificar na experiência o cumprimento do esboçado, e outra muito diferente é verificar que a razão aduzida é a única e verdadeira razão. Uma coisa é a verificação do raciocinado, outra a verificação da razão mesma. Pois bem, isto dito por último não é verificável. Pode-se verificar a verdade de que se dá razão, mas não se pode verificar a razão mesma que se alega. Se fosse possível verificar ambas as coisas num só experimento, teríamos um experimento crucial, um *experimentum crucis*. Mas tais experimentos praticamente não existem. Pode-se demonstrar que a mecânica quântica não contém nem admite parâmetros ocultos, mas não se pode demonstrar que só a mecânica quântica dá razão da física das partículas elementares. Uma coisa é verificar a verdade a que a razão chega, outra, verificar a razão mesma que a estas verdades conduz. E o que eu disse por último não é verificável. Só há duas possíveis exceções ao que acabo de dizer. A primeira é que a razão escolhida fosse tal, que por sua própria índole fosse a única possível; então a verificação da verdade da razão seria "ao mesmo tempo" a verificação da razão da verdade. Há outra exceção, de certo modo mais acessível. É o caso em que o esboço por verificar consiste apenas na afirmação da realidade de alguma coisa ignorada. Tal é o que acontece quando a razão esboça, por exemplo, a existência de uma célula nervosa. A verificação (a imagem microscópica) da realidade desta célula verifica as duas direções da razão. Mas em geral verificar os esboços da razão não significa verificar a razão mesma de sua verdade.

b) Em segundo lugar, a imensa maioria das intelecções racionais não é absolutamente verificável nem sequer no primeiro dos dois sentidos que acabo de citar. Precisamente por ser progressiva, a verificação sempre admite graus. Em que situação estas verificações ficam graduais, isto é, o que é a provação física de realidade na imensíssima maioria dos casos, para não dizer em quase todas as nossas intelecções racionais? Para entendê-lo, é preciso destacar um caráter preciso da verificação. A verificação, dizia eu, não é necessariamente adequada. Mas acrescento agora que a verificação nunca está totalmente excluída, precisamente porque a verificação não é uma qualidade que se tem ou não se tem: é um "ir verificando". Daí que a inadequação não necessite ser abolição completa de verificação. O esboçado, precisamente porque é mais ou menos adequado, pode estar mais ou menos verificado. Isto se expressa numa distinção muito precisa. A verificação adequada é verificação de certo modo *total*. Não há dúvida de que então a intelecção inquirente do real encontra o real como cumprimento pleno do esboçado: o real é então, no que concerne ao esboçado, algo estritamente *racional*. A via que nos fez chegar ao real é justamente a via do racional. A experiência é aqui experiência do real como racional. Mas, quando a verificação é inadequada, o esboço não está totalmente cumprido. A experiência é só cumprimento de alguns aspectos ou momentos do esboçado. Não é que o esboçado contenha partes, senão que a totalidade do esboçado está mais ou menos firme na provação física do real. E, neste sentido, o esboçado não é composto de *partes*, mas de *parcialidades*. Delas se cumprem umas e não outras. Esta parcialidade é um modo de verificação; não é verificação plena, mas parcial. E esta parcialidade mostra que o esboçado não é a "via" do real, mas é algo de alguma maneira "viável". Pois bem, a intelecção racional do viável, o cumprimento inadequado do esboçado na provação física de realidade, é justamente o que constitui o *razoável*. O razoável e um modo do racional; não é o racional estrito, mas o racional viável. O razoável é estrita e formalmente o viável. Há verificações mais ou menos viáveis que outras, mais ou menos razoáveis que outras. A marcha intelectiva na *realidade mundanal*, que em suas fases dinâmicas tenteia o real, é em geral marcha ou experiência do razoável. Quanto mais razoavelmente se vai verificando algo, mais se tende constitutivamente ao racional estrito. No limite desta constituição, coincidiriam a razão da verdade e a verdade da razão. Quando não há senão aproximação a este limite, a razão da verdade e a verdade da razão ficam só razoavelmente coincidentes.

c) Finalmente, é preciso sublinhar uma possibilidade essencial: nem todo esboço é verificável. Certamente, a marcha da razão sempre acontece na realidade física, seja realidade campal ou realidade mundanal. Mas o esboçado nesta marcha pode não ser verificável. O "quê" do "por quê" fica então como um lugar vazio. O inverificável mostra a realidade como vazia. O inverificável pode ter dois aspectos essencialmente diferentes. Um esboço pode ser inverificável no sentido de que na provação física de realidade o real exclui expressamente o esboçado. Então o inverificável tem o sentido de *refutável*. Não se trata de uma refutação lógica, mas de uma *experiência negativa*. Mas há um segundo grau, por assim dizer, de inverificabilidade: o que não é verificável nem refutável: é uma *experiência suspensiva*. O que é então, mais precisamente, a inverificabilidade? Naturalmente, a experiência negativa entra de cheio na linha da verificação: é uma verificação estrita da não verdade.

A experiência negativa é uma experiência crucial de falsidade. É por isso que a rigor não há estritas experiências negativas. O problema se centra, pois, na experiência suspensiva: o que é a sua inverificabilidade? Poder-se-ia pensar que é uma suspensão oriunda de uma ausência de verificação. Não é assim. É preciso que seja não ausência, mas impossibilidade de verificação. A mera ausência nos daria o esboço como inverificado, mas não como inverificável. O inverificável é o que por sua própria índole está subtraído à verificação, isto é, a uma provação física de realidade. Para isso é necessária a experiência da inverificabilidade mesma; ou seja, necessitamos da verificação da inverificabilidade. Porque a experiência em questão não é suspensão de experiência, mas experiência suspensiva. Pois bem, o esboço que se tenta experienciar não é uma simples ocorrência; é esboço articulado numa sugestão. O esboço nasce de mera sugestão; não se identifica com a mera sugestão, mas está sempre positiva ou negativamente articulado numa sugestão. Daí que a experiência suspensiva de um esboço signifique uma redução do esboço ao que o sugeriu: redução do esboço a sugestão. Mas então é claro que a experiência suspensiva pode consistir não em não esboçar o sugerido, mas em tomar a sugestão mesma como fonte de novo esboço. Então o inverificável não nos fecha para intelecção: o que faz é abrir-nos para outros possíveis tipos de verificação, para uma intelecção, para uma marcha de novo tipo. É a forma mais radical da *dialética da razão*: A dialética da verificação enquanto tal.

A verificação é dialética não só por seu momento de progressiva adequação, mas também e mais radicalmente por seu caráter intrínseco: é uma marcha do verificável e do inverificável para novos esboços. É a dialética "sugestão-esboço". A intelecção racional é um ir esboçando em e desde uma sugestão, e um retrotrair-se do esboço à sugestão para novos esboços. É *dialética de razão senciente*. Não é um processo psicológico: é um momento intrínseco e formal da intelecção racional enquanto tal. É o modo mesmo de inteligir, inteligir em marcha dialética de "sugestão-esboço".

Com isso analisamos sumariamente a estrutura formal da verificação. A verificação tem caráter de necessidade, de possibilidade e de dinamismo. Em si mesma, a verificação tem um momento de suficiência (consequência, concordância, convergência) e um momento de excedência. Em ambos os momentos é um ir verificando mais ou menos adequadamente, levando-se em conta que verificar a verdade da razão não é o mesmo que verificar a razão da verdade, e que a verificação pode adotar a forma do estritamente racional ou do razoável, ou até do inverificável, como momento dialético da intelecção. A intelecção racional tem a estrutura dialética de uma razão senciente. Nesta dialética, naturalmente, o já verificado constitui um momento essencial: o *progresso*.

Voltemos ao ponto de partida desta análise. A verificação é o modo segundo o qual o real verdadeia na intelecção pensante. A verdade desta intelecção é a verdade racional. Esta verdade é a verdade do real campal como realidade mundanal; a verdade racional é verdade formalmente mundanal. Portanto, a verdade racional não só é verdadeira, mas constitui verdade de um mundo; é, desculpem-me o vocábulo, uma ordem. Aqui ordem não é ordenação, mas área ou região. O que é a ordem da verdade racional? Aí está a terceira das três questões que formulávamos no estudo da essência da verdade em encontro. A primeira era o que é verificação. A segunda era qual é a estrutura formal da verificação. Agora nos perguntamos pela terceira questão: em que consiste a ordem mesma da verdade racional.

3ª *Questão: A "ordem" da verdade racional.* As verdades racionais constituem uma ordem, a ordem da razão, porque razão é a intelecção que em sua marcha intelige o real campal como momento do mundo. Pois bem, o mundo é o real enquanto real, e portanto sua unidade é essencial e formalmente respectiva: o mundo é a respectividade do real como real. Portanto, toda e qualquer verdade racional, por ser mundanal, é formalmente respectiva. É a ordem da razão. Se quisermos conceituar com algum rigor o que é esta ordem, ver-nos-emos inexoravelmente obrigados a nos enfrentar ao menos com dois graves problemas: em primeiro lugar, qual é o caráter desta ordem enquanto racional; e, em segundo lugar, em que consiste esta ordem enquanto "ordem".

1º *O caráter da verdade enquanto "racional".* A verdade da intelecção racional enquanto racional distingue-se, como vimos, da verdade da intelecção campal. Esta concerne às coisas reais no campo de realidade, enquanto a verdade racional concerne ao mundo mesmo do real (valha o pleonasmo). E é necessário precisar com rigor o caráter desta diferença. Tanto mais porque seu mero enunciado parece recobrir a diferença, já clássica desde Leibniz, entre verdades de fato e verdades de razão.

Para Leibniz a verdade de razão é formal e constitutivamente necessária: não pode ser de outra maneira, é impossível pensar o contrário. Por isso, a verdade de razão seria verdade eterna. Em contrapartida, a verdade de fato é verdade sobre algo que pode ser de outra maneira; é possível o contrário dela. Por isso é verdade contingente.

Mas essa concepção é, a meu ver, insustentável, mesmo se se deixa de lado que uma verdade eterna exige uma inteligência eterna, e certamente a inteligência humana não o é. Mas repito, mesmo se se deixa de lado este ponto, a diferença radical não é uma diferença entre fato e necessidade, mas a diferença entre realidade campal e realidade mundanal, o que é diferente. Para Leibniz a verdade é sempre questão de ser objetivo, isto é, de conceitos objetivos, e seu ser é inteligido nessa forma de afirmação que é a identidade. A verdade é sempre identidade mediata ou imediata de conceitos. Pois bem, isso não é exato. A verdade não é questão de conceitos objetivos, mas de realidade. E a realidade é sempre algo primária e radicalmente dado, algo meramente atualizado na intelecção. Daí que a distinção de Leibniz entre verdades de fato e verdades de razão, entre verdades necessárias e verdades contingentes, seja falsa.

Em primeiro lugar, consideremos as chamadas verdades de fato. Antes de tudo, Leibniz (e neste ponto toda a tradição filosófica anterior a ele) não distingue dois tipos de verdade nisso que vagamente ele chama de verdade de fato. Porque há verdades de fato, como, por exemplo, a verdade de que este livro ocupa tal lugar sobre minha mesa; mas há verdades de fato que concernem à estrutura mesma da realidade cósmica, como, por exemplo, a verdade da gravitação. As primeiras são *verdades fáticas*; as segundas são as que chamo de *verdades factuais*. O cosmos não é um fato, mas antes o teatro, o fato dos fatos, aquilo em que todo fato existe. Certamente não é algo absolutamente necessário, mas tampouco é algo propriamente contingente. Mais ainda, sem entrar neste problema, o decisivo está em que tanto o fático como o factual são, para os fins de minha intelecção, algo sencientemente inteligido num campo de realidade. O essencial não está em que seja contingente (isso seria um problema de realidade), mas em que sua intelecção seja campal. Pois bem, a realidade campal, por mais campal e mais sentida que seja, é "realidade". Portanto, a chamada verdade de fato é verdade de "realidade" campal. Por isso, a realidade é intelectivamente sentida, e o sentido mesmo é sentido em formalidade de realidade. Não se trata, pois, de verdades de fato, mas de verdades de *realidade campal*. No campal, a realidade está dada. Não é questão de conceitos, mas questão de realidade. Realidade, conquanto seja de fato, não é sinônimo de contingência: é formalidade do apreendido. Em virtude disso, realidade não é "mero" fato, mas uma formalidade constitutivamente necessária. Por sua vez, a verdade mais necessária do planeta está de algum modo e de alguma forma sendo verdade de algo campalmente sentido. Portanto, o que é sentido não deixa por ser sentido de ser inteligido em necessidade.

Em segundo lugar, as supostas verdades de razão são verdades eternas no sentido de Leibniz? Certamente não. Leibniz cita como verdades de razão os princípios lógicos supremos (identidade, não contradição e terceiro excluído) e as verdades matemáticas. Mas estas verdades são verdades que se fundam apenas em conceitos de nossa mente? Não é assim; fundam-se intrinsecamente em realidade "dada". As verdades matemáticas são certamente necessárias, mas sua necessidade depende de postulados, e portanto de realidade dada em e por postulados. Em última instância, as verdades matemáticas estão ancoradas em algo dado. E, por isso, poderiam perfeitamente ser de outra maneira. Os postulados são, com efeito, livremente escolhidos. Bastar-me-ia mudar os postulados para que a verdade matemática fosse outra.

O mesmo acontece com os princípios supremos da lógica. Estes princípios, com efeito, são princípios estruturais da afirmação. E o que a lógica faz é inteligi-la como tal. Mas aqui ocorre um grave equívoco, não só em Leibniz, mas em quase toda a filosofia corrente, culminando em Hegel. Porque como intelijo eu os princípios de toda afirmação? Costuma-se dizer, por exemplo, que o princípio de não contradição regula a intelecção mesma de toda afirmação; ou seja, ele seria princípio não só da afirmação enquanto algo afirmado, mas também princípio da intelecção mesma como ato da afirmação. E isso, a meu ver, é falso. Quando eu intelijo as afirmações como tais afirmações, estas afirmações são a coisa inteligida; e estas coisas têm certamente um caráter de necessidade incontraditória, têm como um caráter estrutural seu a incontradição. Mas a questão não termina aqui. Porque estas afirmações, com todas as suas estruturas inclusive com a não contradição, hão de ser inteligidas por mim num ato diferente; do contrário, teríamos logos, mas não lógica. A lógica se funda na intelecção do logos como algo inteligido. Pois bem, é fácil pensar que esta intelecção de uma afirmação é por sua vez uma intelecção afirmativa. Se fosse assim, haveria um retorno ao infinito: o princípio de não contradição das afirmações inteligidas seria também o princípio estrutural da intelecção delas, e assim ao infinito. E aqui reside, a meu ver, o engano. A intelecção de minha afirmação não é, por sua vez, uma intelecção afirmativa: é uma apreensão primordial, anterior portanto a toda afirmação.

Dito em termos mais gerais: o acesso intelectivo ao logos não é, por sua vez, um acesso lógico. Daí que, para os fins da intelecção, a necessidade dos princípios das afirmações não está nos conceitos, mas na realidade intelectual de minhas afirmações. Esta realidade é, pois, algo dado e não algo concebido. As verdades lógicas não são necessidades de conceitos, mas caracteres de *realidade* dada. Se não se pode pensar o contrário deles, não é porque sua verdade seja eterna, mas porque a realidade inteligida mesma como realidade, isto é, a afirmação enquanto afirmada, é que não pode ser de outra maneira.

Suposto isso, o que é próprio da chamada verdade de razão não é ser verdade "de razão", mas verdade "racional", o que é diferente. E é verdade racional porque concerne ao mundo da realidade (incluindo nele as próprias intelecções afirmativas como atos). Toda verdade racional é verdade de realidade, porque é verdade de realidade mundanal. E incluo na realidade mundanal o cósmico mesmo. Certamente mundo e cosmos não são idênticos em si mesmos. O mundo é a unidade respectiva do real enquanto real; o cosmos é a respectividade talitativa do real mundanal. Mas, para os fins da intelecção, cosmos e mundo são coincidentes: são aquilo "para" [*hacia*] o que nos remete a realidade campal. Neste "para além de" coincidem cosmos e mundo. Por isso falei aqui simplesmente de "realidade mundanal". Dir-se-á que o cosmos como tal não é necessário. Mas é justamente o que estou dizendo: verdade racional não consiste em ser verdade de razão, mas em ser verdade mundanal e cósmica do real campal. O mundanal não é pura e simplesmente o cósmico, mas o cósmico é formalmente mundanal: é talidade mundanal. E o real campal como momento simplesmente mundanal ou como momento cósmico (isto é, como algo factual) é sempre termo de verdade racional. A necessidade e a contingência não são caracteres da verdade, mas da realidade.

Portanto, não existem dois tipos de verdade, verdade de fato e verdade de razão. Toda e qualquer verdade é sempre e somente "verdade de realidade". O que sucede é que esta realidade é ou realidade sentida como campal, ou realidade mundanal e cósmica. Mas em ambos os casos se trata de uma mesma e idêntica realidade enquanto realidade. A realidade campal impele-nos desde si mesma, em seu modo de "para" [*hacia*], para o mundanal; e o mundanal é inteligido no real campal, mas como encontro e cumprimento de um esboço. E este encontro é a verdade racional. Isso nada tem que ver com a ideia de que a ordem das verdades racionais seja uma ordem de necessidade absoluta. Meu esboço é sempre um esboço livremente construído. Ao tentarmos sua verificação, pode ser que o encontrássemos inverificável; e isso não só porque o esboço fosse falso, mas porque não é necessariamente verdade que todo o real seja verificável racionalmente. O real poderia repousar sobre si mesmo. E então o real entra no âmbito da razão, mas para não constituir-se como real nele. Isso, porém, não invalida o que temos dito. Porque o real campal é que nos leva para o mundanal. E isto nos basta. Não se trata de que *todo* o real enquanto real seja necessariamente de estrutura racional; basta-me que *algo* real, a saber, o real campal, tenha esta estrutura. Pensar que todo o real tem necessariamente sua "razão" não só é uma hipótese, como, ademais, é uma falsidade. Pensando no que Leibniz pensava, a saber, na realidade de Deus, o que é preciso dizer é que Deus está acima de toda e qualquer razão; afirmar, como se costuma fazer, que Deus é razão de si mesmo constitui uma vazia logificação da realidade divina. Deus é realidade absoluta. Mas mesmo mundanalmente não é verdade que toda e qualquer realidade tenha razão racional. Um ato livre não tem razão, senão que a liberdade é o que põe razão no que vai acontecer; mas a liberdade mesma está para além da razão. É, se se quiser, a razão da sem-razão. A verdade da intelecção racional supera, pois, essencialmente a dualidade de fato e razão.

Dir-se-á que as verdades metafísicas são necessárias. Não entremos agora a definir o que é o metafísico. Basta-nos indicar que o metafísico é a ordem do real enquanto real, isto é, a ordem do transcendental. Pois bem, o transcendental não é algo concluso e *a priori*; é algo *dado em impressão* (impressão de realidade), e é algo *aberto*, e aberto *dinamicamente*. As verdades metafísicas são somente estágios da marcha intelectiva para a verdade da realidade.

Em definitivo, portanto, não existe essa dualidade de verdades de fato e de verdades de razão, mas a dualidade de verdades campais e de verdades mundanais ou racionais. Ambas são verdade não de conceitos, mas de realidade, ou seja, de uma formalidade meramente atualizada na intelecção. A verdade racional é simplesmente verdade mundanal.

Mas estas verdades racionais constituem uma "ordem". Não é certamente a ordem da necessidade absoluta das essências conceptivas em sentido leibniziano, mas é uma estrita ordem. Em que consiste?

2º *A ordem das verdades racionais* enquanto "ordem". As verdades racionais, digo, constituem uma ordem. Já o indicava antes. A verdade racional, com efeito, é a verdade do real como forma de realidade. Cada coisa não só é real, mas constitui "uma" forma de ser real, isto é, uma forma entre outras. Porque a realidade é constitutivamente respectiva; e esta respectividade é o mundo. Portanto, a coisa real como momento do mundo é "uma forma" de realidade, é a "sua" forma de realidade. Não importa, neste problema, que a respectividade em questão seja cósmica além de mundanal. O cósmico, já o dissemos, é a talidade do mundo, é a talidade da respectividade mundanal; portanto, em última instância, o decisivo é a respectividade mundanal mesma. Em virtude disso, toda realidade mundanal quando é múltipla está remetendo em seu próprio caráter de realidade para outras formas de realidade, porque nenhuma forma é a "sua" forma de realidade senão respectivamente a outra. E, portanto, toda verdade quanto a uma realidade mundanal, ou seja, toda verdade racional, está remetendo enquanto verdade racional para outras verdades racionais. Portanto, as verdades racionais constituem uma ordem: é a ordem do racional. Esta ordem tem dois caracteres essenciais.

Em primeiro lugar, o racional não é só razão do campal. A razão certamente é primária e radicalmente razão da realidade campal. Sem esta, e sem ser para esta, não haveria razão, não haveria verdade racional. Nunca se insistirá bastante nisso. O racional constitui-se como termo de uma marcha em que, impelidos pelo real campal, vamos em busca "para" [*hacia*] o mundo, isto é, para a forma de realidade que tem aquela coisa campal como momento do mundo, na realidade. Razão, pois, é primária e radicalmente razão do campal. A razão tem um orto preciso; não repousa sobre si mesma, e este orto está, como vimos, no campal. Mas isso significa que o racional tem como que duas faces. Uma, a face que dá para a coisa campal de que é razão. Mas, como esta razão é respectividade mundanal, sucede que a razão tem uma segunda face: a face que dá para outras formas de realidade, ou seja, para outras razões. Ao ser razão de uma coisa campal, a razão está, de certo modo, excedendo-se a si mesma. Portanto, a ordem da razão tem um caráter de *excedência* em face do campal de que é razão.

Já apareceu este caráter ao tratarmos da verificação, e, muito antes ainda, ao tratarmos do campo do real. Por isso, para fixarmos as ideias, digamos outra vez, rapidamente, o que é a excedência. Exceder não significa que aquilo a que se aplica seja uma *contração* do excedente, senão que, ao contrário, a excedência é uma *expansão* do caráter de realidade. É uma constituição expansiva, e não contrativa, do caráter de realidade. Esta expansão tem dois momentos fundamentais. Antes de tudo, é uma expansão do caráter de realidade de cada coisa real primordialmente apreendida; é um caráter que compete a todo o real assim apreendido: é a excedência por que cada coisa real determina um campo, o campo do real. É a *excedência campal*. Mas há um segundo momento, aquele momento segundo o qual o campo inteiro do real nos leva para o mundo: o real campal é inteligido agora como forma de realidade no mundo. É a *excedência mundanal*. Por sua vez, esta expansão mundanal, esta expansão do campo em mundo, tem dois aspectos. Um, aquele aspecto segundo o qual a intelecção como forma de realidade, isto é, a intelecção racional, ao ser razão da coisa campal, descobre (ou pode descobrir) no real campal mais propriedades que aquelas que campalmente havíamos inteligido. É uma excedência na linha das propriedades. Mas a excedência mundanal tem, junto com o primeiro aspecto, um segundo aspecto: é a expansão de cada razão para outras razões; e este segundo aspecto da expansão mundanal é o que aqui nos interessa agora. Pelo primeiro aspecto, a excedência mundanal é uma excedência da razão com respeito ao campal; esta excedência se inscreve inteiramente, portanto, na face da razão que dá para o campal. Mas a excedência de que agora falamos é uma excedência dentro do racional mesmo, dentro do mundo mesmo da realidade. É impossível descobrir a razão de uma só coisa real, porque, se é razão, é razão mais que dessa coisa: é razão dentro da unidade mundanal de outras razões. Por sua própria essência, a razão do real é mundanalmente excedente.

E aqui já transparece um segundo caráter essencial da ordem da verdade racional. Porque essa excedência não é simplesmente uma adição numérica: é uma excedência essencial e constitutiva de toda e qualquer razão. Não é que "uma" razão nos leve a "outras", e sim que cada razão é razão somente "em e por isto" que nos leva a outras. Ou seja, a razão, por sua excedência, constitui não uma ordem aditiva, mas uma ordem formal e constitutiva: é *sistema*. A razão é formal e constitutivamente sistemática. As verdades racionais enquanto tais constituem sistema. Isso significa, por enquanto, que toda razão se esboça desde outras. Na intelecção campal vimos que cada coisa se inteligue desde outras. Pois bem, na intelecção racional cada razão se inteligue desde outras. Reciprocamente, toda razão leva em e por si mesma a outras, e só é razão em unidade com elas. Por isso, toda intelecção racional leva intrínseca e formalmente à sua própria superação em outras. E, então, isso nos patenteia algo decisivo. Razão, como vimos, é um esboço intelectivo do que a coisa real "poderia" ser como forma ou momento do mundo. Cada razão é um "poderia"; se se me permite uma expressão perigosa (já antes a eliminei para evitar confusões), direi que cada razão é um "possível". Pois bem, a unidade sistemática de razões é então unidade de "co-possíveis". O mundo inteiro do racionalmente inteligido é a única e verdadeira razão da realidade campal. O esboço, dizemos, é traçado desde um sistema de referência. Este sistema de referência é o campo do real. Pois bem, o esboçado, a razão adequada do real campal é a unidade do mundo. O campo é o sistema do real sentido, e o mundo é o sistema do real como forma de realidade. O "poderia" ser é o fundamento do real. Portanto, o sistema do mundo é justamente o fundamento da unidade do campal.

E aqui é preciso evitar quatro equívocos que facilmente saltam aos olhos.

O primeiro equívoco concerne ao "poderia ser". O "poderia ser" é algo possível. Mas acabo de indicar que essa é uma expressão perigosa por ser ambígua. A ordem dos possíveis pode ser entendida como a ordem das essências que repousam eternamente sobre si mesmas. A realidade seria um derivado desses possíveis: foi a ideia de Leibniz. Mas não é assim. A possibilidade do "poderia ser" não é a essência do real, anterior ao real mesmo; é a realidade campal mesma que como fisicamente real é uma "realidade", mas "para" [*hacia*] o mundo. Seja o mundo o que for, é sempre e somente estrutura da realidade campalmente dada. Portanto, o racional não é o possível, senão que o racional é o real em sua intrínseca e física emergência desde si mesmo, e portanto é um momento *dentro* do real mesmo. Não é que o que é possível seja real, senão que é o real mesmo como realização de sua forma de realidade. Não é algo anterior ao real, mas um intrínseco momento constitutivo seu. É sua intrínseca possibilitação. Em última instância, o possível é um momento reduzido do real mesmo. Só o real é fundamento do possível. Inverter os termos é o primeiro equívoco que me urgia evitar.

O segundo equívoco concerne a esse momento de unidade do racional segundo o qual toda razão é razão desde outras.

É nisso que transparece mais obviamente o caráter de sistema que o racional possui. Mas este "desde", e portanto o sistema mesmo, não é esse "desde" que desde tempos imemoriais é chamado de raciocínio. O sistema do racional não é formalmente raciocínio. Leibniz dizia que a razão pura é "encadeamento de verdades", encadeamento de raciocínio. E Wolf expressa o mesmo dizendo que "a" razão é a faculdade de perceber o nexo das verdades universais. A universalidade expressa aqui o caráter de raciocínio. Mas, a meu ver, não se trata disso. O sistema é a unidade de respectividade do mundo. Portanto, que toda razão se entenda desde outras não significa formalmente que se deduza destas. Significa que toda razão remete para outras, qualquer que seja o modo de remissão. A remissão mesma é o caráter sistemático do mundo, e não o contrário. O raciocínio funda-se no caráter respectivo do mundo, no caráter respectivo da realidade racionalmente inteligida. Só porque o mundo é unidade sistemática, só por isso é que pode haver *em alguns casos* raciocínio. A unidade essencial do mundo não é, pois, raciocínio; é unidade real de respectividade.

E isso nos leva a um terceiro equívoco. Como cada verdade racional remete intrínseca e formalmente para outra, poder-se-ia pensar que a ordem da verdade racional é a totalidade das verdades racionais. Foi a ideia de Kant: a razão é para Kant organização da experiência, mas em e por si mesma é a totalização lógica das verdades do entendimento: é o que ele chama de Ideia. O objeto da razão para Kant não são as coisas, mas as verdades que entendi sobre as coisas. Mas isso é insustentável. O raciocínio funda-se em verdades já conhecidas, mas isso só é possível porque as verdades têm a unidade que o serem verdades do mundo lhes confere. A unidade do mundo, acabo de dizer, é o fundamento do raciocínio. E esta unidade não é portanto *sistema total* de verdades, mas *unidade principial* de respectividade. A ordem das verdades racionais não tem caráter de totalidade, mas de respectividade. E a respectividade não é forçosamente totalidade: uma respectividade constitutivamente aberta não pode ser totalidade. A unidade de respectividade é o princípio intrínseco e formal de toda a ordem racional. Esta ordem não é, pois, totalidade nem sequer como Ideia.

Isso nos situa em face de um último equívoco, o quarto, que me é essencial dissipar. Poder-se-ia pensar, com efeito, que a ordem da verdade racional é a unidade da realidade verdadeira como tal. Então, a ordem da verdade racional não seria "totalidade" como pretendia Kant, mas a ordem de uma unidade primária do real enquanto tal: seria a ordem do "ab-soluto". E esta ordem não seria senão o desdobramento mesmo do absoluto. O absoluto seria a realidade desdobrando-se sobre si mesma, ou seja, a realidade que não só é em si, senão que é em si e para si: o absoluto seria espírito. Foi a ideia de Hegel. Mas isso não é assim. Mesmo se se deixa de lado o tema da identidade de razão e realidade em Hegel – não é nosso tema neste momento –, deve-se afirmar que a unidade da ordem racional não é a unidade do absoluto. A coisa real inteligida racionalmente é a coisa como forma de realidade. Pois bem, é verdade que a ordem transcendental é uma ordem dinamicamente aberta. Mas isso não significa que a constituição mesma de cada coisa real no mundo seja um movimento, nem que o dinamismo transcendental seja um desdobramento. Movimento não é sinônimo de desdobramento; só há desdobramento quando o movimento consiste em atualizar algo que previamente estaria como que virtualmente no movido. Mas, na constituição de formas de realidade, não se trata de que *algo* se vá configurando; trata-se de que *cada coisa* se vá configurando como forma de realidade. Não é que o absoluto se configure ou se autoconfigure, senão que o que se configura é cada coisa real. Não há, pois, desdobramento. É que não há uma unidade do absoluto. As diferentes formas de realidade não têm outra unidade além da unidade de respectividade. Portanto, a ordem do racional não é ordem do absoluto, mas ordem do mundo. A realidade enquanto realidade não é o mesmo que a realidade absoluta. Cada coisa real não é um momento de uma magna coisa, do absoluto; é apenas momento respectivo a outras realidades. A ordem do racional não é totalidade kantiana nem absoluto hegeliano: é simplesmente mundo.

Com isso completamos nosso segundo passo para conceituar a verdade como encontro. O primeiro passo foi analisar o que é a verdade como encontro: a "verificação". O segundo passo foi determinar a essência formal deste modo de verdade. Fizemo-lo enfrentando-nos com três questões: o que é verificação, qual é a estrutura formal da verificação, em que consiste a ordem da razão. Necessitamos agora dar um terceiro e último passo: determinar aquilo que poderíamos chamar de caráter intrínseco da verdade como encontro, isto é, o caráter intrínseco da verdade racional, da verdade do conhecimento.

III. Caráter intrínseco da verdade racional

É preciso fixar antes de tudo o sentido da questão. Vimos que a verdade racional é *verificação*. É um modo de verdadear de caráter especial, um modo segundo o qual o real, já apreendido como real, dá sua verdade à atividade pensante; ou seja, é um modo segundo o qual o real nos dá razão. Vimos qual é a essência formal da verificação. A verificação é o verdadear do real numa intelecção inquirente, isto é, num esboço. Verificar é encontrar o real, é um cumprimento do que esboçamos que o real poderia ser: neste encontro e neste cumprimento faz-se atual (*facere*) o real na intelecção (*verum*). E nisso consiste a "veri-ficação". E nesse verdadear é que consiste a verdade racional. Pois bem, essa verificação em esboço envolve intrinsecamente dois aspectos: é encontro e é cumprimento. Até agora fizemos ver o caráter da verdade racional como uma verdade que tem estes dois momentos: encontro e cumprimento. Mas esses dois momentos são diferentes, e cada um deles imprime à verdade um caráter próprio. De modo que a unidade desses dois momentos é o que constitui a índole intrínseca da verdade racional. Qual é em última instância este caráter intrínseco da verdade racional, quer dizer, a unidade intrínseca de encontro e cumprimento? Aí está o nosso atual problema.

Para responder a esta pergunta, é preciso antes de tudo deter-se em cada um dos dois momentos da verificação, o momento de encontro e o momento de cumprimento. Repitamos, pois, o dito, mas de maneira sistemática. Só depois poderemos enfrentar a questão de sua intrínseca unidade, isto é, o caráter intrínseco da verdade racional.

Para fazê-lo com alguma clareza, será forçoso repetir ideias que já expus mais detidamente.

1º *A verificação como encontro*. A verdade consiste formalmente na mera atualização do real na intelecção; e esta sua atualização é a verdade. O real atualizado, pois, verdadeia. Vimos que há duas formas essenciais de verdade: a verdade real ou simples, ou também verdade elementar, e a verdade dual, aquela que consiste em coincidência dos aspectos da atualização dual. Há verdade dual quando estes dois momentos são coincidentes; é o que repetidamente chamei de verdade coincidencial. E esta verdade coincidencial adota por sua vez três formas: autenticação, veridictância, verificação. Pois bem, não se trata de uma simples classificação de verdades, mas de uma estrutura unitária, ou seja, cada forma de verdade pressupõe a anterior e se funda nela. Toda verdade coincidencial de autenticação se funda em verdade real, e envolve autenticadamente a própria verdade real. Toda verdade de veridictância se funda em verdade de autenticação, e envolve veridictantemente a verdade de autenticação, e portanto a verdade real. Toda verdade de verificação se funda em verdade de veridictância e contém formalmente esta verdade veridictante, e portanto envolve verificantemente a veridictância, a autenticação e a verdade real. Depois voltarei detidamente ao tema. Mas já era necessário indicá-lo aqui a propósito da verdade racional: toda verdade racional se funda numa verdade de veridictância, ou seja, contém formalmente uma ou várias afirmações, e com isso uma verdade real. Pois bem, é aqui que se acha a novidade irredutível da verdade racional com respeito à verdade de veridictância. Como a verdade racional envolve formalmente afirmações, poder-se-ia pensar que a verdade racional consistiria em que, ao encontrar-se o real, minhas afirmações sobre este real fossem conformes ao real; a verdade racional seria, assim, simples verdade de veridictância. É a ideia de toda a filosofia clássica. Mas a verdade racional não é isso. Certamente a verdade racional envolve formalmente afirmações, mas não consiste em "estar" conforme com o real. Certamente sem esta conformidade não haveria verdade racional, mas a verdade racional não é mera conformidade. A verdade racional é "encontro" de conformidade, mas o encontro em si mesmo não é *conformidade*; é algo que envolve a conformidade, mas de maneira nova: é *confirmação*. A verdade racional da afirmação não consiste na conformidade do afirmado *com* o real, mas na confirmação do afirmado pelo real. Toda verdade racional é busca, é inquirência de algo que se esboçou. E o encontro não é simples conformidade da afirmação esboçada com o real, mas a "confirmação" do esboço pelo real. Se não houvesse esboço, não haveria encontro nem, portanto, intelecção racional. É por isso que o encontro é algo diferente do simples acordo ou da simples conformidade.

Mas entendamo-nos. A palavra "confirmação" pode ter dois sentidos. Pode significar uma espécie de ratificação de uma afirmação verdadeira: já se tinha uma verdade firme e ratificar-se-ia esta verdade por outros caminhos. Confirmação seria então ratificação de uma verdade já afirmada como verdade. Mas o encontro não é confirmação neste sentido, por um motivo muito simples: é que, antes do encontro, o afirmado não é afirmado como verdade, mas como simples esboço de verdade. Então confirmação significa algo mais radical que ratificação: significa dar caráter de verdade *firme* ao esboçado como verdade. O esboçado é firme "com" o real encontrado. Este é o "com" da confirmação. Não é a ratificação de uma verdade, mas a constituição mesma da verdade. A confirmação é o encontro na medida em que dá firmeza. O encontro não é um tropeção ocasional: é *confirmação constituinte*, é constituição da firmeza do esboçado no e pelo real. *Não é confirmação ratificante.*

Pois bem, o real fica agora atualizado em confirmação. A simples "a-firmação" torna-se "com-firmação". Eis a verdade racional como encontro. *A veridictância "constata" em conformidade; a verificação "confirma" em encontro.* A razão não só afirma, mas confirma em encontro. A razão não é formalmente razão porque afirma: a afirmação é formalmente racional porque constitui a verdade do encontro em confirmação constituinte. O esboço é a afirmação do que "poderia ser". A intelecção racional é a confirmação do "poderia ser" no e pelo que é. O encontro é um momento de *intelecção inquirente* do que o real "poderia ser" no mundo. E por isso mesmo é intelecção da coisa real em seu fundamento: é *intelecção fundamental.* Este fundamento é o que constitui a realidade profunda, onde profundidade consiste formalmente em instauração no mundo. A intelecção racional é intelecção profunda do real atualizado em seu fundamento. Todas essas fórmulas são idênticas. E sua intrínseca identidade formal é justamente a essência da intelecção racional como encontro em confirmação constituinte.

É a verificação como encontro.

Não é fácil achar uma designação adequada para este encontro constitutivo da verdade racional. E, no entanto, é necessário ou ao menos extremamente conveniente achá-la para maior clareza do que depois vou expor. Para isso, consideremos que toda confirmação envolve afirmações. E as afirmações sempre foram consideradas como próprias do logos. Então se poderia chamar a verdade racional de verdade de um logos, isto é, de verdade lógica. Isso é extremamente arriscado, pois com muita facilidade pode suscitar a ideia de que o racional da verdade é assunto de lógica: a verdade racional seria uma verdade logicamente fundada. E isso é um grave erro que repetidamente vim denunciando ao longo deste livro. É que a expressão "verdade lógica" tem dois sentidos. Pode significar que a verdade do logos é lógica no sentido de que a essência do logos consiste em afirmação predicativa. Pois bem, neste sentido, dizer que verdade racional é verdade lógica é uma ingente falsidade. É o que desde o começo mesmo da obra venho chamando de *logificação da inteligência*. Ao contrário, há que seguir uma via oposta: ver no logos um modo de atualização intelectiva do real. Deve-se entender o logos desde a intelecção: é a *inteligização* do logos. Neste caso, verdade lógica significa verdade do real atualizado em logos. Então, evidentemente, a verdade racional é verdade lógica porque a verificação é um modo de verdadear dualmente que envolve logos. A nua realidade não está atualizada na intelecção como logos. A verdade racional, em contrapartida, não está atualizada formalmente como logos, mas envolve logos. Pois bem, neste sentido e só neste sentido preciso e exclusivo – insisto nos adjetivos – é que digo que, por ser atualização dual em confirmação, a verdade racional é verdade lógica no sentido de verdade de uma realidade que em um de seus aspectos verdadeia em logos. Não é uma expressão feliz. Mas à falta de outra melhor a empregarei nestas últimas páginas do capítulo para designar não "a" intelecção racional, mas apenas um aspecto dela, aquele aspecto segundo o qual a intelecção racional envolve afirmações, isto é, envolve logos. É verdade como encontro.

Mas aqui é que aparece o segundo momento da verificação. A verdade é encontro de algo que se busca esboçando. Então, verificação não é só encontro confirmante, mas cumprimento do esboçado. E isto é essencial.

2º *A verificação como cumprimento*. Cumprimento de quê? Do esboçado. Mas o que é formalmente o esboçado, em que consiste o cumprimento e qual é então o caráter da verdade como cumprimento?

a) *O que é formalmente o esboçado*. Embora já tenhamos tratado desta questão, recolhamos aqui as ideias que são essenciais para o tema atual. A intelecção racional é atualidade do real não num *ato* de intelecção, mas em *atividade* intelectiva. É atividade intelectiva "para" [*hacia*] o real fundamental, num "para" determinado pelo próprio real já apreendido como real, e que é o que agora queremos inteligir em seu fundamento. Neste momento do "para" é que se intelige o real em atualidade pensante; e portanto a realidade já está inteligida como realidade. Mas o mesmo real inteligido (como realidade mundanal) está formalmente dado segundo esse modo do real que é o irreal. O irreal inscreve-se, pois, por inteiro na realidade. Esta inscrição tem dois momentos; se se quiser, dois aspectos. Por um lado, dizíamos que a realidade se atualiza numa intelecção, mas não numa intelecção forçosamente vazia, e sim numa intelecção que consiste em concreto no que sem compromisso ulterior chamei, como correntemente dizemos, de "minhas ideias". Por esta atualização da realidade em "minhas ideias", o conteúdo destas fica intelectivamente realizado, como mero conteúdo da ideia na realidade. Estes dois momentos constituem "ao mesmo tempo" o *irreal*. Em si mesmas, as ideias são "a-reais". Realizam-se pela atualização da realidade nelas. Por isso o irreal, em razão das ideias, é uma livre criação minha, e em virtude disso, dizia eu, criar não consiste em dar realidade a minhas ideias, mas em dar minhas ideias à realidade. O irreal inscreve-se, pois, por inteiro na realidade por esses dois momentos de atualização e realização. Para o nosso problema, esta inscrição pode ter dois modos. Um consiste em que o irreal é o que o real "seria". É, como vimos, uma intelecção do real em retração. O "seria" inscreve-se na realidade de forma muito precisa: em *modo irreal* (não no sentido gramatical, mas no sentido que acabo de explicar). Mas o irreal pode inscrever-se no real de outra forma: o irreal como realidade do que o real "poderia ser". Este "poderia ser" não é mera possibilidade abstrata, mas algo diferente e muito mais positivo: é a intelecção em *modo potencial* (repito o que disse a propósito do modo irreal). O "poderia ser" não é o em si mesmo "possível", mas o "possibilitante". Por isso, este "poderia ser" não se intelige em movimento de retração, mas numa marcha esboçante para o fundamento do real. O formalmente esboçado é, pois, a possibilitação do real enquanto possibilitante. E isto possibilitante é um sistema interno de momentos fundamentantes, ou seja, sua intelecção é "construção" de possibilitação. Para facilitarmos a expressão, empreguemos aqui a palavra "possibilidades", no plural, à diferença do meramente "possível".

Perguntamo-nos agora: o que estas possibilidades possibilitam? O esboço, como digo, é antes de tudo construção do que o real "poderia ser" em sua realidade profunda. Portanto, as possibilidades possibilitam antes de tudo o real em sua realidade mundanal. A atualização do mundo na atividade intelectiva é atualização de possibilidades de fundamento. Não é que estas possibilidades sejam anteriores ao real, e sim que são o fundamento mesmo segundo o qual o real é um momento do mundo.

Mas estas possibilidades não se limitam a ser possibilidades do real, porque este sistema de possibilidades é livremente esboçado, é livremente construído. Em virtude disso, a atividade esboçante é *apropriação* das possibilidades numa opção livre. É a essência mesma do esboço como intelecção. Com isso, as possibilidades não são apenas o que possibilita o real; são também o que possibilita "ao mesmo tempo" com o real minha intelecção pensante do real. Neste aspecto são possibilidades minhas; o que possibilita o real fica constituído em possibilidade de meu pensar. Ao serem apropriadas por mim, as possibilidades que possibilitam o real no mundo possibilitam "ao mesmo tempo" minha intelecção racional. Nem a apreensão primordial de realidade, nem a autenticação, nem a veridictância são termo de apropriação. A verificação, em contrapartida, é formalmente termo de apropriação. Apropriam-se, repito, as possibilidades do real na intelecção. Pois bem, precisamente por isso, a intelecção racional não é somente esboço: é cumprimento do apropriado.

b) *O que é cumprimento*. Minha intelecção racional é, pois, antes de tudo atualização do real segundo minhas possibilidades esboçadas. E esta atualização é justamente a essência do cumprimento. Nem a autenticação nem a veridictância são formalmente cumprimento. Mas a verificação é formalmente cumprimento. Porque não se trata de que o que se cumpre seja a conquista de uma intelecção que se busca. Esta busca, enquanto busca de um ato intelectivo, pode ser comum a toda intelecção, qualquer que seja sua índole formal. Mas a verificação, já o disse, não é busca de intelecção, e sim intelecção formalmente inquirente: é intelecção em busca. A inquirência pertence ao conteúdo formal da intelecção mesma. E isso é exclusivo da intelecção racional. Nem a autenticação nem a veridictância são intelecção em inquirência. Nenhuma destas duas intelecções consiste em apropriação de possibilidades esboçadas. Mas a verificação, sim. O cumprimento do apropriado não é um caráter do ato nem da atividade, mas a atualidade do inteligido mesmo nesta atividade enquanto possibilidade de sua própria atualização. Intelecção é atualização do real na inteligência. E, quando a intelecção é racional, então o real se atualiza em forma de cumprimento de um esboço. Este cumprimento mesmo consiste em realizar as possibilidades esboçadas e apropriadas. Portanto, esta atualização é o que com todo o rigor semântico e etimológico do vocábulo devemos chamar de *atualização cumprida*.

Pois bem, a atualidade intelectiva é estritamente comum ao inteligido e à intelecção mesma. Já o vimos. Enquanto é atualidade do real cumpridamente inteligido, constitui justamente a essência mesma da verdade racional. Portanto, a verdade racional enquanto verdade é o cumprimento no real do apropriadamente esboçado pela intelecção mesma. É a diferença essencial entre conformidade e confirmação. O cumprimento, e só o cumprimento, é confirmação. E, reciprocamente, a confirmação é atualidade cumprida. E por isso a verdade racional enquanto cumprimento tem um caráter intrínseco próprio.

c) *Caráter da verdade como cumprimento*. Vimos que como encontro a verdade racional tem caráter lógico num sentido muito preciso que já expliquei, no sentido de atualização num logos. Neste aspecto, a verdade racional é verdade lógica. Pois bem, como cumprimento a verdade racional tem um caráter diferente, inseparável do anterior, mas diferente dele. Com efeito, a verdade racional como cumprimento é realização de possibilidades. E toda atualização de possibilidades possibilitantes, sejam intelectivas ou não, tem um caráter muito preciso. Por um lado, é atualização realizada por uma potência (digamos assim) das coisas, e por uma potência minha, a potência intelectiva. Neste sentido, esta realização é um fato. Mas, por outro lado, quando entre a simples potência e a atualização medeia o esboço de uma possibilidade possibilitante, então a realização é mais que um fato: é *acontecimento*. A realização, por sua vez, é fato e acontecimento; mas ser acontecimento não se identifica formalmente com ser fato. Embora todo acontecimento seja fato, nem todo fato, porém, é acontecimento. O fato é atuação; o acontecimento é atualização. O fato é *atuação* de "potências"; o acontecimento é *atualização* realizada de possibilidades. Como é na realização de possibilidades que consiste formalmente a essência do que é histórico, sucede que o caráter da verdade racional enquanto acontecimento é o que constitui formalmente a essência mesma de caráter histórico desta verdade.

Pois bem, a intelecção racional, por ser cumprimento, é formalmente histórica, dado que cumprimento é realização de possibilidades. A verdade racional tem este caráter de historicidade. A historicidade é um caráter intrínseco da intelecção racional, da verdade racional. Mas, assim como tivemos de precisar, para evitar graves erros, em que consiste o caráter da verdade racional como encontro, assim também é preciso precisar agora em que consiste que a verdade racional seja histórica.

Que a verdade racional seja histórica não significa nem remotamente que a verdade racional pertença à história. Ou seja, não significa que a verdade racional tenha história. Evidentemente a tem, e o afirmá-lo é uma trivialidade. Mas "ser" história não é ser "histórico". Tampouco significa que a verdade racional, além de ter história, seja historicamente condicionada. É óbvio que o é, como se vê, por exemplo, na própria ciência. Não se podem esboçar os mesmos experimentos em todas as épocas, etc. Mas aqui não se trata disso; não se trata de que a verdade racional tenha história nem de que seja historicamente condicionada, e sim de que a verdade racional é formalmente histórica em si mesma enquanto verdade. Significa por ora que sua historicidade é um caráter intrínseco e formal da própria verdade racional enquanto verdade.

Mas ainda assim é preciso apurar ainda mais os conceitos. Por um lado, é preciso fugir de pensar que a verdade racional enquanto verdade é verdade de algo histórico. Isso, como é óbvio, é radicalmente falso, porque o real enquanto real não tem por que ser histórico. Galáxias, um astro, um objeto matemático não são realidades históricas enquanto realidades. Portanto, quando o real é histórico, a verdade racional é duplamente histórica: é histórica porque o real neste caso é algo histórico e, ademais, é histórica por uma atualização racional. Só este segundo caso é o próprio da verdade racional enquanto verdade. Que a verdade racional seja histórica não consiste, pois, em que seja verdade de algo histórico. Mas tampouco consiste em que seja uma verdade que enquanto verdade dependa do inteligir mesmo enquanto ato meu. E isso por duas razões. Em primeiro lugar, porque a intelecção não é necessariamente histórica, e, ainda que o fosse, esta historicidade de meu ato não pertence ao conteúdo formal mesmo da verdade racional. Em segundo lugar, a historicidade da intelecção não consiste na unidade vital da ação intelectiva e de todas as estruturas vitais, qualquer que seja o modo como se entenda esta unidade vital e sua própria concreção. Por mais que se acentue este aspecto vital da historicidade do ato intelectivo, é sempre, porém, um aspecto extrínseco à verdade do inteligido como tal verdade, pois é uma historicidade das ações intelectivas enquanto ações. Tudo isso pertence à ordem da atividade. A historicidade de que aqui tratamos é, em contrapartida, um caráter formal da verdade racional mesma enquanto verdade; pertence à ordem da atualidade. E não consiste em pensar que o atualizado seja sempre realidade histórica, nem em pensar que o modo mesmo da ação intelectiva é histórico. Que a verdade racional seja histórica enquanto verdade consiste em que a atualização mesma do real na intelecção é atualização *cumprida*. A historicidade é aqui um modo de atualidade. Não é um modo de atividade.

Mas ainda não terminei. Porque, por sua vez, esta formal e intrínseca historicidade não consiste em ser meramente um caráter dinâmico. Certamente, toda verdade de veridictância é, como vimos, um dinamismo de conformidade para a adequação. Mas a verdade racional não é só um movimento de uma fase de conformidade da verdade para outra fase, senão que é cumprimento em cada uma das fases de sua marcha. A marcha intelectiva é esboço de possibilidades possibilitantes: sua atualização é atualidade intelectiva cumprida. E é nisto que consiste formalmente a verdade racional. É uma atualização de possibilidades, uma atualização do "poderia ser". E a historicidade da verdade racional não consiste, portanto, em *decurso*, nem tempóreo nem temporal, de uma atualidade; consiste num *modo* de *constituição* da atualidade do real: em ser atualidade possibilitada, atualidade cumprida. Neste aspecto, a verdade racional é formal e intrinsecamente verdade histórica.

Portanto: 1º aqui historicidade é um modo de atualização, não é um modo de ação ou atuidade; 2º este modo é cumprimento, não é conformidade dinâmica. É o que significa a expressão: historicidade é atualização, é atualidade cumprida, a verdade racional é verdade cumprida.

Em definitivo, a verdade racional tem por um lado um caráter de encontro: é verdade lógica. Tem, por outro lado, um caráter de cumprimento: é verdade cumprida, é verdade histórica. Qual é a unidade destes dois caracteres? É a última questão que me propus a tratar.

3ª *A unidade da verdade racional.* Esta unidade é essencial. Para o vermos, temos de recordar, ainda, que a verdade da intelecção racional é verdade de intelecção inquirente. Mas isso, apesar de necessário, não é suficiente: deve-se precisar depois a índole intrinsecamente unitária da verdade racional nesta intelecção. Só detendo-nos nestas duas questões ficará esclarecida a unidade da verdade racional.

A) *A verdade racional, verdade de uma intelecção inquirente.* A verdade racional é, como vimos, lógica e histórica. Mas este "e" se presta a um fatal equívoco. Porque se poderia pensar que a verdade racional é "ao mesmo tempo" lógica e histórica. O "e" seria neste caso um "e" copulativo. Isso não é de todo falso, mas não é exato. Porque a verdade racional não é "ao mesmo tempo" lógica e histórica, senão que é *pro indiviso*, isto é, "ao mesmo tempo" verdade lógica e verdade histórica. Logicidade e historicidade são dois aspectos não somente indivisíveis, mas mutuamente codeterminantes da unidade da verdade racional. O "e" significa, pois, unidade intrínseca indivisível.

a) Para vermos o que isso quer dizer, recordemos o resultado de nossa análise anterior. Como verdade de intelecção inquirente, a verdade racional é *verdade em esboço*. E a verdade de um esboço é verificação, isto é, consiste em que o real verdadeia, em que o real dá verdade, em intelecção esboçante. Esta verificação é encontro e cumprimento. Mas não segundo um "e" copulativo, e sim de modo radical em cada um desses dois momentos. O real em esboço é encontrado cumprindo, e é cumprido encontrando. Encontro é confirmação, e cumprimento é possibilitação. Portanto, confirma-se possibilitando e possibilita-se confirmando. O real verdadeia em confirmação possibilitante e em possibilitação confirmante. Na identidade das duas fórmulas consiste a unidade da verdade racional. Cada um dos dois termos (historicidade e logicidade) envolve intrínseca e formalmente o outro *pro indiviso*. Ou seja, a verdade racional é lógica historicamente (cumprindo), e é histórica logicamente (encontrando). Tal é a unidade intrínseca e formal da verdade racional. O lógico da verdade racional consiste formalmente em cumprimento histórico; e o histórico da verdade racional consiste formalmente em encontro lógico. É a identidade radical e formal do lógico e do histórico em toda intelecção racional. É uma identidade que transparece no caráter esboçante da intelecção racional como tal, ou seja, na intelecção inquirente enquanto tal. Esboçar é a maneira de inteligir inquirentemente. A unidade do lógico e do histórico na verdade racional transparece, repito, no caráter inquirente desta intelecção. Cada forma e modo de realidade tem sua própria verdade racional. Racional não significa algo próprio da conceituação ou de uma teoria, senão que racional é pura e simplesmente o real encontrado como confirmando sua intrínseca possibilitação.

b) Mas em que consiste positivamente esta unidade que assim "transparece"? Já o dissemos: em ser atualidade. Verificação é um modo de atualização, isto é, um modo de verdadear. A unidade do lógico e do histórico na intelecção racional se acha, pois, no momento de atualidade. De que atualidade se trata? É a atualidade do verdadear do real na atividade pensante. Pois bem, esta é a definição formal mesma da razão. A identidade do lógico e do histórico que transparece no esboço é a essência mesma da razão. O lógico e o histórico são "um" *pro indiviso* porque são momentos indivisíveis desse modo de intelecção que é a razão. É a razão mesma que intrínseca e formalmente é lógico-histórica ou histórico-lógica. Pois bem, a razão é inteligência senciente ativada pelo real mesmo. Na intelecção senciente, sente-se a realidade campalmente em seus diversos modos, e portanto se sente campalmente o real nesse modo que é o "para" [*hacia*]. E este "para" tem um aspecto "intra-campal", segundo o qual a intelecção adquire caráter dinâmico. Mas este "para" tem também um aspecto "trans-campal": é o "para" do campo todo da realidade para a realidade pura e simples, isto é, para o mundo. Campo é mundo sentido. Não são dois "para" independentes. O "para" mundanal é a atualidade do real campal, mas como "pro-blema". A realidade mundanal é o problema da realidade campal. A atualidade do mundo tem a forma concreta de "pro-blema". Problema não é "questão", mas modo de atualização: é a atualidade do real enquanto arrojado na intelecção (de *ballo*, arrojar). E este arrojamento tem uma estrutura muito precisa: é o "para" trans-campal da realidade intra-campal. Problema é justamente o modo mesmo de atualização da realidade do mundo. Não é que seja problema a realidade mundanal mesma, e sim que é problema o modo como esta realidade nos é dada como real em atualidade.

Em virtude disso, a intelecção adquire o caráter de marcha. Este "para" [*hacia*] é o que chamei de "dar que pensar". Portanto, a intelecção inquirente é intelecção senciente em marcha. Ou seja, a razão é uma modulação da inteligência senciente e, portanto, é constitutivamente *razão senciente*. Por sê-lo é que é razão inquirente e esboçante. E em virtude disso é uma razão lógico-histórica (ou histórico-lógica), porque é a atualidade intelectiva da realidade em forma de problema. A unidade do lógico e do histórico na verdade racional não é, pois, senão a unidade mesma da razão senciente. Só uma razão senciente intelige a realidade mundanal como problema, porque a realidade como problema não é senão a realidade sentida em "para" mundanal. E por isso é que há e tem de haver inquirência e, portanto, esboço. Em virtude disso, a intelecção racional é intrinsecamente lógica e histórica, precisa e formalmente porque é intelecção de razão senciente, ou seja, porque é a atualidade da realidade mundanal como problema. A unidade, repito, do lógico e do histórico na verdade racional – e só nela – não é senão a unidade da razão senciente. E esta unidade consiste em ser intelecção senciente ativada pelo real. Esta intelecção é mensurante. Razão é a intelecção da medida da realidade das coisas. E por isso a razão senciente é intelecção mensurante da realidade do campal no mundo. E é nesta unidade intrínseca e formal da intelecção senciente ativada em intelecção mensurante que consiste a intelecção em esboço, e é nela, portanto, que consiste a unidade intrínseca e formal do lógico e do histórico na verdade racional. A verdade racional é histórica e lógica porque é a atualidade do real como problema, um problema que ativa a inteligência senciente, fazendo desta razão senciente.

Perguntávamo-nos qual é a atualidade do real em intelecção racional. Pois bem, é a atualidade pensante do real, é *atualidade* em razão senciente, ou seja, é formalmente atualidade do real como "pro-blema". Neste momento de atualidade pensante do real em razão senciente, na atualidade do real como "pro-blema", é que consiste a unidade da verdade racional. A identidade do lógico e do histórico consiste na atualidade mesma da realidade como problema. Uma intelecção do real como problema é essencial e constitutivamente um esboço inquirente da medida do real no mundo da realidade e é, portanto, lógico-histórica.

c) Mas é preciso dar mais um passo. A razão é atividade da intelecção senciente ativada pelo real mesmo inteligido nesta intelecção. E a atualidade do real nesta atividade intelectiva é justamente, com eu disse, a razão. Portanto, dizia eu, a atualidade do real na razão, isto é, a atualidade da realidade como problema, é uma modulação da atualidade do real em inteligência senciente. E, como o próprio da intelecção senciente é dar-nos impressão de realidade, sucede que a atualidade do real na razão senciente não é senão uma modulação da impressão de realidade. Qual é esta modulação?

Na intelecção senciente da apreensão primordial, apreendemos formalmente o real, temos impressivamente o real mesmo como real. Portanto, ao ser ativada esta intelecção pelo real sentido em "para" [*hacia*], a atividade pensante intelectiva, a razão, já está no real. O real não é algo que tenha de ser alcançado pela razão. A razão já se move formal e radicalmente na realidade. Portanto, digo mais uma vez, a razão não consiste em ir para a realidade, mas em ir da realidade campal para a realidade mundanal, em ir para o fundo da realidade campal. E este fundo consiste em realidade-fundamento. A razão é identicamente intelecção profunda e intelecção fundamental. Este fundo fundamental está apreendido em forma de "para" da própria realidade sentida em intelecção senciente. Portanto, a intelecção senciente, como já vimos ao tratar do orto da razão, dá-nos o momento de realidade em impressão segundo três modos. O primário e radical é a realidade como mera alteridade do sentido como algo "de seu". É a realidade como *formalidade*. Mas esta realidade tem intrínseca e formalmente o momento do "para" campal. Graças a isso, realidade é o meio em que inteligimos dinamicamente o campal. É a impressão de realidade não como simples formalidade, mas como *medialidade*. Mas o "para" nos lança em marcha para o trans-campal, para o mundanal. E, neste outro aspecto, realidade não é somente meio de intelecção, mas fundo fundamentante que mede a mera e simples realidade do real. É a impressão de realidade não como formalidade e como medialidade, mas como mensuração. Esta modulação é justamente a razão. Nesta intelecção, as coisas já apreendidas como reais dão-nos a medida de sua realidade. É a essência mesma da razão: inteligir a medida da realidade das coisas reais. A realidade dada em impressão de realidade é formalidade, é medialidade, e é mensuração. Não são, já o disse, três *usos* da impressão de realidade, mas três *modos* de uma só e mesma impressão de realidade. A razão é uma modulação da impressão de realidade, e portanto já se move radicalmente na realidade e fica determinada por esta não só por exigência evidencial (isto seria próprio apenas da medialidade), mas pelo que chamei de *força coercitiva* do real.

E aqui está a unidade radical e formal do lógico e do histórico na verdade racional: é, repito, a atualidade do real como "pro-blema". Esta unidade é o que constitui a razão senciente. Com efeito, razão consiste em medir a realidade das coisas; nela as coisas reais nos dão a medida de sua realidade. Mas a razão mede a realidade segundo princípios canônicos campalmente sentidos. Enquanto canônico e mensurante, o princípio é lógico. Mas, em e por si mesmo, o princípio canônico não só está inteligido, como, ademais, está sentido. Só uma razão senciente é formalmente intelecção mensurante do real. E por isso a mensuração mesma acontece sencientemente em cumprimento de algo encontrado também sencientemente. A mensura sentida é por isso mensura esboçada, e portanto é intrinsecamente lógico-histórica. A razão é formalmente senciente, é intelecção senciente da medida da realidade das coisas; e é por isso que sua verdade é lógico-histórica, é verificação de medida. O *facere* senciente de veri-ficação faz do *verum* algo formalmente lógico-histórico. Por isso é que esta unidade não é senão o precipitado de uma razão senciente. A razão senciente é a modulação mensurante da impressão de realidade. E por sê-lo é "ao mesmo tempo" lógica e histórica, porque é "ao mesmo tempo" intelecção inquirente de medida de realidade em impressão de realidade. A ativação da inteligência senciente pelo real, com efeito, é atividade inquirente da medida da realidade das coisas. Portanto, a verdade desta intelecção, ou seja, a verificação, é formalmente lógico-histórica. Razão senciente é modulação mensurante, ou seja, lógico-histórica, da intelecção senciente.

Qual é a índole desta intelecção racional enquanto intelecção?

B) *A índole da intelecção racional.* Verdade, como eu disse em repetição quase constante, é o verdadear do real na intelecção. Este verdadear acontece de formas diversas, como vimos. Estas diversas formas constituem outros tantos modos de intelecção senciente. Cada um deles é modulação do anterior, porque cada modo de verdade é modulação da impressão de realidade. Quando o real verdadeia em esboço mensurante de realidade, isto é, em razão senciente, temos esta modulação da impressão de realidade que é a mensura. O modo de verdadear o real segundo esta modulação é a verificação. Verificação é *verdade em esboço*. E a intelecção do real como verificação é o que constitui a razão. Mas esta é uma conceituação da verdade racional segundo o real inteligido. Pois bem, assim como o modo de verdadear o real na razão senciente é modulação da impressão de realidade, assim também este modo de verdadear o real modula a intelecção mesma enquanto intelecção. Intelecção, com efeito, é mera atualidade do real. Portanto, a modulação da atualidade é *eo ipso* modulação da intelecção senciente. Qual é esta modulação da intelecção enquanto intelecção? Aí está a nossa última questão neste problema.

Pois bem, a intelecção do real em esboço, em verificação, é justamente o que constitui o *conhecimento*. Conhecer é inteligir o que algo é em realidade como momento do mundo. É o modo de intelecção da medida da realidade da coisa real, é inteligir o que algo é na realidade. Conhecimento é aquela modulação da intelecção senciente que intelige a medida da realidade do que é sentido, é a intelecção que consiste em inteligir racionalmente. Pois bem, como a verdade racional é intrínseca e formalmente lógico-histórica, sucede que todo conhecimento enquanto tal é intrínseca e formalmente lógico-histórico.

É-o no sentido estrito que explicaremos ao tratar da verdade racional. Portanto, afirmar que todo conhecimento é intelecção lógico-histórica não é nem remotamente o que se costuma chamar de *historicismo*. O historicismo consiste em conceituar o conhecimento e sua verdade como um momento mais ou menos relativo, como uma verdade mais ou menos relativa à história entendida como decurso. Portanto, consiste em afirmar que a verdade do conhecimento é relativa a um momento histórico. E isso é inadmissível, porque a historicidade do conhecimento não é decurso: é um caráter intrínseco e formal da intelecção mesma enquanto logicamente verdadeira. Já o explicamos. O conhecimento é verdade em esboço e, portanto, é intrínseca e formalmente lógico-histórico precisamente por ser *intelecção cumprida em encontro*. Daí que, embora seja verdade que o conhecimento "tem" história, não a tem senão porque o conhecimento "é" formalmente verdade em cumprimento. Portanto, a unidade do lógico e do histórico na intelecção racional é o que formalmente constitui o conhecimento.

a) Isso nos leva a insistir na ideia mesma de conhecimento. Até agora, havíamos chegado a três ideias de conhecimento; e as três ideias as empreguei indiscernidamente. Mas, para terminar, convém examinar agora a unidade radical destas três ideias. Dizíamos que conhecimento é intelecção inquirente em profundidade; é intelecção do fundamento; é intelecção em razão. Pois bem, estas três ideias são idênticas; cada uma não faz senão explicitar a anterior. Conhecimento é intelecção inquirente em profundidade. Isto significa que, ativada pelo real mesmo, a apreensão em intelecção senciente vai do real campal para o real mundano. E é nisto que consiste a profundidade: é o fundo mundanal do real sentido. Este fundo é formalmente realidade, pois o mundo é realidade pura e simples. Mas não é algo que "está aí", senão que o modo de estar aí é fundamentar: a realidade enquanto mundanal é "realidade-fundamento". Fundo não é senão realidade fundante. O conhecimento como intelecção em profundidade é intelecção fundamental. Portanto, dizer que o conhecimento é intelecção fundamental não é senão explicitar a fórmula segundo a qual o conhecimento é intelecção profunda. Profundidade não é senão fundamentalidade. E o que é esta fundamentalidade? Consiste no real sentido como momento do mundo, como momento da realidade pura e simples. E então realidade-fundamento não é senão medida da realidade do real. E esta medida é justamente o que chamamos de razão. Portanto, conhecimento é intelecção em razão, em mensura. E isto não faz senão explicitar o caráter de fundamento e, portanto, de profundidade. As três fórmulas, pois, não são senão três expressões de uma identidade fundamental; cada uma, com efeito, não faz senão explicitar a anterior. Por isso, podemos sempre empregar a terceira como resumo das duas primeiras: conhecimento é *intelecção em razão*. E a identidade destas três fórmulas é justamente o conhecimento, é a intelecção inquirente.

b) Digo intelecção "em" razão, e não intelecção "com" razão. Porque a razão não é senão um modo de intelecção, isto é, um modo de mera atualidade do real na intelecção senciente. A razão não é algo acrescentado à intelecção (é o que expressaria o "com"); é uma modulação da intelecção (é justamente o que expressa o "em"). Daí que a essência do conhecimento se ache na modulação do verdadear do real. Por conseguinte, conhecimento não é juízo nem é sistema de juízos, mas é formalmente um modo de atualidade do real na intelecção. A ideia do conhecimento deve ser conceituada como modo do verdadear, como modo de atualidade, desse modo de atualidade do real que é o "pro-blema". Repito, problema não é questão intelectual, mas modo de atualidade do real. Só porque a realidade está atualizada como problema, só por isso é que pode haver, e tem de haver, questões. Seria um grave erro conceituar a razão ao modo do logos, e sobretudo do logos predicativo. Seria uma logificação do conhecimento. Ao contrário, o logos mesmo (em todas as suas formas, incluindo a forma predicativa) não é senão um modo de atualidade intelectiva do real. Portanto, deve-se conceituar o conhecimento como modo de verdadear, a saber, um verdadear do real em atualidade de "problema" e não como juízo ou sistema de juízos, o que foi grave erro de toda a filosofia moderna, e sobretudo de Kant.

c) Conhecer é, pois, um modo de atualidade do real, um modo do verdadear. Portanto, como eu dizia, é modulação da intelecção senciente. Daí que tudo o que o conhecimento tem de intelecção, e portanto de verdade, ele o deva a ser modulação da intelecção prévia, em última instância a ser modulação da apreensão primordial de realidade. Desta recebe toda a sua possibilidade e todo o seu alcance como verdade. A apreensão primordial não é conhecimento rudimentar, senão que o conhecimento é intelecção sucedânea da apreensão primordial. O conhecimento nasce de uma intelecção insuficiente e termina em intelecção ulterior. Assim, do ponto de vista do conteúdo do inteligido, o conteúdo do conhecimento pode ser às vezes, conquanto não sempre, mais rico que a intelecção primária, mais rico que a apreensão primordial. Mas todo o alcance do conhecimento, o que faz que o conhecimento seja conhecimento, é o momento de realidade do conhecido. Pois bem, este momento não é produzido pelo conhecimento mesmo, mas é dado ao conhecimento na e pela apreensão primordial, pela primária intelecção senciente. Sucede então que o conhecimento não só se funda em intelecção, mas se subordina a ela. O conhecimento é, pois, como acabo de dizer, mero *sucedâneo* da intelecção da apreensão primordial. Uma intelecção, uma apreensão primordial completa, jamais daria lugar a um conhecimento, nem necessitaria de conhecimento algum. O conhecimento como modo de intelecção, isto é, de mera atualidade do real, é essencialmente inferior à intelecção primária, à apreensão primordial do real. O conhecimento, dizia eu, é modulação da intelecção. E a intelecção, acabo de repeti-lo, é mera atualidade do real, e portanto o conhecimento é modulação em problema da atualidade do real. E esta atualidade assim modulada é unitariamente, intrinsecamente e formalmente atualidade lógico-histórica. Donde resulta que, longe de ser a forma suprema de intelecção, o conhecimento é (por ser atualidade racional do real de índole lógico-histórica) uma intelecção inferior à mera intelecção da apreensão primordial.

O conhecimento, repito, é sucedâneo da apreensão primordial, e este seu caráter de sucedâneo consiste precisa e formalmente em ser uma atualização lógico-histórica da realidade atualizada como problema.

***

Eis, pois, o caráter intrínseco da verdade racional. A verdade racional é uma intrínseca e formal atualidade pensante do real como problema. É, portanto, uma verdade de índole lógico-histórica. Esta atualização é a razão. A razão consiste na intelecção da medida senciente da realidade das coisas reais. E este modo de intelecção é o que constitui o conhecimento. Por isso é que a verdade racional é verdade lógico-histórica. E por isso é modulação sucedânea de uma intelecção. Daí a unidade da verdade. A forma primária da verdade é a verdade real. Quando se distende em campo, a realidade fica atualizada dualmente. Esta atualidade dual é atualização em forma de autenticação e veridictância. Autenticação e veridictância são a verdade real mesma campalmente atualizada, isto é, distendida. Finalmente, como a dualidade é também transcampal, a verdade real mesma fica atualizada em forma de verificação. Cada forma de verdade inclui formalmente as formas anteriores, e portanto inclui sempre formalmente a verdade real.

A intelecção começa em apreensão primordial, e fundada nela fica ativada em razão cognoscente, cuja verdade racional consiste formalmente em reversão para aquela apreensão primordial, da qual em última instância nunca se havia saído. A razão é razão senciente, é modulação da intelecção constitutivamente senciente. Desta nasce, nela se move, e nela termina.

No mesmo caso está, como vimos, o logos por ser senciente. Isto já manifesta que tanto a razão inquirente como a intelecção campal do logos e como a apreensão primordial de realidade, apesar de sua intrínseca diferença essencial, constituem porém uma profunda unidade, a unidade da intelecção senciente. Desse modo, a análise da modalização da intelecção põe diante de nossos olhos a unidade profunda desta intelecção. Foi dela que partimos. Por isso, ao final de nossa análise será bom voltar à unidade da intelecção, como conclusão geral de todo o estudo.

Conclusão Geral
A unidade da intelecção

Examinamos ao longo deste estudo o que é a inteligência senciente e o que são suas modalizações: apreensão primordial da coisa real, intelecção de uma coisa real entre outras de um campo (intelecção campal, logos), a intelecção de cada coisa real já apreendida no campo, mas atualizada agora como momento da realidade do mundo (razão). Na primeira forma modal, atualiza-se-nos a coisa real em e por si mesma como real; na segunda, movemo-nos para uma atualização no logos, do que a coisa já real é em realidade; na terceira modalização, o que a coisa real é em realidade atualiza-se-nos como momento do mundo, e inteligimos a medida da realidade dessa coisa enquanto real. Realidade em e por si mesma, o que é em realidade, e a mensura de sua realidade, aí estão os três modos da intelecção senciente de toda e qualquer coisa.

Nestes três modos, cada um dos dois últimos está apoiado no anterior e o inclui formalmente sem se identificar com ele. O que significa que a intelecção tem uma peculiar unidade. Esta unidade é antes de tudo "peculiar"; será necessário então dizer em que consiste formalmente esta unidade. Mas isso não é suficiente. Porque esta unidade confere à intelecção mesma uma qualidade unitária, por assim dizer. Não temos de um lado a intelecção e de outro suas diversas modalidades, senão que em cada caso temos a intelecção inteira, porque suas diversas modalizações são impostas pelo real mesmo desde a sua primordial apreensão. Que significa esta unidade? Temos de examinar, portanto, duas questões: a unidade da intelecção como problema, e a estrutura intrínseca desta unidade da intelecção. Serão os temas dos dois capítulos que compõem esta Conclusão Geral.

7. O PROBLEMA DA UNIDADE DA INTELECÇÃO

Há que precisar com algum rigor o que é em si mesma a unidade da intelecção.

Não é uma *unidade de estratificação*. Apreensão primordial, logos e razão não são três estratos da intelecção, conquanto se acrescente que cada estrato está apoiado no anterior. Não se trata de que apreendemos algo como real e de que subimos para um andar diferente, para o andar do que as coisas sentidas são em realidade, e de que finalmente subamos para o andar da pura e simples realidade mundanal. Apreensão primordial, intelecção campal e intelecção racional não são três andares ou estratos que constituem algo assim como uma geologia da intelecção. Essa concepção se nutre da ideia de que cada intelecção, isto é, a apreensão primordial, a intelecção campal e a intelecção racional, tem cada uma sua unidade própria e conclusa, independentemente da unidade dos outros dois modos de intelecção. De modo que a intelecção se moveria em cada plano sem ter nada que ver com os outros dois. O máximo que se poderia dizer é que cada estrato se apoia no anterior, de maneira em última instância extrínseca: cada plano teria sua própria e exclusiva estrutura. A rigor, tratar-se-ia pois de três unidades. A unidade da intelecção seria puramente aditiva.

E isso é falso. Cada um desses que chamamos de estratos não só pressupõe o anterior como apoio, mas inclui o anterior intrinsecamente. A apreensão primordial está formalmente presente e incluída no logos, e ambas as intelecções estão formalmente presentes e incluídas na razão. Não são três unidades, mas uma só unidade. É que não se trata de três *planos* de intelecção, mas de três *modalidades* de uma única intelecção. São três modos e não três planos. Certamente cada modo tem sua estrutura própria e irredutível. Seria falso atribuir à apreensão primordial a estrutura do logos ou da razão. Mas, por serem modalidades de uma mesma função intelectiva, conferem a esta unidade uma precisa estrutura. Qual?

Poder-se-ia pensar que por serem três modalidades distintas seriam ao menos modalidades sucessivas. Tratar-se-ia de três *modos sucessivos* de intelecção. Como modos, sê-lo-iam de algo assim como um sujeito subjacente, da inteligência. Primeiro apreenderíamos algo como real. Depois, conservando esta apreensão, inteligiríamos o que isto real é em realidade, e finalmente, conservando o real e o que é em realidade, o inteligiríamos como momento do mundo. Mas isso não é exato. Porque a intelecção campal não vem *depois* da apreensão primordial, senão que é *determinada* por esta. E esta determinação tem dois aspectos. Por um lado, o momento segundo o qual a apreensão primordial determina o logos. Mas a apreensão primordial não é apenas *anterior* ao logos, senão que é *incoativamente*, conquanto apenas incoativamente, logos. Não se trata de mera anterioridade, mas de incoação. Há, porém, outro aspecto. O determinado, o logos, envolve então a apreensão primordial mesma como algo em que esta se *desdobra*. Não há pois apenas anterioridade; há também há incoação e desdobramento. O mesmo se deve dizer da razão: o logos e, portanto, a apreensão primordial determinam a intelecção racional, que é então incoativamente determinada pelas referidas duas intelecções como um desdobramento delas. Os modos não são meramente sucessivos, mas têm uma unidade mais radical.

Poder-se-ia pensar, finalmente, que esses três modos assim implicados constituem ao menos uma unidade *linear*. Ou seja, não se trataria senão de uma trajetória disso que vagamente chamaríamos de inteligir. Que haja uma trajetória do inteligir é certamente inegável. Mas não é o mesmo haver uma trajetória e esta trajetória constituir a essência formal dos três modos de intelecção. Cada modo não só desdobra o anterior e é incoativamente o seguinte, mas cada modo se inclui *formalmente* no seguinte. Este caráter formal eu o venho enunciando monotonamente, mas sem insistir nele. Agora, em contrapartida, é preciso deter-se nele. Porque, se é assim, então é claro que em virtude desta inclusão o modo anterior fica de alguma maneira qualificado pelo seguinte. Cada modo tem uma intrínseca estrutura própria, mas, pelo fato de estar formalmente incluído no modo seguinte, fica afetado por ele. Não se trata pois de uma trajetória, mas de um crescimento, de uma *maturação*. Há uma trajetória do inteligir, mas ela se funda em algo mais delicado: na maturação. A trajetória é apenas um aspecto derivado e secundário da maturação. A unidade dos três modos é a unidade de uma maturação.

É uma unidade estrutural. A madureza enriquece, mas é porque é necessário amadurecer. Para quê? Para ser plenariamente o que já se é. Esta indigência de maturação é, pois, uma insuficiência. De quê? Não certamente de realidade pura e simplesmente. Esta é tida inamissivelmente desde a apreensão primordial, desde o primeiro modo. Mas o real assim apreendido é duplamente insuficiente; não nos atualiza o que a coisa é em realidade e o que é na realidade. Sem a apreensão primordial não haveria intelecção alguma. Cada modo recebe da apreensão primordial seu alcance essencial. O logos e a razão não fazem senão preencher a insuficiência da apreensão primordial, mas graças a isso, e só graças a isso, se movem na realidade. A maturação modal não é constitutivo formal do inteligir, mas seu inexorável crescimento determinado pela estrutura formal do primeiro modo, da apreensão primordial da inteligência senciente. A intelecção senciente em seu modo de apreensão primordial intelige em impressão a realidade como formalidade da coisa em e por si mesma. Esta impressão tem diversos momentos. Em seu momento de "para" [*hacia*], atualiza a respectividade de cada coisa real a outras coisas sensíveis e à realidade mundanal. Esta respectividade é constitutivo essencial da impressão de realidade. Portanto, embora não seja constitutivo formal da intelecção, é no entanto algo estruturalmente determinante dos outros dois modos. Esta estrutura é, pois, algo que enriquece a impressão de realidade, mas a enriquece não enquanto realidade, e sim em seu termo respectivo. Então, porém, não se sai da impressão de realidade, mas se determina essa impressão como logos e como razão. Logos e razão são plenificação incremental de uma inamissível e fontanalmente presente impressão de formalidade de realidade. É a unidade radical dos três modos de intelecção. Mas isso não é suficiente. Porque em quê consiste a unidade formal desta impressão de realidade em suas determinações modais, em sua maturação? Aí está a questão que trataremos como conclusão de todo este estudo.

8. Estrutura formal da unidade da intelecção senciente

A intelecção senciente é formalmente uma mera atualização do real segundo o que este é "de seu". Esta estrutura formal determina a atualização do que a coisa real é em realidade, e do que ela é na realidade. Estas duas atualizações modalizam o formal da intelecção. Nesta modalização resulta modalizado o ato de intelecção, resulta também modalizado o inteligir mesmo, e resulta modalizado o estado intelectivo em que ficamos. Qual é a índole do ato modalizado? Qual é a índole do próprio inteligir modalizado? Qual é o estado intelectivo em que ficamos modalizadamente? Temos de expor, portanto, três questões essenciais:

§ 1. A unidade do *ato* de intelecção.
§ 2. A unidade do *inteligir* mesmo.
§ 3. O estado em que ficamos intelectivamente.

§ 1. A unidade modal do ato

A estrutura formal do inteligir, repito-o monotonamente, consiste em mera atualização da coisa como real em intelecção senciente. Mas ulteriormente esta mesma coisa dá lugar a duas intelecções: a intelecção do que o apreendido é em realidade, e a intelecção do que o que o que é em realidade é na realidade: logos e razão. Para não complicar desnecessariamente a frase, designarei ambas as intelecções ulteriores com uma só expressão: a intelecção do que a coisa é "realmente". "Realmente" abarca tanto o "em realidade" como "na realidade". Trata-se, portanto, de duas intelecções como de uma só, à diferença da apreensão primordial. Estas duas intelecções, a apreensão primordial de realidade e a intelecção do que realmente é, têm a unidade de ser atualização da mesma coisa real. Mas não são meramente duas atualizações, senão que a segunda é uma re-atualização da primeira. E isso é o decisivo. A atualização determina a re-atualização, mas então esta re-atualiza, e determina por sua vez a primeira atualização. A intelecção primordial do real é então, por um lado, determinante da re-atualização. Mas, por sua vez, esta re-atualização determina de alguma maneira a atualização primeira. Esta é a essência mesma do "re". É um "re" em que se expressa a estrutura formal da unidade das duas intelecções. Qual é esta estrutura?

Naturalmente, não se trata de completar uma representação da coisa real, porque inteligir não é representar, mas re-atualizar. Inteligir sempre é apresentar, isto é, ter presente o inteligido, ou seja, que o inteligido esteja presente. Intelecção é fazer "estar presente" enquanto "estar". Portanto, o que a segunda intelecção faz, por ser re-atualização, é determinar outro modo de apresentação. De quê? Da mesma coisa real. É a re-atualização. Como? Em toda re-atualização voltamos da segunda atualização para a primeira. E nesta reversão consiste a unidade do "re". Como?

Reatualização é "re-versão". Ou seja, com a segunda intelecção nas mãos, voltamos à primeira desde a segunda. Dado o fóton, voltamos à cor verde. E nesta reversão a segunda intelecção envolve a primeira. Inteligimos a cor verde desde o fóton, voltando a esta cor verde real desde o que realmente é. Por conseguinte, a primeira intelecção fica como que encapsulada ou encerrada na segunda. A apreensão do verde fica *compreendida* pelo fóton.

Compreender não é mero apreender, mas abarcar algo. Aqui compreender tem o sentido etimológico de *comprehendere*. A compreensão é o que vai constituir o modo de a coisa real estar presente novamente. É uma circunscrição periférica, por assim dizer, da apreensão primordial do real. Nesta compreensão da coisa real, fica incorporado a ela o que realmente é; o fóton fica incorporado à cor verde. E esta incorporação tem um nome preciso: é *compreensão*: compreendemos e não somente apreendemos o verde real. Aqui a palavra "compreensão" não tem o sentido etimológico, mas o sentido corrente em nosso idioma atual: entender algo. A "com-preensão" da coisa real, desde a intelecção do que realmente é, faz-nos compreender o que a dita coisa real é. O "re" da re-atualização e seu pertencer ao real já atualizado em apreensão primordial são ser "compreensão". O ato unitário desta intelecção é, pois, compreensão.

Que mais precisamente é esta compreensão? Convém delimitá-lo com algum rigor.

Para isso, convém conceituar a compreensão em face de outros usos do vocábulo. Naturalmente, não é o que a filosofia medieval chamou de *ciência compreensora*: a intelecção de tudo o que é inteligível numa coisa inteligida. Porque o que usualmente chamamos de compreender não é essa compreensão total. É que não se trata senão de um modo próprio de intelecção segundo o qual algo é *realmente*.

Tampouco se trata de um momento lógico da chamada *compreensão* de notas à diferença da *extensão* dos possíveis sujeitos delas.

Compreender tampouco significa aqui o que na filosofia de Dilthey foi chamado de *Verstehen* de uma vivência à diferença da *explicação* dela e de seu conteúdo. Para Dilthey, a compreensão recai sobre a vivência e sobre o vivido nela. Para Dilthey, as vivências, expliquem-se como possível, nem por isso estão compreendidas. Só o estarão quando tivermos interpretado seu sentido. Compreender é, para Dilthey, *interpretar um sentido*, e reciprocamente sentido é vivência interpretada. Com a lei da gravidade não compreendemos a queda mortal de um homem, ou seja, se é suicídio, acidente, homicídio, etc. As coisas se explicam; as vivências se compreendem, se interpretam.

Mas isso é insuficiente.

Compreender não é interpretar; interpretar é tão só um modo de compreender. E, ademais, como modo de compreender não abarca todas as coisas reais, mas somente algumas, as vivências de que Dilthey nos fala. Pois bem, mesmo se se trata de vivências, compreender não é interpretar seu sentido. O termo formal da compreensão de uma vivência não é o sentido. Na ideia de vivência há um possível equívoco. A vivência é realidade. E o que se compreende não é o sentido dessa realidade, mas a realidade desse sentido. O sentido não é senão um momento da realidade da vivência. O que se compreende não é a vivência da realidade, mas a realidade da vivência. O sentido não é senão um momento da realidade da vivência. O que se compreende, repito, não é a vivência, mas a realidade da vivência enquanto realidade; é, se se quiser, a realidade vivencial, ou seja, que esta realidade tenha, e tenha de ter, sentido. Então desaparece a diferença última entre explicação e compreensão. O problema da compreensão enquanto tal permanece intacto com a simples interpretação. Ademais, porém, não se compreendem somente as vivências, isto é, as realidades vivenciais, mas todas as realidades. Toda e qualquer realidade inteligida em apreensão primordial pode e, em princípio, tem de ser re-inteligida em compreensão.

Esta adscrição do compreender, do *Verstehen* ao sentido pode ter outros caracteres diferentes, como parece suceder em Heidegger. Digo "parece suceder" porque a coisa não está clara nele. Por um lado, *Verstehen* é para Heidegger interpretar. Com todas as variantes que possa haver, é a mesma ideia que se encontra em Dilthey, e ao mesmo tempo em Rickert. Mas, por outro lado, *Verstehen* é empregado outras vezes por Heidegger como simples tradução do *intelligere*; assim no começo de seu grande livro. Pois bem, isso não é admissível. *Intellectus* não é compreensão, mas intelecção. E, à parte todo e qualquer problema histórico e tradutório, compreender não é sinônimo de inteligir; compreender é somente um modo de inteligir. Há milhões de coisas que apreendo intelectivamente, ou seja, que apreendo como reais, mas que não compreendo. São intelecção não compreensiva.

Compreensão não é, pois, ciência compreensora, nem compreensão nocional, nem interpretação de sentido. É um modo especial de inteligir. E então temos de nos perguntar o que é compreender.

Já o dissemos: na compreensão volta-se a apreender uma coisa já apreendida como real, à luz do que apreendemos que ela realmente é. Há, pois, três atualizações intelectivas de uma mesma realidade. Em primeiro lugar, a atualização intelectiva da coisa como real: a apreensão primordial de realidade. Em segundo lugar, a atualização intelectiva do que a coisa real é realmente. A intelecção modal em logos e razão. Finalmente, em terceiro lugar, a atualização intelectiva da mesma coisa real (que já se havia apreendido em apreensão primordial), mas incorporando modalmente a ela o que se atualizou na intelecção (logos e razão) do que realmente é. Esta terceira atualização é a compreensão. Compreender é apreender o real desde o que ele realmente é. É inteligir como a estrutura da coisa é determinada desde o que realmente é. É justamente o ato de intelecção unitária e modal.

A questão precisa consiste, portanto, em dizermos qual é o objeto formal da compreensão. Esta pergunta se desdobra em outras duas: que é o que a compreensão incorpora, e em que consiste a incorporação mesma.

1. Que é o que na compreensão se incorpora à apreensão primordial do real? Apreendida em apreensão primordial a coisa real como real, fica ela intelectivamente atualizada em formalidade de realidade, tanto em seu momento individual como em seu momento campal e mundanal. O momento individual é um determinante radical do momento campal e mundanal: sem coisas

reais individuais, não haveria campo de realidade nem mundo. Mas, por sua vez, o campal e o mundanal, uma vez determinados, determinam o individual. Em virtude disso, os momentos individual e campal e mundanal constituem uma unidade não aditiva, mas uma *unidade estrutural* de determinação. Para inteligir esta unidade, podem-se seguir duas diferentes vias. Posso seguir a via segundo a qual o individual determina o campal e o mundanal. O individual não fica, porém, anulado: fica absorvido no momento campal e no mundanal, como determinante destes. Esta intelecção do individual como determinante do campo e do mundo é o que, como vimos, constitui a intelecção do que realmente é o real individual. Inteligir o que algo é realmente é inteligir o que é o real individual no campo de realidade e no mundo. Mas não é essa a única via possível de intelecção. Posso também inteligir o individual como determinado, por sua vez, por aquele momento campal e mundanal que o individual mesmo já havia determinado. Então a unidade estrutural adquire um caráter intelectivo diferente. Ao inteligirmos o que o individual é realmente, a unidade estrutural está inteligida no real, mas tão só "materialmente": havíamos inteligido em que consiste o real como *estruturado*. Mas, ao inteligir o individual não só como determinante, mas como determinante e determinado, o que inteligi não é só o estruturado, mas a *estruturação* mesma do real: é a unidade estrutural "formalmente" considerada. O que realmente se determina é a estrutura real da coisa. Então vemos a unidade radical do "realmente" e o "real": é a formal unidade estrutural de real e realmente. Vemos a coisa real desde o que realmente é. Pois bem, esta intelecção é justamente a compreensão. O termo formal da compreensão não é o estruturado, mas a estruturação mesma. É a estrutura como plasmação formal (não só material) do *in*. A estruturação é o *ex* determinado pelo *in*. Compreender é inteligir a estruturação mesma do real segundo o que a coisa realmente é. Naturalmente, as fronteiras entre inteligir o que algo é realmente e compreender o que esse algo é são muitas vezes quase imperceptíveis. Por isso é tão difícil distinguir às vezes os dois modos de intelecção. No entanto, estes dois modos são diferentes. Sua diferença não é só uma diferença *de fato* em minha intelecção; é uma diferença *constitutiva* do inteligir humano. Para o vermos, tomemos o exemplo mais insignificante, o qual precisamente por isso põe diante de nossos olhos mais claramente o constitutivo da diferença em questão: inteligir que este papel é verde. Intelijo em apreensão primordial este papel com todas as suas notas, incluída a do verdor. Mas, se afirmo que "este papel é verde", não só inteligi o papel com sua nota, mas inteligi este papel "entre" outras cores, das quais só uma se realiza em papel verde. Esta afirmação é, portanto, uma intelecção do que o papel é cromaticamente em realidade. Mas eu posso considerar também este papel dizendo, por exemplo, "o que o verde realmente é, é a cor deste papel". É um giro da frase não para a mera realização do verde neste papel, mas para a estruturação mesma segundo a qual este papel é verde. Isso é mais que ter inteligido o que cromaticamente é este papel: é ter compreendido o verdor deste papel. Toda e qualquer afirmação é intelecção de uma realização, e é quando intelijo esta realização como estruturação que a unidade estrutural é formalmente inteligida: é justamente a compreensão. A trivialidade do caso mostra que a diferença entre estes modos de intelecção não é um mero fato, mas procede da índole mesma do inteligir, a saber, de seu duplo momento de "real" e de "realmente". Esta trivialidade mostra igualmente que a diferença entre inteligir o que algo é realmente e compreender o que é este algo real pode ser quase evanescente. Voltarei logo a este ponto. Por isso é que costumou passar despercebido. Mas que esta diferença seja tão só "quase" evanescente expressa justamente que, no entanto, é uma diferença real.

Em definitivo, o termo formal da compreensão é estruturação. Compreender é inteligir a estruturação do real como real, é inteligir no real como momento interno seu a maneira como o que realmente é determina as notas estruturais da coisa. Estruturação é determinação interna. A unidade estrutural do compreendido é por isso a unidade formal de "real" e "realmente". A intelecção desta unidade formal é o que se incorpora ao real desde a intelecção do que este papel é em realidade. Compreender é "ver" como o que algo é realmente está determinando, ou determinou, a estrutura dessa mesma coisa real. Mas em que consiste esta incorporação mesma? É a segunda pergunta.

2. Em que consiste a incorporação mesma? A incorporação não é, naturalmente, "adição", dado que o que o real é realmente é intelectivamente determinado pelo real mesmo; portanto, não se trata de acrescentar ao real algo de fora. Tampouco é uma mera "aplicação". Não se trata de inteligir o que algo é realmente e aplicar depois essa intelecção ao real concreto que tenho em minha intelecção. Não é aplicação, mas determinação intrínseca das notas segundo o que realmente são. Para inteligi-lo, tenho de inteligir na coisa como suas notas vão *saindo*, por assim dizer, do que a coisa realmente é. É justamente o que chamei de estruturação. Estruturação não consiste meramente em possuir uma estrutura, mas em inteligir esta estrutura, possuída intrinsecamente, como modo de realidade. E aqui está a questão. Evidentemente, é da intelecção do real que sai a intelecção da estruturação dele. E, como intelecção é atualização, sucede que aquilo de onde sai, e aquilo onde se inteligir a estruturação, é justamente essa atualização. Incorporar significa, pois, em primeiro lugar, formar corpo, constituir de certo modo a corporeidade da atualização do real. Mas isso não é suficiente. Porque, em segundo lugar, o que corporaliza essa atualização é justamente a estruturação. E, para conseguirmos inteligi-la, tivemos de ir aos momentos campal e mundanal do real, distanciando-nos de certo modo de seu estrito momento individual. Neste distanciamento é que se inteligir o que o real é realmente. Agora volto desde este distanciamento para o individual. Esta volta é o retorno em que intelijo o que a coisa era em sua estruturação, isto é, intelijo como o que era realmente constitui a estruturação mesma do real. Mas então é claro que no que formalmente consiste o retorno mesmo não é o mero "voltar" ao real, mas o recuperar intelectivamente, desde o que realmente a coisa é, sua estrutura e suas notas. E é nisso que consiste a corporeidade da atualização: é recuperação da plenitude do real. Esta plenitude

consiste justamente em estruturação. Portanto, a incorporação não é adição nem aplicação, mas *recuperação*. No distanciamento do real, inteligi sua estrutura; no retorno, recuperei o que ficou distanciado: a estruturação. Compreender uma coisa é recuperar desde o que ela realmente é suas notas e sua estruturação. É inteligir como o fóton determina estas notas vírides.

É nisto que consiste a compreensão. Seu objeto formal é a estruturação, e o modo de atualização da estruturação é recuperação. Com isso inteligimos algo mais que antes. Não é rigorosamente um "mais", mas antes um "melhor". É melhor atualização. E é isto o que faltava para a apreensão primordial de realidade: a compreensão. Se, ainda que seja muito impropriamente (como vimos), chamamos a apreensão primordial de intuição, será preciso dizer que a intuição sem maiores precisões não é compreensão. Bergson sempre acreditou que intuição é compreensão. Foi, a meu ver, um de seus graves erros metódicos. A intuição é algo que necessita ser recuperado para que haja compreensão. Compreensão não é intuição, mas recuperação do intuído desde o que realmente é. A riqueza da intuição, um momento inegável dela, deixa portanto de pé sua pobreza de compreensão.

A intelecção é apreensão do real, e portanto toda e qualquer intelecção, incluindo a compreensiva, é uma maturação da apreensão primordial. E o que nesta maturação amadurece é finalmente a compreensão. Por isso a intelecção plenária é *apreensão compreensiva*.

Esta é a estrutura unitária da intelecção modal como ato: é a atualização que vai *da* "impressão de realidade", *pela* intelecção do que é "realmente", à intelecção *da* recuperação do real desde o que realmente é.

Esta compreensão não é só um fato: é uma *necessidade*. E o é porque o real está sempre inteligido em inteligência senciente. Compreender é no homem compreender sencientemente, isto é, impressivamente. E isso é o que se manifesta em alguns caracteres da compreensão. Algumas palavras a respeito destes caracteres.

1. Esta compreensão é intrínseca e constitutivamente *limitada*. A compreensão, já o disse, não é a ciência compreensora de todo o inteligível, como pretendia a filosofia medieval. Só compreendemos algo de algo. E isso em vários sentidos.

A compreensão é limitada na medida em que pode transcorrer em *direções diferentes*, porque o que algo é realmente é também direcionalmente diferente. Não é o mesmo compreender algo como interioridade, ou como manifestante, ou como atuação de algo outro, etc. O que é compreensão numa direção pode não sê-lo, e geralmente efetivamente não o é, compreensão em outra. Mesmo limitada a uma direção, a compreensão é gradual. Pode-se compreender mais ou menos, melhor ou pior. Há limitação, pois, não só em razão da direção, mas também em razão de *amplitude*.

2. Além disso, porém, há diferenças em razão do *nível* a que se leve a intelecção. Não é o mesmo compreender uma coisa real, como, por exemplo, um cão, num nível bioquímico e compreendê-lo num nível filogenético ou em outros. Não é o mesmo compreender o homem filogeneticamente e compreendê-lo socialmente, etc.

3. Mas, sobretudo, deve-se sublinhar muito energicamente que há diferentes tipos de compreensão. Um deles é a explicação causal ou segundo leis. Contra Dilthey, é preciso sustentar que a explicação mesma é um modo de compreensão. Outro modo é a interpretação, que não se limita ao sentido, mas à realidade mesma do vivencial, etc. O mais importante, porém, é que há tipos de compreensão diferentes da explicação causal e da interpretação. É essencial, a meu ver, introduzir um tipo do que poderíamos chamar de causalidade pessoal. A ideia clássica de causalidade (as quatro causas) é essencialmente plasmada sobre as coisas naturais: é uma causalidade natural. Mas natureza é tão somente um modo de realidade; há também as realidades pessoais. E é preciso ter uma conceituação metafísica da causalidade pessoal. A causalidade entre pessoas enquanto pessoas

não pode esvaziar-se nas quatro causas clássicas. E, no entanto, é estrita causalidade. A meu ver, causalidade é a funcionalidade do real enquanto real. E a funcionalidade pessoal não é idêntica a "sentido". As pessoas se acham funcionalmente vinculadas como realidades pessoais, e esta sua vinculação não consiste em "sentido". Não posso entrar aqui neste magno problema da causalidade. É suficiente enunciá-lo superficialmente para ver que a compreensão pode assumir diversos tipos.

Todas essas diferenças de limitação, nível, tipo, etc., não são apenas diferenças de fato, mas são radicalmente constitutivas: reside no caráter formalmente senciente de nossa intelecção. A necessidade de compreender o real é determinada pela intelecção senciente. Compreender é sempre e somente recuperar na intelecção de uma coisa real sua estruturação como realidade sentida.

Eis a unidade da intelecção modal como ato: é o ato de compreensão. E, depois de termos examinado a unidade deste ato como ato modal, temos de nos perguntar agora o que é a mesma inteligência modalizada como função de inteligir, o que é o mesmo inteligir modalmente constituído.

§ 2. A unidade modal do inteligir

É o problema que concerne não ao ato de intelecção, mas ao inteligir mesmo enquanto tal. Se se quiser empregar um vocábulo usual, direi que se trata da unidade modal da faculdade intelectiva mesma. A *compreensão* é o ato próprio desta inteligência modalizada. Pois bem, a inteligência assim modalizada é o que devemos chamar de *entendimento*. O ato próprio do entendimento é justamente compreender, isto é, entender o que algo é realmente. A meu ver, inteligência e entendimento não são a mesma coisa. Chamo de inteligência a capacidade de apreender algo como real. Há mil coisas que inteligimos, isto é, que apreendemos como reais, sem todavia entender o que realmente são. Entendimento é inteligir algo real tal como realmente é. Em espanhol e em outras línguas[1] (não em todas), temos os dois vocábulos "inteligência" e "entendimento". Em contrapartida, o próprio latim não tem senão um só vocábulo, *intellectus*, para designar inteligência e entendimento. Entendimento é, pois, a inteligência que entende o que algo já apreendido como real é realmente: "realmente", ou seja, o que a coisa é em realidade (logos) e na realidade (razão), a coisa real campalmente e mundanalmente considerada. Este entendimento não é, pois, o mesmo que inteligência. *A posteriori* podemos designar logos e razão com o vocábulo único "razão", dado que o campo e, portanto, o logos são o mundo sentido, ou seja, razão senciente. Então, para conceituar o que é entendimento, será preciso delimitá-lo em face do que é a razão e do que é a inteligência.

I. *Entendimento e razão*. Pela apreensão primordial, apreendo a coisa em sua formalidade de realidade. E esta formalidade, por ser respectiva, nos leva a inteligi-la como momento do campo e do mundo. Inteligimos, assim, o que a coisa é realmente, e esta intelecção é a razão. Se agora intelijo essa mesma coisa real *desde* o que realmente é, ou seja, desde a razão, terei uma intelecção mais rica desta coisa: tê-la-ei entendido. Portanto, o entendimento é o resultado modal da razão. Para a filosofia clássica e para Kant, a razão é a forma suprema de intelecção, porque a razão seria a faculdade dos princípios, conceituando-se que princípio é juízo fundamental, e que portanto a razão seria então síntese de juízos do entendimento. Com isso a razão seria algo fundado no entendimento. Mas não é assim. Entender algo é somente inteligi-lo desde o que realmente é, desde a razão. O entendimento é pois resultado da razão e não princípio dela. O entendimento é a forma suprema da intelecção, mas somente na linha modal. Porque princípio não é juízo fundamental: é a realidade mesma. Esta realidade não é patrimônio da razão, mas vem para a razão desde a apreensão primordial da nua realidade. Portanto, o entendimento é resultado da razão, mas somente na

---

[1] Entre as quais o português, naturalmente. (N. T.)

linha modal. Isso nos leva a delimitar o entendimento não só em face da razão, mas também em face da nua intelecção.

II. *Entendimento e inteligência*. Entendemos o que algo realmente é, ou seja, o entendimento pressupõe a inteligência porque a apreensão de algo como real é justamente a inteligência. O real assim apreendido, por ser respectivo, leva realmente a outras coisas reais tanto do campo como do mundo. O mesmo tem um *conteúdo*, mas tem também a *formalidade* de realidade, do "de seu". Esta formalidade é pois apreendida em inteligência senciente. Mas seu conteúdo é insuficiente. Daí a necessidade de ir ao que a coisa realmente é. Não vamos à realidade, mas ao que realmente o real é. A raiz desta nova intelecção é, pois, a insuficiência do conteúdo. Mas, no que concerne à formalidade de realidade, a apreensão primordial, a nua inteligência, tem uma prerrogativa essencial e inamissível. Do ponto de vista de seu conteúdo, a inteligência funda-se parcialmente no que o entendimento tiver averiguado. Mas, do ponto de vista da realidade, o entendimento funda-se na inteligência. Sem nua inteligência não haveria entendimento. Tampouco haveria razão. Para a filosofia corrente e para Kant, o entendimento é a faculdade de julgar. E não é assim. O entendimento é a faculdade de compreender. Para Hegel, em contrapartida, a razão seria o princípio de toda intelecção não só na linha modal, mas na linha da nua intelecção. É uma concepção que desconhece o problema da unidade modal da inteligência em que justamente a apreensão primordial de realidade nos situa.

Desse modo, em última instância, a intelecção tem duas fontes. Uma, a primeira e suprema, a nua inteligência senciente, e outra, a inteligência modalizada, o entendimento. Não são duas faculdades, senão que o entendimento é a modalização suprema da inteligência. A unidade das duas dimensões é a respectividade do real. O entendimento não é senão a inteligência senciente modalizada desde a linha campal (logos) e desde a linha mundanal (razão).

§ 3. A unidade do inteligir como estado intelectivo

Todo e qualquer ato de intelecção nos deixa num estado intelectivo, ou seja, num estado da inteligência mesma. Qual? Esta é a nossa questão. Para nos enfrentarmos com ela, examinaremos três pontos: o que é estado, o que é estar em estado intelectivo, quais são os diversos tipos intelectivos deste estado.

I. *O que é estado*. Estado é sempre um modo de "ficar" determinado por algo. É necessário voltar à ideia de estado; como questão, acha-se ausente da filosofia há vários séculos. Precisamente por isso é preciso conceituar com exatidão o que se entende por estado no nosso problema. Para a psicologia, estado é o modo quiescente em que fica o sujeito humano por uma afecção das coisas ou pelos demais momentos do psiquismo próprio e das demais pessoas. Estado é como "se" está. É o conceito de *estado psicológico*. Aqui não se trata disso. E isso por duas razões. Antes de tudo, porque quem está no estado, no problema que aqui nos preocupa, não é o sujeito humano, mas a inteligência enquanto inteligência; só se pode estender esta ideia de estado para o homem inteiro na medida em que este pode ser determinado por sua vez pela inteligência. Neste respeito, o estado a que me estou referindo é mais restrito que o estado psicológico. Mas isso não é suficiente, pois não se trata de mera restrição. Porque – e é a segunda das duas razões a que acabo de aludir – não se trata da inteligência como uma nota estrutural da realidade humana, mas da inteligência segundo sua própria estrutura formal, isto é, trata-se da inteligência enquanto intelige. E neste aspecto o estado a que nos estamos referindo não é mais restrito que o estado psicológico; é um estado que nada tem que ver com este último: é meramente estado intelectivo, é o estado da intelecção mesma formalmente considerada. Que é este estado intelectivo enquanto estado? É um mero "ficar" no inteligido. Não é um ficar psicologicamente afetado como sujeito, mas um ficar no inteligido, um ficar que em espanhol expressamos dizendo, por exemplo: "ficamos em que...".² Não é uma quiescência, mas antes, por assim dizer, uma aquiescência.

Em que consiste este ficar no inteligido? É a pergunta sobre o que é o estado intelectivo não só enquanto estado, mas enquanto intelectivo.

II. *O que é estado intelectivo*. O que é o intelectivo deste estado depende do que seja o inteligido. Pois bem, o inteligido enquanto tal é realidade. Portanto, estado intelectivo é um ficar segundo o real enquanto real. É, com toda a elementaridade e provisoriedade que possa ter, o "estatuto do real". Este ficar é "ao mesmo tempo" um ficar do real e um ficar da intelecção. Não são dois "ficares", mas é um só ficar no qual ficam "juntos" o real e a inteligência. Por ser um ficar do real, este ficar é intelectivo. Por ser um ficar da intelecção, é um estado. Não são dois ficares, mas um só "con-ficar". E esta unidade é clara: o real fica na intelecção, e a intelecção mesma fica presa no real. É o que chamo de *retentividade*. O real retém, e nesta retenção o real fica constituído enquanto retinente, e sua atualidade intelectiva como estado retido.

Esta retentividade tem caracteres precisos. 1º É retinente *pelo* real. Não se trata do que é, por exemplo, a retenção pelo estímulo estimulicamente sentido. É uma retenção pelo real como real. 2º É retinente *no* real. Não é uma retenção nesta ou na outra coisa segundo sua importância, por exemplo, mas é uma retenção no real enquanto real. Ficamos na realidade. 3º É retenção pelo real e no real, mas apenas atualizadamente. Não se trata de uma retenção na linha da atuidade, mas na linha da atualidade. E é precisamente por isso que a retenção é formalmente intelectiva, pois a mera atualização do real enquanto real na inteligência é justamente a intelecção.

O estado intelectivo é, pois, um *ficarmos retidos* intelectivamente pelo real e no real enquanto tal.

---

² Em português, antes se diria "combinamos que..." (N. T.)

Suposto isso, perguntamo-nos de que forma ficamos retidos na intelecção. O ficarmos intelectivamente retidos pelo real e no real enquanto tal é justamente o que rigorosa e formalmente chamamos de *saber*. Saber é ficarmos intelectivamente retidos no inteligido. Toda e qualquer apreensão tem uma força própria de imposição do apreendido, e a imposição no estado intelectivo enquanto estado é o saber. Precisemos alguns de seus caracteres.

Saber não é pura e simplesmente uma intelecção. Isto seria uma ingente vagueza. Saber não é um ato, mas um estado; é um ficar retido no sentido explicado. É preciso sublinhá-lo energicamente. Precisamente por isso sua expressão linguística mais exata é o "perfeito", o *per-fectum*, algo terminativamente inteligido. Em latim, *novi*, em grego *oida*, em védico *veda* não significam simplesmente "eu sei"; seu sentido rigoroso é algo assim como "eu o tenho sabido", "já o sei", etc. São presentes perfectivos ou perfeitos no sentido de presentes. A rigor, pois, são "presentes de estado". Assim, entre os epítetos de Agni no Rig-Veda está o ser *jatá-vedas* (456,7 e 13); Agni é o que já sabe tudo o que nasceu (do verbo *jan-*). Para o Veda, as coisas não são "entes", mas "engendrados", "produtos", ou "nascidos", *bhuta-*, *jata-*. Diferenciada nas diversas línguas indo-europeias, aparece a raiz *gen-*, nascer, engendrar, que deu lugar ao védico *jan-*, ao grego *ëgnon*, e ao latim *novi*. Pois bem, o que já sabe os "engendrados" é o que tem *veda*. O saber é designado em perfeito. Como infinitivo, o latim expressa o saber com o verbo *scire*. Creio que seu sentido primário é, talvez, "cortar", e penso que se acha no verbo *scire* como saber em designação incisiva, isto é, como designação de um estado concluso, da conclusividade. A ideia de conclusividade talvez seja o sentido de *scire*: achar-se num estado concluso (incisivamente).

Este estado expresso em *oida* e *veda* é designado por uma raiz, *veid-*, que significa diretamente a visão. O saber seria assim um estado de já ter visto algo. Mas isso é uma limitação enorme. O saber é um estado de intelecção, e a intelecção não é somente visão. Mesmo no caso da visão, não se trata da visão como ato dos olhos, mas de uma visão intelectiva. Só por isso a raiz de ver pôde significar saber. É uma visão não óptica, mas a meu ver uma visão de intelecção senciente. E, como expus longamente, penso que todos os sentires são momentos de uma só intelecção senciente. Portanto, não pode estranhar que o estado de saber seja designado em latim, e sobretudo nas línguas românicas, por uma raiz que pertence ao sentido do paladar, *sapere*. Saber é mais sabor que visão. Donde *sapientia*, sabedoria. Com várias raízes diferentes, temos assim em latim uma mesma ideia, a ideia de um estado intelectivo expressa em gradação ascensional desde *scire*, saber, através de *scientia*, ciência, até *sapientia*, sabedoria. O germânico expressa esta mesma gradação apenas com a raiz do visual: *Wissen* (saber), *Wissenschaft* (ciência), *Weisheit* (sabedoria). Como a raiz de *scire* pode significar, a meu ver, conclusividade, penso que *scire* é o que mais se aproxima deste estado intelectivo concluso que consiste em ficar intelectivamente retido no real pelo real como tal. Saber é, pois, um estado e não um ato. É um estado, é um ficar, e um estado intelectivo: um ficar retido no real atualizado. Admite diversos tipos.

III. *Tipos diversos de saber*. Trata-se de estados, razão por que não é questão de enumerar a forma diferente de saber, mas de diferenciar qualitativamente alguns modos de intelecção.

1) Há antes de tudo, a nua intelecção, a apreensão primordial de realidade. É uma intelecção senciente. Precisamente por isso nos deixa num estado próprio. Seu conteúdo é mais ou menos rico, mas, no que concerne à formalidade de realidade, sua riqueza é máxima. Nesta intelecção, ficamos em primeira linha não nesta ou na outra coisa. Aquilo em que formalmente, e ademais inamissível, ficamos é a nua realidade. Pela simples intelecção, aquilo em que ficamos é a realidade. Isto é um saber primordial e radical: a inteligência fica retida na realidade pela realidade mesma enquanto tal. É a impressão de realidade. Todas as demais intelecções e tudo o que nelas se atualiza para nós se deve a estarmos na realidade.

2) Suposto isso, o real assim apreendido dá lugar à intelecção do que esse real é realmente: logos e razão. A intelecção da coisa real desde o que ela é realmente: eis o segundo tipo de saber. É ficar em ter inteligido o que a coisa realmente é. O saber é então não um ficar na realidade: é um ficar no que realmente é o real. É o segundo tipo de saber: o saber não como estar na realidade, mas o saber como estar na respectividade mesma do real. Por sua vez, este segundo tipo de saber se diversifica segundo o que realmente é a coisa. E aqui as diferenças podem ser enormes.

Assim, na Grécia, a forma primeira de intelecção da respectividade foi o *discernir*. Foi, no fundo, a ideia diretriz de Parmênides. Saber é não tomar uma coisa por outra. Em última instância, o erro seria confundir o que a coisa é com algo que não é, com algo outro. Recolhida por Platão, esta ideia foi filosoficamente elaborada por ele de forma diferente e mais rica. O saber não é determinado somente pelo discernimento, mas como forma diferente e mais rica de respectividade: a *definição*. Agora, saber não é não só não confundir uma coisa com outra, mas é, por sua vez, *definir*. Finalmente, Aristóteles recebe esta concepção e a elabora ainda mais profundamente: saber não é somente discernir e definir; é também e sobretudo *demonstrar*, no sentido etimológico de "mostrar-desde", mostrar a necessidade interna de que as coisas tenham de ser como são. Este demonstrar tem por sua vez em Aristóteles diferentes momentos: o rigor do raciocínio, a intelecção dos princípios em que se apoia e a impressão sensível daquilo a que se aplica. O que sucede é que esses três momentos não tinham a mesma raiz. Adscreveram-se os dois primeiros ao *noûs*, ao inteligir, mas o terceiro ao sentir. É o dualismo radical de inteligir e sentir. Daí que esses três momentos perpassem dissociados pela história da filosofia, precisamente porque se encontram radicalmente deslocados na contraposição de inteligência e sentir. Pois bem, é preciso conceituar, ao contrário, sua radical unidade: a intelecção senciente. É desde ela que devem diferenciar-se os três momentos de discernir, definir e demonstrar. Por isso estes três atos são certamente diversos, mas são somente três modalidades intelectivas ancoradas numa só estrutura formal do inteligir senciente. Certamente, não estão ancoradas nele diretamente da mesma maneira. O inteligir senciente determina, assim, dois tipos de intelecção e, portanto, de saber: a intelecção e o saber de que algo é real, e a intelecção e o saber do que isto real é realmente. Só a intelecção senciente determina a dualidade entre real e realmente. Pois bem, discernir, definir e demonstrar não são, para os fins do nosso problema, três intelecções adequadamente diferentes: são apenas três modos de inteligir o que algo é realmente.

3) Mas há ainda um terceiro tipo de saber: o saber em que ficamos compreensivamente na realidade. É uma espécie de íntima penetração na coisa real desde o que sabemos que realmente é. O estado de saber é agora o estado como ficamos retidos no real pelo real mesmo inteligido em compreensão. É propriamente o estado em que ficamos pelo entendimento.

Temos assim três grandes tipos de saber: estar na realidade, estar no que o real é realmente, estar compreensivamente na realidade.

Repitamo-lo ainda. O objeto do saber não é a objetividade nem é o ser. O objeto do saber é a realidade. A inteligência nem é a faculdade do objetivo nem é a faculdade do ser; é a faculdade de realidade. Esta realidade não é algo diferente do que impressiona os sentidos. Realidade é uma formalidade da alteridade do sentido: é o "de seu". Como formalidade que é, é algo impressivamente sentido: é impressão de realidade. Como a faculdade de realidade é a inteligência, sucede que a impressão de realidade é o ato de uma inteligência que apreende o real em impressão: é uma inteligência senciente. A inteligência humana é inteligência senciente. Não é uma inteligência concipiente nem nada similar. Certamente nossa inteligência concebe e julga, mas não é esse o seu ato formal. O seu ato formal consiste em sentir a realidade. Reciprocamente, o sentir humano não é um sentir como o do animal. O animal sente o sentido em formalidade meramente estimúlica. O homem, embora sinta o mesmo que o animal, sente-o, todavia, em formalidade de realidade, como algo "de seu". É um sentir intelectivo. A inteligência senciente não é uma inteligência sensível, isto é, uma inteligência vertida para o que os sentidos lhe oferecem: é uma inteligência estruturalmente una com o sentir. A inteligência humana sente a realidade. Não é uma inteligência que começa por conceber e julgar o sentido. A filosofia contrapôs sentir e inteligir fixando-se somente no conteúdo de certos atos. Mas escorregou na formalidade. E aqui é que inteligir e sentir não só não se opõem, mas, apesar de sua essencial irredutibilidade, constituem uma só estrutura, uma mesma estrutura que, segundo o ângulo por que se olhe, devemos chamar de inteligência senciente ou sentir intelectivo. Graças a isso, o homem fica inamissivelmente retido na e pela realidade: fica nela sabendo dela. Sabendo o quê? Algo, muito pouco, do que é real. Mas retido constitutivamente na realidade. Como? É o grande problema humano: saber estar na realidade.

A análise desta estrutura foi o tema deste minucioso estudo da inteligência senciente.

Posfácio
O QUE É PESQUISAR?

Discurso de recebimento do Prêmio "Ramón y Cajal" à Pesquisa Científica (18/10/1982, publicado em Ya, *Madri, 19/10/1982, p. 43)*

Estamos aqui reunidos por ocasião do Prêmio à Pesquisa concedido pela Sociedade Espanhola através dos senhores. E não encontro outra forma de expressar minha gratidão a esta premiação senão a de esclarecer em poucas palavras o que é esta "pesquisa", que tão generosamente premiam.

O que é que se pesquisa? Evidentemente investigamos a verdade, mas não uma verdade de nossas afirmações, senão a verdade da própria realidade. É a verdade através da qual chamamos o real de verdadeira realidade. É uma verdade de muitas ordens: física, matemática, biológica, astronômica, mental, social, histórica, filosófica, etc.

Mas como investigar esta verdadeira realidade? A pesquisa da verdadeira realidade não consiste num simples *ocupar-se* dela. É muito mais: é uma *dedicação*. Pesquisar é dedicar-se à verdadeira realidade. De-dicar significa mostrar algo (*deik*) com uma força especial (*de*). E tratando-se da dedicação intelectual, esta força consiste em configurar ou conformar nossa mente segundo a exposição da realidade e oferecer o que assim nos é mostrado à consideração dos demais. Dedicação é fazer com que a verdadeira realidade configure nossas mentes. Viver intelectivamente conforme esta configuração é o que chamamos de *profissão*. O pesquisador professa a verdadeira realidade.

Esta profissão é algo peculiar. Aquele que apenas se ocupa desta realidade não pesquisa: *possui* a verdadeira realidade ou pedaços diversos dela. Mas quem se dedica à verdadeira realidade tem uma qualidade oposta: *não possui* verdades, mas pelo contrário está *possuído* por elas. Na investigação vamos de mãos dadas com a verdadeira realidade, estamos sendo *arrastados* por ela. Este arrasto é justamente o movimento da pesquisa.

Esta condição de arrasto impõe à própria pesquisa caracteres próprios: são os caracteres da realidade que nos arrasta.

Antes de mais nada, devemos perceber que todo o real é real só e respectivamente a outras realidades. Nada é real se não é respectivo a outras realidades. Quer dizer, toda coisa real é desde si própria constitutivamente *aberta*. Somente se a entendermos desde outras coisas, as quais deveremos buscar, é que teremos entendido o que é a coisa que queremos compreender. Entendemos assim o que a coisa é na realidade. O arrastamento com que nos arrasta a realidade faz de sua intelecção um movimento de busca. E como isso mesmo acontece com outras coisas desde as quais percebemos o que queremos entender, resulta que ao estarmos arrastados pela realidade nos encontramos envolvidos num movimento inacabável. A pesquisa é inacabável não somente porque o homem não pode esgotar a riqueza da realidade, mas porque o é radicalmente. Quer dizer, porque a realidade enquanto tal é desde si mesma constitutivamente aberta. É, a meu modo de ver, o fundamento da famosa frase de Santo Agostinho: "busquemos como buscam os que ainda não encontraram, e encontremos como encontram os que ainda tem de buscar". Pesquisar o que algo é na realidade é uma tarefa inacabável porque o real mesmo nunca está acabado.

Mas, além de aberta, a realidade é *múltipla*. E o é pelo menos em dois aspectos.

Em primeiro lugar, porque há muitas coisas a investigar, cada uma com seus caracteres próprios. Pesquisar as notas ou caracteres próprios de cada ordem de coisas reais é justamente o que constitui a investigação científica, ou seja, o que constitui a pesquisa das diversas ciências. *Ciência* é investigação do que as coisas são na realidade.

Mas, em segundo lugar, o real é múltiplo não somente porque as coisas apresentam muitas propriedades diferentes, mas também por uma razão muito mais profunda: porque o que é aberto é seu próprio caráter de realidade.

E isso arrasta não somente à pesquisa das propriedades do real, mas à investigação do próprio caráter de realidade. Esta pesquisa é um saber de forma diferente: é justamente o que penso eu que seja a *filosofia*. É a pesquisa daquilo em que consiste o ser real.

Assim, enquanto as ciências investigam como são e como acontecem as coisas reais, a filosofia pesquisa o que é ser real. Ciência e filosofia, embora diferentes, não são independentes. É necessário ter isso sempre muito presente. Toda filosofia necessita das ciências e toda ciência necessita de uma filosofia. São dois momentos unitários da pesquisa. Mas, como momentos, não são idênticos.

Essa questão do que é ser real é, antes de mais nada, uma *autêntica questão* por si mesma. Porque as coisas não são somente o riquíssimo elenco de suas propriedades e de suas leis, mas cada coisa real e cada propriedade sua é um modo de ser real, é um *modo de realidade*. As coisas não diferem tão somente nas suas propriedades, mas podem diferir no seu próprio modo de ser reais. A diferença, por exemplo, entre uma coisa e uma pessoa é radicalmente uma diferença de modo de realidade. Pessoa é um modo próprio de ser real. É necessário conceituar o que é ser coisa e o que é ser pessoa, quer dizer, devemos pesquisar o que é ser real. Porque há muitos modos de realidade diferentes de ser coisa e pessoa.

Esse conceito e essa diferença de modos são uma *grave* questão. Porque as pessoas estão certamente vivendo "com" coisas. Seja qual for a variedade e a riqueza dessas coisas, aquilo *no* que estamos situados com elas é n*a* realidade. Cada coisa com que estamos nos impõe uma maneira de estar na realidade. E isso é decisivo. Do conceito que tenhamos do que é realidade e de seus modos depende nossa maneira de ser pessoa, nossa maneira de estar entre as coisas e entre as demais pessoas, depende nossa organização social e histórica. Daí a gravidade da pesquisa do que é ser real. Essa força de imposição é o *poder do real:* é a realidade mesma como tal, e não somente suas propriedades, o que nos arrasta e domina. Por isso, o poder do real constitui a unidade intrínseca da realidade e da inteligência: é justamente a marcha própria da filosofia.

Por isso Hegel escreveu: "tão assombroso como um povo para o qual não serve de mais nada seu direito político, suas convicções, seus hábitos morais e suas virtudes, o é também o espetáculo de um povo que perdeu sua metafísica".

Finalmente, pesquisar o que é o real é uma tarefa *muito difícil*. Por isso falava Platão a um jovem amigo principiante na filosofa: "é belo e divino o ímpeto ardente que te lança às razões das coisas, mas exercita-te e treina-te enquanto és jovem nos esforços filosóficos, que aparentemente para nada servem e que o vulgo chama de falatório inútil; do contrário, a verdade se te escapará dentre as mãos". Platão se dedicou a esse esforço durante toda a sua longa vida. Algumas vezes se sentia desanimado. Em certa ocasião escreveu: "apeireka tà ónta skopôn (fiquei exausto esquadrinhando a realidade)".

Quando os senhores falavam de pesquisa em sua premiação, também estavam pensando na filosofia. É a primeira vez que isso acontece. E eu, e comigo todos os dedicados cultivadores da filosofia, nos sentimos legitimamente satisfeitos. Obrigado em nosso nome.

Xavier Zubiri (1982)

(Tradução de José Fernández Tejada e Fernanda Maria da Silva Fernández Tejada)

Dados Internacionais de Catalogação na Publicação (CIP)
(Câmara Brasileira do Livro, SP, Brasil)

Zubiri, Xavier, 1898-1983.
 Inteligência e Razão / Xavier Zubiri ; tradução Carlos Nougué.
– São Paulo : É Realizações, 2011. – (Coleção Filosofia Atual)

 Título original: Inteligencia y Razon.
 ISBN 978-85-8033-010-6

 1. Conhecimento - Teoria 2. Intelecto 3. Razão
I. Título. II. Série.

11-03701   CDD-121

Índices para catálogo sistemático:
1. Conhecimento : Teoria : Filosofia   121
2. Teoria do conhecimento : Filosofia   121

Este livro foi impresso pela Cromosete Gráfica e Editora para É Realizações, em maio de 2011. Os tipos usados são Minion Condensed e Adobe Garamond Regular. O papel do miolo é pólen bold 90g, e o da capa, curious metallics red lacquer 300g.